沂蒙精神

大学生读本

徐东升　孙海英　主编

山东人民出版社·济南
国家一级出版社 全国百佳图书出版单位

图书在版编目（CIP）数据

沂蒙精神大学生读本/徐东升，孙海英主编．--2版．--济南：山东人民出版社，2020.7（2023.1重印）

ISBN 978-7-209-12850-6

Ⅰ．①沂… Ⅱ．①徐… ②孙… Ⅲ．①民族精神—中国—青年读物 Ⅳ．①G648

中国版本图书馆CIP数据核字(2020)第135707号

沂蒙精神大学生读本

YIMENG JINGSHEN DAXUESHENG DUBEN

徐东升　孙海英　主编

主管单位　山东出版传媒股份有限公司
出版发行　山东人民出版社
出 版 人　胡长青
社　　址　济南市市中区舜耕路517号
邮　　编　250003
电　　话　总编室（0531）82098914
　　　　　市场部（0531）82098027
网　　址　http：//www.sd-book.com.cn
印　　装　济南万方盛景印刷有限公司
经　　销　新华书店

规　　格　16开（169mm×239mm）
印　　张　15
字　　数　228千字
版　　次　2016年12月第1版
　　　　　2020年7月第2版
印　　次　2023年1月第4次
印　　数　14901-21000
ISBN 978-7-209-12850-6
定　　价　29.00元

目　录

导　言

沂蒙山区是山东建党较早的地区之一。中共一大代表、党在山东的最早组织者和领导者王尽美，就是沂蒙山区莒县北杏村（今属山东省诸城市）人。1927年春，沂蒙山区第一个共产党组织——中共沂水支部诞生。之后，许多党的地方组织相继成立。自从有了中国共产党，沂蒙人民在黑暗迷茫中看到了革命胜利的曙光。他们在实践中认定，中国共产党是全心全意为人民谋利益的政党，只有坚定不移地跟着共产党走，人民才能翻身得解放，穷人才能过上好日子。所以，沂蒙人民以极大的革命热情，义无反顾地投身到中国共产党领导的伟大革命斗争中去。

在抗日战争和解放战争中，沂蒙山区成为全国著名的抗日根据地和解放区之一。中共山东分局领导八路军山东纵队、115师和地方武装，在沂蒙人民的大力支持下，创建了以沂蒙山区为中心的山东抗日根据地。沂蒙军民与日本侵略者进行了8年的浴血苦战，粉碎了日军无数次的“扫荡”，巩固和扩大了抗日根据地，发展和壮大了人民革命力量，终于赢得了抗日战争的伟大胜利。全面内战爆发后，国民党反动军队向山东解放区大举进攻，沂蒙军民奋起反击，先后粉碎了国民党反动军队的全面进攻和重点进攻，扭转了华东战局，开始了战略大反攻。

在艰苦卓绝的革命战争年代，沂蒙人民与共产党及其领导的人民军队血肉相连，生死相依，鱼水情深。为了支援革命战争，沂蒙人民踊跃参军，奋勇参战，全力支前。“最后一口饭做军粮，最后一块布做军装，最后一个儿子送战场”，这就是当年沂蒙人民拥军支前的真实写照。尤其是沂蒙妇女表现最为突出，她们送子、送郎参军，缝军衣、做军鞋、碾米磨面烙煎饼，抬担架，救伤员，涌现出了用乳汁救护八路军伤员的“沂蒙红嫂”明德英，宁愿饿死自己的亲孙子也要抚养革命后代的“沂蒙母亲”王换于，以及孟良崮战役中支前模范“沂蒙六姐妹”等一批英雄模范人物。她们对革命的无私奉献精神，至今仍感人至深、催人泪下。据不完全统计，仅在解放战争期间，沂蒙山区420万人口中，就有20万人参军，120万人次支前参战，10.5万人牺牲。可以说，沂蒙大地“乡乡有红嫂，村村有烈士”，沂蒙人民用鲜血和生命谱写了一曲曲感天动地的英雄壮歌。

沂蒙山区是中国革命战争的后方战略基地之一。抗日战争时期，沂蒙军民创建了以沂蒙山区为中心的山东抗日根据地，山东党政军领导机关一直驻扎于这里。抗战胜利后，临沂不仅成为山东解放区的首府，而且中共华东局、华东军区、华东野战军也都在临沂成立，临沂成为华东地区的战略指挥中心。老一辈革命家刘少奇、陈毅、罗荣桓、徐向前、粟裕等都曾在沂蒙山区工作过、生活过、战斗过。1955年至1965年授衔的1604名共和国将帅中，有3位元帅、2位大将、13位上将、64位中将和349位少将曾在蒙山沂水间战斗过。在中国共产党的领导和培育下，沂蒙人民与山东党政军一起，共同铸就了水乳交融、生死与共的沂蒙精神。

新中国成立后，沂蒙人民响应党的号召，坚定不移地跟党走社会主义道路。他们传承革命战争年代的革命热情和拼搏精神，意气风发、斗志昂扬地投身于社会主义革命和社会主义建设。沂蒙儿女自力更生，艰苦创业，以愚公移山的精神，兴修水利，大搞农田基本建设，重整沂蒙山河，发展生产，建设家园。从20世纪50年代末到60年代初，沂蒙地区先后兴建了1000多座大、中、小型水库，使水旱灾害大大减轻。同时，沂蒙人民以严谨求实的态度，在科学种田上进行大胆探索，使农业生产连年丰收。20世纪60年代，沂蒙地区成为全国知名的农业先进地区之一。

党的十一届三中全会后，沂蒙人民高举建设中国特色社会主义的伟大旗帜，解放思想，更新观念，深化改革，扩大开放，与时俱进，加快发展，到1995年年底，一举在全国18个连片扶贫地区中率先实现整体脱贫，基本上解决了温饱问题。在这个基础上，沂蒙人民乘胜前进，以敢为人先的宏大气魄，继续开拓奋进，在市场经济的大潮中搏击风浪。昔日的沂蒙革命老区变成了今天的“物流之都”，一大批名牌产品走出了沂蒙山区，走出了国门，打入了国际市场，经济和社会发展事业跨上了一个崭新的台阶。

毛泽东曾说过：“人是要有一点精神的。”① 干革命、搞建设，都要有一个精神支柱。沂蒙精神的内涵曾经被概括为“爱党爱军、开拓奋进、艰苦创业、无私奉献”。其中，“爱党爱军”是沂蒙精神的灵魂，体现了沂蒙人民对党的领导的无比信任和对社会主义的坚定信念，体现了党群之间血肉相连、军民之间鱼水情深的亲密关系；“开拓奋进”是沂蒙精神的主题，体现了沂蒙人民追求进步、改革创新、敢为人先的先进思想意识；“艰苦创业”是沂蒙精神的品格，体现了沂蒙人民自力更生、艰苦奋斗、坚韧不拔的坚强意志和精神风貌；“无私奉献”是沂蒙精神的核心，体现了沂蒙人民顾全大局、公而忘私、甘于奉献的价值取向。沂蒙精神来源于人民群众的伟大实践，富有鲜明的时代特色，随着历史的发展，时代的前进，其内涵也必然在实践中不断得到丰富和发展。当前我们将沂蒙精神的内涵概括为：“为人民，靠人民，忠诚看齐革命到底，紧跟共产党，热爱子弟兵，艰苦创业无私奉献。”“为人民，靠人民，忠诚看齐革命到底”，是从党和人民军队这一主体层面对沂蒙精神的概括与总结，它充分体现了党全心全意为人民服务的宗旨和始终心系百姓、始终坚持人民的利益高于一切，为人民求解放、谋幸福的目标追求。党的领导是沂蒙精神产生的前提基础，没有党领导的革命、建设和改革开放的伟大实践，就没有沂蒙人民的觉醒和沂蒙精神的产生与发展。“紧跟共产党，热爱子弟兵，艰苦创业无私奉献”，是从沂蒙人民这一主体层面对沂蒙精神的概括与总结。从这一视角来看，沂蒙精神充分展示了人民群众坚定跟党走的政治信念和顾全大局、勇于担当的思想意识，充分体现了沂蒙人民在党领导下开拓奋进、顽强拼搏的精神风貌和无私奉献的价值取向。

沂蒙精神是沂蒙党政军民在长期的革命、建设和改革过程中共同铸就的水乳交融、生死与共的崇高精神，是中华民族精神的重要组成部分，是我们党和

① 《毛泽东文集》第 7 卷，人民出版社 1999 年版，第 162 页。

国家的宝贵精神财富，是进行社会主义核心价值观教育的有效形式和生动载体，是激励中国人民自强不息、顽强拼搏、昂扬奋进、不断攻坚克难、从胜利走向胜利的强大精神动力。无论是革命战争年代、社会主义建设时期，还是改革开放的新时期，沂蒙精神都是中国人民不可或缺的精神支柱。2013 年 11 月，习近平总书记在临沂考察时指出："沂蒙精神与延安精神、井冈山精神、西柏坡精神一样，是党和国家的宝贵精神财富，要不断结合新的时代条件发扬光大"，"山东是革命老区，有着光荣传统，军民水乳交融、生死与共铸就的沂蒙精神，对我们今天抓党的建设仍然具有十分重要的启示作用"。

党的十八大以来，以习近平同志为核心的党中央高度重视中国共产党革命精神的传承与弘扬。习近平总书记强调指出，"要把红色资源利用好、把红色传统发扬好、把红色基因传承好"，"红色基因就是要传承。中华民族从站起来、富起来到强起来，经历了多少坎坷，创造了多少奇迹，要让后代牢记，我们要不忘初心，永远不可迷失了方向和道路"。在新时代认真开展中国共产党革命精神的学习、宣传、弘扬，才能不断加深对习近平新时代中国特色社会主义思想的认识和理解，才能树牢"四个意识"，坚定"四个自信"，坚决做到"两个维护"，把大学生培养成德智体美劳全面发展的社会主义合格建设者和可靠接班人，真正把为党育人、为国育才、立德树人的神圣使命落实好、完成好。

大学生是祖国的希望和未来，实现中华民族伟大复兴中国梦的重担将历史地落在他们肩上。因此，用沂蒙精神、用社会主义核心价值观教育当代大学生，是高校思想政治理论课一项非常重要的任务。我们编写这本《沂蒙精神大学生读本》的目的，就是希望通过讲述一个个生动鲜活的事例，让当代大学生了解沂蒙的革命历史，深刻理解沂蒙精神的科学内涵和时代价值，从而增强沂蒙精神育人的艺术性和感染力，使这一宝贵的精神财富一代又一代地传承下去。同时激励大学生主动承担起时代所赋予的历史使命，进而为实现中华民族伟大复兴的中国梦贡献力量。

第一章

中国共产党革命精神

红色文化是在革命战争年代，由中国共产党人和人民群众共同创造出来的独具中国特色的先进文化，蕴含着丰富的革命精神和厚重的历史文化内涵。而作为红色文化精髓和核心的红色精神——中国共产党的革命精神，是中国共产党在领导人民群众进行艰苦卓绝的革命和建设过程中塑造与熔铸出来的宝贵精神财富。在新民主主义革命时期，中国共产党不断结合时代和实践发展的要求，先后锻造出了伟大的红船精神、井冈山精神、长征精神、延安精神、西柏坡精神、沂蒙精神等革命精神。这些革命精神始终推动着中国革命在艰难曲折中前进并不断走向胜利，成为党的历史发展中宝贵的精神财富和强大的精神动力。

在中国共产党领导中国革命的过程中，这些革命精神一直是凝聚中国共产党人理想、追求、信念、信仰的精神力量，它们如同巨大的磁场，吸引着千千万万的先进分子、普通大众，为中国革命抛头颅洒热血。这些革命精神在历史发展过程中都有其特定的内涵，但却通过实事求是这条红线连在一起，本质一致、一脉相承，都是中国共产党优良革命传统的浓缩和精华。其中，红船精神是中国共产党革命精神的源头，井冈山精神是中国共产党革命精神的开端，长征精神是中国共产党革命精神的重要发展，延安精神是中国共产党革命精神的成熟形态，西柏坡精神是中国共产党革命精神的补充、发展和历史转折之魂，沂蒙精神是中国共产党革命精神的重要内容和重要表现形式。

第一节　红船精神

2013 年，习近平总书记指出：“实现中国梦必须弘扬中国精神。这就是以爱国主义为核心的民族精神，以改革创新为核心的时代精神。这种精神是凝心聚力的兴国之魂、强国之魂。”① 这是“中国精神”概念的首次提出。作为中国精神的核心，中国共产党革命精神是中国精神的集中体现，它包括红船精神、井冈山精神、长征精神、延安精神、西柏坡精神、沂蒙精神以及社会主义建设时期和改革开放新时期的革命精神等。

科学界定中国共产党革命精神，一个首要前提就是它是在中国共产党的领导下形成的精神，因而追溯中国共产党革命精神的形成必须从中国共产党的创建开始。从这个意义上，红船精神就是中国共产党革命精神的源头。

一、红船精神的形成

开天辟地，混沌初开。嘉兴南湖的“红船”曾见证了中国历史上开天辟地的大事变——中国共产党的诞生，更成为建党精神的象征。1921 年，中国共产党第一次全国代表大会在浙江嘉兴南湖的一条游船上胜利闭幕，在这条游船上，通过了党的第一个纲领和第一个决议案，选举产生了党的中央领导机构，庄严宣告了中国共产党的诞生，中国革命的航程从此起航，“红船”因此而得名。正如习近平总书记在南湖重要讲话中指出的，上海党的一大会址、嘉兴南湖的红船是我们党梦想起航的地方。我们党从这里诞生，从这里出征，从这里走向全国执政。这里是我们党的根脉。在中国共产党的创立之际，环境异常险恶，任务异常艰巨，但中国的先进分子矢志不渝，他们在建党过程中所体现出来的理想信念、精神风貌、思想品德的精华和结晶，形成了中国共产党的建党精神，即红船

① 《习近平谈治国理政》第一卷，外文出版社 2018 年版，第 40 页。

精神。

红船精神是中国共产党创立时期共产党人开天辟地精神形象的历史概括。中国共产党的诞生，是近代中国社会矛盾发展和人民斗争日渐深化的必然结果。中国社会的演变和国际环境的影响，为中国共产党的产生创造了必要的条件。伟大的革命实践产生伟大的革命精神，伴随中国共产党诞生而产生的红船精神，也是特定历史时期的产物。

红船精神是中国民主革命发展到一定阶段的产物。1840 年鸦片战争以后，中国的社会性质由封建社会转变为半殖民地半封建社会。从鸦片战争到五四运动，中国人民为了反抗帝国主义和封建统治进行了英勇不屈的斗争。洪秀全领导的太平天国运动和康有为、梁启超领导的戊戌变法运动，相继失败；以孙中山为首的资产阶级革命派领导的辛亥革命也未能改变中国的社会性质和中国人民的命运。中国革命发展到这一阶段，迫切需要新的能解决中国社会主要矛盾的革命纲领和新的革命领导者。正如习近平总书记所指出的："中国共产党正是顺应求民族独立、谋人民解放的历史使命，勇立社会历史发展的潮头，在南湖红船上宣告成立，从此中国革命的历史翻开了崭新的一页。"①

红船精神是中国无产阶级斗争运动发展的产物。无产阶级是近代工业的产物，中国工人阶级是随着近代工业的出现而产生的，是伴随着外国资本主义的侵略和中国民族资本主义的发展而壮大起来的。在五四运动中，中国工人阶级站在了这场运动的前列，从此，中国工人阶级作为独立的政治力量登上了中国的政治舞台。这同时也表明，在中国建立无产阶级政党的阶级基础已经形成。

红船精神是马克思列宁主义在中国广泛传播的产物。十月革命一声炮响给我们送来了马克思列宁主义。列宁曾说："没有革命的理论，就不会有革命的运动。"五四运动前后马克思列宁主义在中国的传播，使许许多多中国的先进分子转变了世界观，成长为马克思主义者，这就为中国共产党的诞生和红船精神的形成奠定了思想基础。正如习近平总书记所指出的："在旧式的农民战争走到尽头，不触动封建根基的自强运动和改良主义屡屡碰壁，资产阶级革命派

---

① 习近平:《弘扬"红船精神",走在时代前列》,《光明日报》,2005 年 6 月 21 日。

领导的革命和西方资本主义的其他种种方案纷纷破产的情况下，十月革命一声炮响，给中国送来了马克思列宁主义，给苦苦探寻救亡图存出路的中国人民指明了前进方向、提供了全新选择。”“在这个历史大潮中，一个以马克思主义为指导、一个勇担民族复兴历史大任、一个必将带领中国人民创造人间奇迹的马克思主义政党——中国共产党应运而生。”①

二、红船精神的内涵

2005年6月21日，时任中共浙江省委书记的习近平在《光明日报》发表署名文章《弘扬“红船精神”，走在时代前列》，首次公开提出了“红船精神”的概念，并对红船精神的内涵进行了概括和论述，认为“开天辟地、敢为人先的首创精神，坚定理想、百折不挠的奋斗精神，立党为公、忠诚为民的奉献精神，是中国革命精神之源，也是‘红船精神’的深刻内涵”。2017年10月31日，党的十九大胜利闭幕一周之后，习近平总书记带领中央政治局常委专程来到浙江嘉兴，沿着早期共产党人的足迹，探寻中国共产党人的精神密码。在嘉兴南湖瞻仰红船时，习近平总书记强调，要结合时代特点大力弘扬“红船精神”，让“红船精神”永放光芒。

1. 开天辟地、敢为人先的首创精神

首创精神是核心，是基点，更是动力之源。这不仅构成了红船精神的最基本的特质，也贯穿于中国共产党的整个奋斗历程。在半殖民地半封建的落后的旧中国，能不能用产生于发达国家的先进的科学理论——马克思主义作为指导，能不能组建自己的无产阶级政党，能不能选择通过新民主主义走向社会主义的独特道路，年轻的中国共产党做到了。中国共产党敢于用产生于西方国家的先进的科学理论——马克思列宁主义指导落后国家的革命，这是中华民族忧患意识在近代特殊历史背景下的升华。一个落后的半殖民地半封建社会的中国因此选择了通过新民主主义走向社会主义的独特道路，这正是“红船精神”

① 习近平:《在纪念马克思诞辰200周年大会上的讲话》,《人民日报》,2018年5月5日。

所包含的深刻的历史内涵。[①] 从井冈山精神、长征精神、延安精神、西柏坡精神到沂蒙精神、大庆精神、两弹一星精神、载人航天精神等，都秉承了开天辟地、敢为人先的首创精神这一特征。因此，中国共产党 90 余年一路走来，选择了一条跨越资本主义“卡夫丁峡谷”的发展道路，实现了马克思主义中国化的两次历史性飞跃。

中国共产党用实践实现了发展道路的“卡夫丁峡谷”的历史性跨越。关于马克思的“卡夫丁峡谷”理论，目前学界主要有两种认识。一种认为“卡夫丁峡谷”是指资本主义生产发展的过程，所谓可以不通过资本主义制度的“卡夫丁峡谷”，就是可以超越资本主义生产发展的整个阶段，由前资本主义的生产方式直接进入以公有制为基础的社会主义生产方式阶段。另一种认为“卡夫丁峡谷”意指资本主义的社会形态，前资本主义国家在特殊的历史条件下，可以直接进入社会主义社会，不仅实现生产方式的变更，同时也实现社会制度的变革。姑且不论学术争议，单就中国共产党取得的辉煌成就，用跨越“卡夫丁峡谷”比喻绝不为过。而这种跨越凭借的恰恰是开天辟地、敢为人先的首创精神。

红船精神是中国革命实践和中国共产党革命精神的开篇和奠基。红船精神第一次把中国革命实践建立在马克思主义科学理论指导基础之上；红船精神第一次把中国革命实践建立在中国共产党领导基础之上；红船精神第一次把中国革命实践建立在独立自主地探索中国道路历史起点上。[②] 同时，红船精神又是用具有中国特色、中国风格、中国气派的语言和思维方式对马克思主义建党思想的生动阐发，实现了马克思主义建党思想与中国具体文化语境、现实语境的融合。[③] 因此，开天辟地、敢为人先的首创精神是红船精神的核心和基点。

---

① 陈水林:《论“红船精神”》,《红旗文稿》,2011 年 6 月 7 日。

② 浙江省“红船精神”研究课题组:《“红船精神”:历史地位 · 当代意义 · 永恒价值》,《浙江日报》,2016 年 7 月 1 日。

③ 中共浙江省委理论学习中心组:《弘扬“红船精神”　继续走在前列》,人民网,2015 年 7 月 29 日。

2. 坚定理想、百折不挠的奋斗精神

奋斗精神是支柱，是灵魂，更是胜利之本。开天辟地、敢为人先的中国共产党人注定要为坚定理想而百折不挠地奋斗，从红船精神到井冈山精神、长征精神、延安精神，一脉相承，形成了宝贵的精神财富。

理想信念是思想和行动的“总开关”“总闸门”，坚定的理想、执着的信念是早期共产主义先进分子战胜一切困难的力量源泉。中国共产党在长期艰苦卓绝的奋斗中，历经曲折而不畏艰险，屡受考验而不变初衷，靠着坚定的理想信念和百折不挠的革命精神，由小到大，由弱变强。

坚定理想信念和矢志不渝的精神追求，始终是共产党人安身立命的根本。正如习近平总书记所强调的：“理想信念，是世界观和政治信仰在奋斗目标上的具体体现。一个国家、一个民族、一个政党，任何时候任何情况下都必须树立和坚持明确的理想信念。如果没有或丧失理想信念，就会迷失奋斗目标和前进方向，就会像一盘散沙而形不成凝聚力，就会失去精神支柱而自我瓦解。”①

3. 立党为公、忠诚为民的奉献精神

奉献精神是本质，是根本，更是执政之基。为了完成“民族独立和人民解放”“国家繁荣富强和人民共同富裕”这两大历史任务，中国共产党作为中国工人阶级的先锋队和中国人民、中华民族的先锋队，从诞生那天起就一直是中国最广大人民根本利益的代表者、维护者和实现者。党除了工人阶级和最广大人民群众的利益，没有自己的特殊利益。党在任何时候都把群众利益放在第一位，同群众同甘共苦。可以说，中国共产党在建党之初就确立了立党为公、忠诚为民的根本价值取向。所谓价值取向，就是关于价值的一定信念、主张、态度，它对主体的行为取向和评价原则的形成有着重要影响。长期以来，从中国共产党的纲领，实施的路线、方针、政策，奉行的宗旨和追求的奋斗目标中，都可以看出这一根本的价值取向。

不忘初心，方得始终。立党为公、忠诚为民，是我们党的建党初衷和立党之根本。人民群众是社会历史的创造者，是推动社会进步的决定性力量。相信

---

① 习近平：《在中央党校2010年秋季学期开学典礼上的讲话》，2010年9月1日。

谁、依靠谁、为了谁，是否始终站在最广大人民的立场上，是判断马克思主义政党的试金石。我们党作为以马克思主义为指导的无产阶级政党，自创建之时起便决定了我们党必须将立党之本、执政之基和力量之源深深植根于人民群众之中。我们党夺取政权，是为了人民的利益和幸福；建立新中国以后，巩固执政地位，也是为了人民的利益和幸福。中国共产党从建党之初的五十多名党员，发展到今天的九千多万党员，基层党组织发展到460多万个。人民群众的真心拥护和大力支持始终是我们党的事业取得胜利的力量源泉和胜利之本。

红船精神的本质也是党最根本的价值追求和终极目标，立党为公、忠诚为民的奉献精神是以爱国主义为核心的民族精神在当代的升华。红船精神集中展现了中国共产党人坚定的政治品格、崇高的理想信念和无私的奉献精神，是其他革命精神价值追求的基础，它们的共同特点都可以从红船精神的核心内涵中追根溯源。

三、继承与弘扬红船精神的现实意义

浙江嘉兴南湖，是中国革命红船的起航地。红船精神的提出使党的精神思想史与发展奋斗史更加系统完整。习近平深刻阐述了红船精神的主要内涵、历史地位和时代价值。红船精神论述的提出，是中国共产党革命精神史宝库的丰富和发展，是马克思主义建党学说中国化的具体展现，是习近平党建思想的重要成果。①

于历史来说，红船精神是中国共产党革命精神之源，也是党的先进性之源。中国共产党历史上形成的优良传统和其他革命精神，无不与之有着直接的渊源关系。可以说正是红船精神孕育了中国共产党，催生出了中国共产党在不同历史时期的其他革命精神。

就现实而言，红船精神不仅源于历史，而且因其与其他革命精神的共同性

---

①　浙江省“红船精神”研究课题组:《“红船精神”:历史地位·当代意义·永恒价值》,《浙江日报》,2016年7月1日。

存在于中国共产党和中国革命的整个奋斗历程中，具有超越时空的恒久价值和旺盛生命力。

红船精神是保持党的先进性和加强党的自身建设的精神武器。先进性是马克思主义政党的本质属性，保持和发展党的先进性是马克思主义政党自身建设的根本任务和永恒课题。一个政党的先进性作为一种特质，主要指在社会发展进步中所起的引领性作用。判断一个政党是否具有先进性，主要看它的理论指导是否科学、发展方向是否符合人类社会发展规律和是否代表并维护了最广大人民的根本利益。这既是衡量一个政党先进与否的根本标准，同时也是党的先进性的本质内涵。毛泽东同志说："中国共产党是无产阶级的政党。无产阶级里头出了那样一部分比较先进的人，组织成一个政治性质的团体，叫共产党。"在庆祝中国共产党成立95周年大会上，习近平指出："先进性和纯洁性是马克思主义政党的本质属性，我们加强党的建设，就是要同一切弱化先进性、损害纯洁性的问题作斗争，祛病疗伤，激浊扬清。"

红船精神对党的性质、宗旨和使命做出全面完整的概括，在这种精神推动下建立起来的中国共产党与以往任何政党不同，它以马克思主义理论为指导，其精神价值主要体现在坚定的理想信念，以及为实现这种理想信念而表现出来的革命意志、立场宗旨等。这就是要坚定理想信念，不忘初心，坚守共产党人在建党时期确立的精神追求。首先要强化理论武装，把传承弘扬红船精神和学党章党规与学习贯彻习近平总书记系列重要讲话精神统一起来，要求把全体党员的理想、信念建立在科学基础上，深化对党的纲领的认识，坚定理想信念。要求每一位党员以崇高的精神境界和过硬的实践本领来体现先进性。使广大党员从红船精神中汲取营养，补充精神之钙，确保红色基因、红色血脉代代传承、生生不息。其次要永远弘扬"立党为公，忠诚为民"的奉献精神，坚持全心全意为人民服务的根本宗旨，始终把实现好、维护好、发展好最广大人民的根本利益作为党全部工作的出发点和落脚点，并一以贯之地落实和体现到党的全部理论和实践中去。唯有如此，才能确保党的先进性和巩固党的长期执政地位。

保持和发展党的先进性和纯洁性是党的建设的核心问题。红船精神昭示我们，要保持和发展党的先进性和纯洁性，必须以敢为人先的精神与时俱进、改革创新，保证党始终走在时代的前列；必须把最广大人民的根本利益作为党全部工作的出发点和落脚点，保证党始终与人民群众共命运，保持党同人民群众的血肉联系；必须以百折不挠的精神艰苦奋斗，决胜全面小康，实现中华民族的伟大复兴。

实践证明，十八大以来先后开展的党的群众路线教育实践活动、“三严三实”专题教育、“两学一做”学习教育、“不忘初心、牢记使命”主题教育，其目的就是使广大党员干部坚定理想信念，增强政治意识、大局意识、核心意识、看齐意识，这既是保持党的先进性和加强党的自身建设的客观要求，也是传承和弘扬红船精神思想内核的具体体现。

习近平总书记指出：“文化建设要有魂，这个魂就是社会主义核心价值观。”我们党在革命、建设、改革中铸造的伟大革命精神，与社会主义核心价值观具有内在一致性。红船精神作为革命精神之源，本身就蕴涵着厚重的历史文化、丰富的价值元素。在各种思想文化相互激荡的今天，红船精神是开展政治信仰教育、民族精神教育和思想道德教育的重要价值引领。①

红船精神同中国共产党的其他革命精神一样是社会主义核心价值观教育的重要载体。传承弘扬红船精神就是要发挥精神旗帜的引领作用，凝聚社会共识，汇聚起实现中国梦的最大正能量。红船精神正以其穿越时空的永恒魅力，源源不断地为我们提供着精神养分和价值遵循。

红船精神是全面建成小康社会和实现中国梦的精神动力。习近平总书记指出：“实现中华民族伟大复兴，就是中华民族近代以来最伟大的梦想。”“实现中华民族伟大复兴的中国梦，就是要实现国家富强、民族振兴、人民幸福。”逐梦征程，离不开伟大精神的激励与支撑，离不开提供不竭精神动力和强大文化保障的中国精神。伟大的事业需要伟大的精神，一个民族更需要坚强的思想保证、强大的精神力量和丰润的道德滋养。红船精神、井冈山精神、苏区精

① 中共浙江省委理论学习中心组：《弘扬“红船精神” 继续走在前列》，人民网，2015年7月29日。

神、长征精神、延安精神、西柏坡精神、沂蒙精神……是中国共产党价值追求和中华民族精神内涵最生动的诠释。人民有信仰，民族有希望，国家有力量。实现中华民族伟大复兴的中国梦，需要物质财富的极大丰富，更需要精神财富的极大丰富。从红船精神开篇，到井冈山精神、苏区精神、长征精神、延安精神、西柏坡精神、沂蒙精神……这些不同的乐章，既是中华民族精神主旋律的具体表现，也是决胜全面小康和实现中国梦的动力源泉。

文化是一个民族的基因、血脉和传统。有人说，一个民族，只有她的文化存在着，这个民族才存在着。正如习近平总书记所述："文化自信，是更基础、更广泛、更深厚的自信。在5000多年文明发展中孕育的中华优秀传统文化，在党和人民伟大斗争中孕育的革命文化和社会主义先进文化，积淀着中华民族最深层的精神追求，代表着中华民族独特的精神标识。我们要弘扬社会主义核心价值观，弘扬以爱国主义为核心的民族精神和以改革创新为核心的时代精神，不断增强全党全国各族人民的精神力量。"民族精神的力量就在于增强国家文化软实力，提升全民族的文化自觉，为实现中国梦提供不竭的精神动力。

红船精神以开天辟地、敢为人先的首创精神克服和解决了前进道路上的一个又一个困难和险阻；以坚定理想、百折不挠的奋斗精神，在困难和挫折面前不屈服，始终坚定自己的理想信念；以立党为公、忠诚为民的奉献精神，全心全意为人民服务，完成了新民主主义革命，建立起人民民主政权和社会主义基本制度；又在一穷二白的基础上，将中国建设成为日益走向繁荣富强、人民生活全面小康的新中国。

红船精神中，首创精神蕴含着党始终走在时代前列的价值目标；奋斗精神蕴含着党对社会主义事业高度自信的价值信念；奉献精神蕴含着党全心全意为人民谋利益的最高价值追求。[1] 其中，红船精神中的立党为公、忠诚为民的奉献精神是以爱国主义为核心的民族精神在当代的升华；红船精神中的开天辟地、敢为人先的首创精神已经发展为改革创新的时代精神；红船精神中的坚定

① 郭维平：《"红船精神"的历史地位与当代价值》，《浙江日报》，2015年6月29日。

理想、百折不挠的奋斗精神是慎终追远的忧患意识和艰苦奋斗精神在当代的升华。

精神总是在解决重大时代课题和突出社会矛盾中产生和形成的，伟大精神的时代价值、生命力和战斗力，又总是体现和实现在与时代任务的紧密联系和对社会课题的积极作用上。当前，习近平总书记提出的中国梦这个愿景有着具体的时间表和清晰的线路图，概而言之，就是“两个一百年”奋斗目标。为实现这一奋斗目标，党中央始终坚持问题导向，形成了以“五位一体”总体布局和“四个全面”战略布局为关键、以新发展理念为引领、以增进人民福祉为根本的治国理政的新理念、新思想、新战略。今天，我们站在决胜全面建成小康社会和实现中华民族伟大复兴中国梦的时代潮头，同样需要弘扬敢为人先的红船精神，在创新中找出路，在创新中求发展。这是历史经验的总结，也是时代提出的必然要求。

当前逆全球化暗流涌动，国际形势动荡多变，政治多极化趋势进一步发展，同时资本主义和社会主义在意识形态方面的较量长期存在，在此大背景下，更加需要我们对实现中国梦的新长征有坚定的信念和信心，始终做到不动摇、不懈怠、不折腾，既不为任何风险所惧，又不被任何干扰所惑。只有心中有信仰，脚下才会有力量。

中华民族有着5000多年的文明传承，经受过100多年的灾难砥砺；中国共产党坚持了90多年的艰苦追寻和开启了40多年的改革开放。而今，中华民族伟大复兴的新长征正在路上。中国共产党始终依水行舟，忠诚为民，成为贯穿中国革命、建设和改革全过程的一条红线，也是红船精神的本质所在。攻坚克难的关键时期，尤其需要发扬“立党为公、忠诚为民”的奉献精神，努力维护好、实现好、发展好最广大人民的根本利益。

只要我们坚持习近平同志强调的“不断强化前列意识，切实把‘走在前列’的要求体现到精神状态上，贯彻到衡量标准上，落实到各项工作上”，我们就有理由相信，“红船精神”会继续激励和鼓舞着我们党带领人民实现“两个一百年”奋斗目标，实现中华民族伟大复兴的中国梦，走向新的更大的辉煌。

第二节　井冈山精神

抉择关乎信念，也决定命运。人民音乐家冼星海曾说过："每个人在他生活中都经历过不幸和痛苦。有些人在苦难中只想到自己，他就悲观消极发出绝望的哀号；有些人在苦难中还想到别人，想到集体，想到祖先和子孙，想到祖国和全人类，他就得到乐观和自信。"面对大革命失败后革命的暂时低潮，面对部分人对第一个农村革命根据地——井冈山根据地持有的"红旗到底能打多久"的悲观和疑问，井冈山没有低下高昂的头颅，共产党人挺起了坚韧的脊梁。毛泽东同志高瞻远瞩冷静分析，"只要看一看许多地方工人罢工、农民暴动、士兵哗变、学生罢课的发展，就知道这个'星星之火'，距'燎原'的时期，毫无疑义地是不远了"①，并豪情满怀地对井冈山的革命星火作出大胆预言："它是站在海岸遥望海中已经看得见桅杆尖头了的一只航船，它是立于高山之巅远看东方已见光芒四射喷薄欲出的一轮朝日，它是躁动于母腹中的快要成熟了的一个婴儿。"②

一、井冈山精神的形成

井冈山，位于江西、湖南两省交界的罗霄山脉中段，被誉为"中国革命的摇篮"和"中华人民共和国的奠基石"。土地革命时期，毛泽东、朱德等老一辈无产阶级革命家率工农革命军来到这里，创建了中国第一个农村革命根据地。井冈山的革命斗争不仅点燃了中国革命的星星之火，开辟了具有中国特色的革命道路，而且还孕育出薪火相传的井冈山精神。井冈山精神的产生，是中国近现代历史发展的必然结果。

---

① 《毛泽东选集》第1卷，人民出版社1991年版，第102页。

② 《毛泽东选集》第1卷，人民出版社1991年版，第106页。

1927年，蒋介石、汪精卫先后发动“四一二”和“七一五”反革命政变，使轰轰烈烈的第一次大革命遭到失败。国民党新军阀对共产党人和革命群众进行血腥镇压，成千上万的共产党人被屠杀，白色恐怖笼罩全国。但是，共产党人并没有被吓到，他们高举起革命的大旗，进行武装抵抗，先后组织发动了一百多次武装起义，秋收起义就是其中之一。

以毛泽东同志、朱德同志为代表的老一辈无产阶级革命家，在秋收起义和南昌起义遭到严重挫折的情况下，把马克思主义基本原理同中国革命具体实践相结合，审时度势，率领工农革命军进军井冈山，在白色政权的四面包围之中建立起全国第一个农村革命根据地。根据地全盛时期面积达7200平方公里，人口50余万。井冈山革命根据地的建立，是马克思主义与中国革命实践相结合的典范，是“以农村包围城市，最后夺取全国胜利”道路的起点。井冈山的斗争从1927年10月至1930年2月，经历了创立、巩固发展和坚持斗争三个阶段。

井冈山时期，在物质条件极度匮乏的情况下，中国共产党领导红军连续击退了敌人的四次“进剿”和三次“会剿”，历经大小战斗近百次，积累了丰富的军事斗争经验，创设了一整套红军建军原则，提炼了红军游击战争的战略战术。在此过程中，毛泽东还提出了“工农武装割据”的思想，回答了“中国的红色政权为什么能够存在”的问题，初步探索出了一条“农村包围城市、武装夺取政权”的符合中国国情的革命道路。

在巩固和发展井冈山革命根据地的斗争中，通过不断克服和反对教条主义、盲动主义、冒险主义等错误思想和路线，井冈山精神得以形成并不断丰富和发展。井冈山精神从孕育、发展到成熟的过程，完整地记录了以毛泽东、朱德为代表的老一辈无产阶级革命家对国家前途、民族命运的艰辛探索和对社会理想、人生价值的深层思考，它是我们党的理想、信念的集中反映，是我们党的性质、宗旨的生动体现，是我们党的光荣传统和优良作风的高度凝结，为中国共产党革命精神的形成和发展奠定了坚实的基础，对中国革命的历史进程产生了广泛而深刻的影响。

二、井冈山精神的内涵

井冈山精神诞生于土地革命时期的井冈山根据地。井冈山精神的内涵是十分丰富的。

2011年6月，《建党以来重要文献选编》出版座谈会在北京举行。时任中共中央政治局常委、中央书记处书记、国家副主席的习近平出席座谈会并讲话。他强调指出："井冈山精神主要内涵是具有坚定的革命信念，自力更生，英勇奋战，百折不挠，艰苦奋斗。"

2016年2月，习近平总书记在井冈山调研考察时指出："今天，我们要结合新的时代条件，坚持坚定执着追理想、实事求是闯新路、艰苦奋斗攻难关、依靠群众求胜利，让井冈山精神放射出新的时代光芒。"所以井冈山精神的内涵可以用四句话来概括。

1. 坚定执着追理想

理想信念是党性之魂。革命年代，正是因为有着"革命理想高于天"的信仰力量，我们党才能无惧"敌军围困万千重"，有力回答"红旗到底能打多久"的疑问。信仰至关重要，如同照亮前路的灯，好比把握航向的舵。坚定的理想信念，是一个人的精神支柱，也是一个民族、一个国家、一个政党的精神支柱。一个人，倘若没有理想信念，就成了没有灵魂的躯壳；一个民族、一个国家、一个政党，倘若没有理想信念，就会丧失奋斗的目标和前进的方向，就会失去凝聚力和战斗力。

井冈山的斗争是在敌我力量对比悬殊，白色势力四面包围之中进行的。在如此险恶的环境中，中国共产党人和革命将士始终保持着革命的乐观主义精神和旺盛的革命斗志，始终坚信井冈山的星星之火必将能够燃成燎原之势。是什么力量支撑着根据地军民同敌人作斗争？是什么力量让他们以顽强的毅力克服种种困难？答案就是共产主义的理想和革命必胜的坚定信念！井冈山斗争的历史证明，没有坚定的共产主义理想和始终不渝的革命信念，就没有井冈山革命道路的开辟，这正是井冈山精神的根本所在。

革命摇篮——井冈山

秋收起义失败后，起义部队锐减，而且弹药缺乏，没有给养，许多战士情绪低落。1927 年 9 月 29 日，部队在永新的三湾村进行了改编，这就是我党历史上著名的“三湾改编”。在毛泽东的思想动员和带领下，整编后的部队以坚定的步伐开始了向井冈山的伟大进军。

南昌起义失败后，朱德、陈毅率领起义余部 800 余人转入粤赣湘边界地区后，不仅遭到反动武装的袭击，而且还深受寒冷、饥饿、疾病的残酷折磨。有的士兵开小差逃跑了，有的士兵离开队伍自寻出路了。在部队濒临瓦解的关键时刻，朱德、陈毅召开军人大会，号召大家要做失败时的英雄，要经得起失败的考验。这支部队后来出赣南，进湘南，发动了著名的湘南起义，之后艰苦转战上了井冈山，与毛泽东率领的部队胜利会师。

彭德怀、滕代远率领红五军主力向井冈山转移途中，前有堵截，后有追兵，有时一天要打好几仗。每次激战，彭德怀总是冲锋在前。这支部队战胜千难万险，终于到达了井冈山，与毛泽东、朱德的部队胜利会师。

毛泽东曾在《星星之火，可以燎原》中以无产阶级革命家的豪情和诗人气质，描绘了中国革命的胜利前景。正是毛泽东的这种深邃的目光、远大的理想、坚定的信念使他对中国革命的形势有了更清晰的认识，这一精辟的分析，不仅拨开了笼罩在根据地红军和群众中的迷雾，而且指出了中国革命由小块红色根据地这个“星星之火”，必将发展到“取得全国政权”的“燎原”之势的光明前途，从而极大地坚定了井冈山军民革命到底的理想信念，成为井冈山精神的灵魂。

2. 实事求是闯新路

实事求是、敢闯新路是兴业之本。我们党“靠实事求是吃饭”，不搞本本主义，只有把马克思主义与中国革命实际相结合，才能开辟农村包围城市、武装夺取政权的正确革命道路。事实证明，只有坚持一切从实际出发，不断解放思想、开拓进取，事业发展才会有活力、有动力。

中国革命究竟应当走一条什么样的道路，这一直是中国共产党人不断探索和追求的问题。秋收起义前，中国共产党人以俄国为师，坚信俄国布尔什维克党以城市为中心的道路是中国革命走向胜利的唯一正确的道路。但是第一次大革命和南昌起义的失败证明了以城市为中心的革命道路在中国行不通。以毛泽东为代表的中国共产党人在进行秋收起义和创建井冈山革命根据地的艰苦斗争中，将马克思列宁主义和中国革命实际相结合，经过艰辛探索，终于找到了一条适合中国国情和中国革命特点的革命道路。

尽管湘赣边界秋收起义最初的进攻目标是中心城市长沙，但在起义部队连续失利的危急情况下，毛泽东果断命令各部队暂停进攻，到浏阳文家市集中。文家市是湘赣边界的一个山区小镇，敌人的统治力量薄弱，大革命时期有比较好的群众基础。毛泽东一到这里，立刻找各路部队的干部、战士了解战斗情况和思想动态，集合秋收起义部队前委召开会议，讨论部队的去向问题。经过激烈的争论，会议通过了毛泽东关于部队放弃攻打城市，去农村开展游击战争的正确意见。最终在井冈山站稳了脚跟，建立了第一个农村革命根据地——井冈山革命根据地，开始了“工农武装割据”，逐渐在实践中探索出一条以农村包围城市、武装夺取政权的中国特色的革命道路。可以说，井冈山革命道路的开辟，就是实事求是的结果。

井冈山道路是以毛泽东为主要代表的中国共产党人把马克思主义基本原理与中国革命实际相结合的光辉典范，是马克思主义中国化的一大成果。这条道路成功地实现了党的工作重点由城市向农村的转移，这是国际共产主义运动中的一个伟大创举。这条道路之所以能够成功，是因为其是建立在中国共产党人实事求是的思想基础之上的，他们不拘泥于革命导师针对具体问题的具体结论，而是坚持实事求是，从实际出发，走出了一条以农村包围城市、武装夺取全国政权的崭新道路。

总之，井冈山革命道路的选择，是我们党坚持实事求是思想路线的结果，是我们党勇闯新路的第一次重大的历史性的行动，是中国革命的胜利之源。

3. 艰苦奋斗攻难关

艰苦奋斗是成事之基。井冈山时期，从领袖到士兵，大家“有盐同咸、无盐同淡”，靠着红米饭、南瓜汤度过艰苦岁月，不断巩固和扩大了革命根据地。“历览前贤国与家，成由勤俭败由奢。”艰苦奋斗是我们党的政治本色和优良传统，也是井冈山精神的基石。

井冈山位于湘赣边界，地处边陲，在经济上基本是封闭式的自给自足的小农经济，生产力水平低下。这种落后的自然经济状况，决定了井冈山根据地经济斗争的艰巨性和长期性。

井冈山时期，国民党不仅对井冈山根据地在军事上进行“围剿”，而且还在经济上严密封锁，妄图把红军饿死、困死在井冈山。毛泽东在《中国的红色政权为什么能够存在?》中感叹道：“一年以来，边界政权割据的地区，因为敌人的严密封锁，食盐、布匹、药材等日用必需品，无时不在十分缺乏和十分昂贵之中。”① 井冈山的物质生活如此艰苦，可红军战士没有怨言，始终保持着旺盛的革命斗志，那首脍炙人口的“红米饭，南瓜汤，秋茄子，味道香”的红军歌谣就充分表现出了红军战士的革命乐观主义精神。

为了解决山上粮食不足的问题，红军将士自发组织起来挑粮上山，毛泽东、朱德亲自带头背粮、挑粮。这些措施不但使井冈山革命根据地渡过了难关，有效地打破了敌人的经济封锁，而且还在一定程度上改善了井冈山军民的生活。

4. 依靠群众求胜利

依靠群众是力量之源。当年，苏区干部相信群众、关心群众、同群众打成一片的好作风，唤起了广大工农，形成了不可战胜的力量。党只有始终与人民心连心、同呼吸、共命运，始终依靠人民推动历史前进，才能做到坚如磐石。

以毛泽东为代表的中国共产党人及其领导下的红军，在井冈山之所以能站稳脚跟，之所以受到人民群众的衷心拥护和爱戴，重要的一点就是因为他们始

---

① 《毛泽东选集》第1卷，人民出版社1991年版，第53页。

终和人民群众打成一片，和人民群众结下了鱼水之情。

为了保证在决策上密切联系群众，反映人民群众的利益，毛泽东非常注重调查研究。上井冈山之初，他走遍了整个罗霄山脉，对井冈山地区的政治、经济、军事等情况进行了详细而周密的社会调查，先后写出了《永新调查》《宁冈调查》等调研报告，使党组织和工农兵政府制定的方针政策能符合广大群众的利益，得到他们的支持和拥护。

毛泽东针对以往工农革命军只重视打仗、忽视开展群众工作的倾向，在1927年年底提出了工农革命军的三大任务，即：打仗消灭敌人；打土豪酬款子；宣传群众，组织群众，武装群众，帮助群众建立革命政权。后来，工农革命军每到一地，都深入群众，通过各种形式，及时了解群众的意见和要求，帮助群众解决一些实际问题。边界农民几千年来遭受封建地主的压迫和剥削，大部分土地被地主豪绅控制，广大的贫苦农民迫切需要土地。1928年3、4月间，毛泽东率领工农革命军在炎陵县的中村和桂东的沙田，开展了插牌分田运动。随后，边界党组织和政府发动农民群众，进行土地分配，满足了农民的最大心愿。这一运动，得到边界广大农民的衷心拥护和全力支持。

为了维护群众的利益，扫除旧军队的不良影响和习气，毛泽东制定了“三项纪律”。这三项纪律是：第一，行动听指挥；第二，打土豪要归公；第三，不拿老百姓一个红薯。三项纪律的施行，对整顿部队的纪律起了很大的作用。不久毛泽东又为部队制定并宣布了六项注意，具体是：上门板；捆铺草；说话和气；买卖公平；借东西要还；损坏东西要赔。后来，对三项纪律六项注意又做了某些修改，并补充了两项注意，即洗澡避女人和不搜俘虏腰包，从而形成了完整的三大纪律八项注意。三大纪律八项注意，深受农民和中小商人的拥护。

井冈山精神极大地鼓舞着井冈山军民的斗志，使井冈山军民面对着强敌环伺而毫不畏惧。

三、继承与弘扬井冈山精神的现实意义

滔滔赣江，巍巍井冈，“井冈山是革命的山、战斗的山，也是英雄的山、光荣的山”。1927 年，毛泽东率领的部队经过大小十余次战斗，把革命红旗插上了井冈山，开始了创建中国革命的第一块根据地的伟大事业，完成了事关革命大局的战略转移，为选择正确的中国革命道路奠定了基础。井冈山革命根据地的开辟，是马克思列宁主义与中国革命的具体实际相结合的产物，是中国共产党和人民群众集体智慧的结晶，是中国共产党领导的中国革命进程中的一座历史丰碑。

伟大的井冈山精神，星火燎原。井冈山的山间小路，通往民族复兴的康庄大道；八角楼的灯光，映照共产党人的奋斗征程。多少年来，井冈山精神激励着一代又一代的中国共产党人，党的几代领导核心也一直都把井冈山精神作为党的宝贵精神财富。

1965 年，毛泽东“千里来寻故地”，重上井冈山，他深情地说道：“我要劝大家，日子过好了，艰苦奋斗的精神不要丢了，井冈山的革命精神不要丢了。”1972 年 11 月，邓小平登上井冈山，一再强调：“井冈山精神是宝贵的，应该发扬。”1989 年，江泽民来到井冈山，将井冈山精神的内涵概括为 24 个字——坚定信念、艰苦奋斗、实事求是、敢闯新路、依靠群众、勇于胜利，写下了“继承和发扬光荣的井冈山革命传统”的题词，并告诫全党“井冈山的革命传统一天也不能忘掉！”2003 年 9 月胡锦涛在江西考察工作时强调，伟大的井冈山精神集中反映了我们党的优良传统和作风。我们要结合时代的发展，结合党的历史方位和历史任务的变化，结合改革开放和发展社会主义市场经济的新实践，大力弘扬井冈山精神，使之在新的时代条件下放射出新的光芒。

2016 年 2 月，习近平在井冈山调研考察时指出，井冈山时期留给我们最为宝贵的财富，就是跨越时空的井冈山精神。每一名党员、干部特别是各级领导干部，都要把理想信念作为照亮前路的灯、把准航向的舵，转化为对奋斗目

标的执着追求、对本职工作的不懈进取、对高尚情操的笃定坚持、对艰难险阻的勇于担当；都要一切从实际出发，解放思想、开拓进取，善于用改革的思路和办法解决前进中的各种问题；都要保持艰苦奋斗本色，不丢勤俭节约的传统美德，不丢廉洁奉公的高尚操守，逢事想在前面、干在实处，关键时刻坚决顶起自己该顶的那片天；都要认真践行党的宗旨，努力提高宣传群众、组织群众、服务群众的能力和水平。

行程万里，不忘初心。井冈山道路是马克思主义中国化的经典之作，从这里革命才走向成功。我们一定要不忘峥嵘岁月，铭记先烈功勋，弘扬跨越时空的井冈山精神，让这笔宝贵财富世世代代传承下去！

第三节　长征精神

1934 年 10 月至 1936 年 10 月，中国共产党领导红军进行了伟大的长征。他们以非凡的智慧和大无畏的英雄气概，战胜千难万险，付出巨大牺牲，胜利完成了震撼世界、彪炳史册的长征，实现了中国共产党和中国革命事业从挫折走向胜利的伟大转折，谱写了人类历史上的壮丽篇章，是中华民族伟大复兴历史进程中的巍峨丰碑。长征这一人类历史上的伟大壮举，留给我们最宝贵的精神财富，就是中国共产党人及其红军将士用生命和鲜血铸就的伟大的长征精神。

一、长征精神的形成

长征精神是以源远流长的中华民族精神做基础，以马克思主义为指导，在广大红军官兵艰苦卓绝的长征革命斗争中磨砺而成的。

井冈山革命根据地建立后，在毛泽东、朱德、陈毅等领导下日益巩固和扩大。为了粉碎敌人的围剿，毛泽东、朱德、陈毅率领红四军主力向赣南和闽西发展。1930 年春，以闽西苏维埃政府和赣西南苏维埃政府成立为标志，赣南、闽西革命根据地基本形成。1931 年 9 月，在粉碎敌人的第三次反革命“围剿”后，赣南、闽西革命根据地连成一片，形成了以瑞金为中心的中央苏区革命根据地，根据地有 21 座县城，面积达 5 万平方公里，人口达 250 万。1931 年 11 月以中华苏维埃第一次全国代表大会在江西瑞金召开和中华苏维埃临时中央政府成立为标志，中央苏区正式形成。

1931 年 1 月 7 日，党在上海召开了扩大的六届四中全会，在共产国际代表米夫的操纵下，“左”倾冒险主义者在党中央取得领导地位，他们在中央苏区排斥毛泽东的正确领导。1933 年 2 月，蒋介石对中央苏区发动了第四次“围剿”，中央红军在周恩来、朱德的领导下，坚持毛泽东的正确军事路线，打破了敌人的第四次“围剿”。

1933 年 10 月，蒋介石又调集 50 余万军队对中央革命根据地进行第五次“围剿”。这时，以王明为代表的“左”倾冒险主义完全统治了党中央。临时党中央负责人博古不懂军事，全靠军事顾问李德指挥。李德既不了解中国的实际情况，又不懂中国革命战争的特点和规律，生搬硬套外国的军事战略战术和苏联红军正规战、阵地战的做法，完全否定和放弃了毛泽东、朱德等同志正确的军事路线，并把毛泽东排斥在领导集团之外。第五次反“围剿”一开始，博古、李德采取进攻中的冒险主义，“御敌于国门之外”，命令红军“全线出击”，使红军在反“围剿”一开始就完全陷于被动地位，屡战不胜，越打敌人越多。在危急时刻，博古、李德等人又拒绝了毛泽东提出的将红军主力转至外线、调动和歼灭敌人，用以保卫和扩大根据地的正确主张，实行了逃跑主义。1934 年 10 月，中央红军猝然决定离开中央根据地，仓促转移。长征开始后，“左”倾领导人仍主张死拼硬打，把希望寄托在中央红军与策应中央红军的二、六军团会合上。面对国民党蒋介石在红军长征路上设置的道道封锁线，如果不顾客观情况的变化，继续按既定计划和红二、六军团会师，中央红军就会面临全军覆没的危险。在这个危急关头，毛泽东力主放弃与红二、六军团会合，改向敌人力量比较薄弱的贵州前进。这一正确主张得到大多数领导人的赞同。红军占领了贵州的黎平。中央政治局在黎平召开了会议，决定向贵州进军。1935 年 1 月初，红军强渡乌江天险，占领了遵义城。红军终于摆脱了敌

遵义会议纪念邮票

人大部队的围追堵截，在遵义进行短暂休整。

“左”倾错误领导给革命带来了巨大危害，广大红军指战员强烈要求中央纠正错误、改换领导。1935 年 1 月 15 日至 17 日，中共中央在遵义召开了政治局扩大会议。会议经过激烈的争论，在统一思想的基础上，肯定了毛泽东关于红军作战的基本原则。会议决定改组中央领导机构，选举毛泽东为中央政治局常委；在行军途中，又成立了由毛泽东、周恩来、王稼祥组成的三人军事指挥小组，负责长征中的军事指挥工作。遵义会议清算了“左”倾路线在军事指挥上的错误，确立了毛泽东在中央和红军中的领导地位，是中国革命的一个历史转折点。遵义会议在极端危险的历史关头挽救了党、挽救了红军、挽救了中国革命。遵义会议是中国共产党把马克思列宁主义与中国实际相结合，独立自主地、创造性地解决中国革命问题的开始，是中国共产党在政治上走向成熟的标志。

遵义会议以后，全党全军精神大振，在毛泽东的正确领导下，采用灵活机动的战略战术，四渡赤水，巧渡金沙江，强渡大渡河，飞夺泸定桥，爬雪山过草地，突破天险腊子口，翻越岷山、六盘山，直至取得直罗镇战役大捷，历尽千难万险，中央红军用自己的双脚走完了二万五千里，于 1935 年 10 月到达陕北，胜利地完成了长征。1936 年 10 月，红二、四方面军完成长征，红军三大主力在甘肃会宁胜利会师，从而结束了具有伟大历史意义的长征。

总之，长征是历史的丰碑，是一部极其生动的革命传统教科书。红军长征不仅创造了可歌可泣的战争史诗，而且谱写了豪情万丈的精神史诗，铸就了伟大的长征精神。

二、长征精神的内涵

2016年7月18日，习近平参观三军会师纪念馆时指出，红军长征创造了中外历史的奇迹。革命理想高于天，不怕牺牲、排除万难去争取胜利，面对形形色色的敌人决一死战、克敌制胜，这些都是长征精神的内涵。

2016年10月21日，习近平又在纪念红军长征胜利80周年大会上指出：“伟大长征精神，就是把全国人民和中华民族的根本利益看得高于一切，坚定革命的理想和信念，坚信正义事业必然胜利的精神；就是为了救国救民，不怕任何艰难险阻，不惜付出一切牺牲的精神；就是坚持独立自主、实事求是，一切从实际出发的精神；就是顾全大局、严守纪律、紧密团结的精神；就是紧紧依靠人民群众，同人民群众生死相依、患难与共、艰苦奋斗的精神。”

长征精神的内涵是十分丰富的，主要包括以下几个方面。

1. 把全国人民和中华民族的根本利益看得高于一切，坚定革命的理想和信念，坚信正义事业必然胜利的精神

理想如炬、信念如钢。长征精神之所以伟大，非常重要的原因就在于广大红军将士对革命的无限忠诚和对党的革命事业的坚定信念，蕴含着不怕吃苦、不怕牺牲的英雄气概。这同时也是长征精神最基本的思想内核。

惊心动魄的二万五千里长征，规模之大、行程之远、历时之长、自然环境之恶劣、敌我力量之悬殊，在人类战争史上是绝无仅有的，是中国革命史上的伟大奇观，是中国革命传统的一块丰碑。长征途中，红军指战员碰到了数不清的困难，险象环生，有时甚至陷入绝境。天上有国民党反动派的大批飞机轮番侦察、轰炸，地上有数十万反动大军围追堵截，红军指战员每天都要行军、与敌人作战，得不到休整。路途中有时找不到粮食，饿着肚子行军作战。许多伤病员得不到安置、缺医少药，只能随部队前进，有的因此长眠在红军长征的行军途中。更有不少指战员为掩护大部队转移，英勇阻击敌人，直至献出自己的生命，壮烈牺牲。爬雪山、过草地，饥饿、严寒、疾病、沼泽，敌人追剿，时时威胁着红军的生存。许多红军指战员在战斗中、在爬雪山过草地时倒下了，

连姓名都没有留下来。前面的战士英勇地牺牲了，后面的战友沿着他们开辟的道路继续前进。长征途中留下了无数催人泪下的感人故事，长征是珍贵的革命理想教育教科书。

长征——过草地

是什么力量支撑着他们与天斗、与敌人斗，战胜困难、打败强敌呢？答案就是对革命的忠贞不渝，是坚定的共产主义理想和信念。正如习近平在纪念红军长征胜利 80 周年大会上所指出的："长征是一次理想信念的伟大远征。崇高的理想，坚定的信念，永远是中国共产党人的政治灵魂。中国共产党从成立之日起，就把共产主义确立为远大理想，始终团结带领中国人民朝着这个伟大理想前行。党和红军几经挫折而不断奋起，历尽苦难而淬火成钢，归根到底在于心中的远大理想和革命信念始终坚定执着，始终闪耀着火热的光芒。"在长征最困难的时候，红军官兵讲得最多的一句话是，"只要跟党走，一定能胜利"。长征途中任中央总书记的张闻天曾在 1938 年给陕北公学师生做报告时说："长征中我们的确曾经碰到了无数困难……困难几乎是不能克服的。然而我们那时只有一个思想，就是无论如何要克服这些困难，要为自己的理想奋斗到底。"正是凭着这种理想信念，红军迅速从初期失利的阴影中摆脱出来，逐步走上胜利的坦途。

2. 为了救国救民，不怕任何艰难险阻，不惜付出一切牺牲的精神

二万五千里长征，道路之艰险是史无前例的。红军面临着人数众多、装备优良、凶恶无比的敌人，红军指战员发扬勇敢战斗、不怕牺牲、不怕疲劳、连续作战、一往无前、前赴后继的革命英雄主义精神，狠狠地打击敌人、战胜敌人，使敌人闻风丧胆，创造了世界军事史上空前的奇迹。

在中央苏区第五次反“围剿”失利的情况下，中共中央决定由寻淮洲任军团长，率领红七军团组成抗日先遣队北上闽浙赣皖边区开展抗日游击战争，迫使蒋介石将进攻中央苏区的兵力调回江西等地，从而减轻对中央苏区的军事压力。红七军团在北上途中连续作战，人员大量减少，伤亡很大。后来进入方志敏领导的闽浙赣苏区，中央决定将闽浙赣苏区红十军与红七军团合编为红军第十军团，寻淮洲任19师师长，方志敏兼任闽浙赣军区司令员，刘畴西任军团长。在阻击敌人的进攻中寻淮洲身负重伤不幸牺牲，年仅22岁。红十军团在突围转移中，方志敏、刘畴西不幸被捕。在监狱中，他们同敌人进行了坚决斗争，敌人严刑拷打和“劝降”都失败了。在与敌人的斗争中，方志敏用敌人让他写“供词”的纸笔，在极端艰苦的条件下，写下了传世之作《清贫》和《可爱的中国》等，成为教育革命后代的生动教材。1935年8月6日，方志敏、刘畴西被国民党秘密杀害。方志敏年仅36岁，刘畴西38岁。

中央红军以顽强的革命英雄主义气概，不怕牺牲、前仆后继，在重围之中杀出了一条血路，掩护中央机关突围。红三军团的红五师为了掩护大部队前进，对敌人进行了顽强的阻击，以一个师兵力打退了敌人两个师的多次进攻，使敌人未能前进一步。在激烈的战斗中，师参谋长、两个团长、政治委员、营、连、排指挥员大多牺牲或负伤，战士伤亡也相当大，剩下的指战员同敌人展开殊死战斗，人在阵地在，直到完成阻击敌人的任务才撤退。红五军团34师在湘江阻击战中，冒着敌人的猛烈炮火和飞机轰炸，不怕牺牲、顽强战斗，杀伤大量敌人，一次又一次地打退敌人的进攻。这个部队，从师长到战士同敌人血战数日，为了大部队长征，绝大部分都牺牲了。他们用鲜血和生命开辟了红军长征胜利的道路。

长征途中，红军不畏艰险、勇往直前，越是险境越上前。17名勇士在敌

人的枪林弹雨下抢渡大渡河，22 名突击队员冒着对岸敌人密集的炮火飞夺泸定桥。他们的英雄气概压倒了敌人，取得了战斗胜利。

在长征过程中，广大红军战士不仅要和数倍于己的国民党军队作斗争，而且还要攀悬崖、涉险滩、爬雪山、过草地，在超常态的恶劣环境中栉风沐雨，饥寒交迫，几乎陷于绝境。然而，坚强的红军战士正是以一不怕苦、二不怕死的大无畏革命精神，以钢铁般的革命意志，使茫茫草地让路，皑皑白雪低头。红军坚持用自己的双脚走完了二万五千里长征，战胜了凶恶的敌人，夺取了最后胜利。红军的革命英雄主义精神永载史册。

3. 坚持独立自主、实事求是，一切从实际出发的精神

伟大的史诗必定蕴涵着巨大的精神财富。历史已经证明，实事求是是我军克敌制胜的一个法宝，是长征留给我们最宝贵的精神财富之一。

毛泽东等老一辈革命家坚持实事求是，从实际出发的科学精神，长征过程中无处不在。中央苏区第五次反“围剿”的失败和红军长征初期惨重的伤亡，都是王明“左”倾冒险主义错误造成的。其主要表现就是脱离中国实际，一切从本本出发，机械地按共产国际指示办事。1935 年 1 月 15 日至 17 日，在历史的危急关头，中共中央在长征途中的遵义召开了政治局扩大会议。遵义会议独立自主地选择了党的领袖毛泽东，彻底批判了“左”倾路线的冒险主义、逃跑主义错误，结束了“左”倾错误路线在中央的统治，拨正了革命的航向。遵义会议是中国共产党独立自主地把马克思主义理论与中国革命的实际相结合来解决中国革命的路线、方针、策略的一次极其成功的会议，是一次解放思想、实事求是的会议，是马克思主义实事求是思想路线的胜利。

遵义会议是一个历史转折点，在极端困难的条件下挽救了党、挽救了红军、挽救了中国革命，使实事求是的马克思主义军事路线得到切实贯彻，为中国工农红军的长征奠定了胜利基石。遵义也由此成了载入中国共产党史册的“转折之城”。从此中国革命走上了正确的道路，在毛泽东为首的党中央领导下从胜利走向胜利。

长征途中，正是因为以毛泽东同志为主要代表的中国共产党人坚持把马克

思主义基本原理同中国革命具体实践相结合，坚持实事求是不动摇，才正确解决了关乎党和红军前途命运的三个全局性问题，即引领红军向哪里去的战略方向问题，使党和红军摆脱被动局面的军事指挥问题，结束“左”倾教条主义错误在中央的统治问题，从思想上确保了红军长征胜利。

4. 顾全大局、严守纪律、紧密团结的精神

长征途中，红军不仅要同恶劣的大自然环境作斗争，还要同强大凶恶的蒋介石反动军队的围追堵截作斗争。在极其艰险的环境中，只有加强革命团结、顾全大局，形成坚强的战斗集体，才能战胜敌人。党内团结、红军团结是长征胜利的基本保证。正是这种团结协作的精神，正是这种顾全大局的意识，才使得各路红军形成了一股强大的合力，攻无不克、战无不胜，最终甩掉几十万敌人的围追堵截，实现了伟大的战略转移。

红军翻越夹金山

毛泽东、朱德等中央领导人为全党、全军的团结做出了表率。遵义会议对犯“左”倾错误的领导人进行耐心细致的思想工作，在坚持原则的前提下广泛团结党内犯错误的同志，仍然安排他们以适当领导职务，发挥他们的积极作用。毛泽东根据当时的环境和多数人的思想认识水平，着重解决中央在军事路线上的错误，对政治路线问题待以后适当时机再逐步进行解决，这样做就避免了在党内引起大的震动，有利于增强全党团结。

1935 年 6 月红一方面军先头部队翻越终年积雪的夹金山后，到达四川懋功达维地区，与李先念率领在此迎接中央红军的红四方面军第三十军会合。随后，在懋功以北的两河口举行红一、红四方面军会师大会。毛泽东、朱德、周恩来和领导红四方面军的张国焘都出席了大会。两大主力红军会师，增强了红军的战斗力，总兵力达 10 多万人。红一、四方面军会师以后，张国焘凭借四

方面军人数众多装备良好的优势，多方面抬高自己的身价，多次向党提出一些不合理甚至是相当过分的要求，以致后来发展到公开分裂党和红军。以毛泽东为核心的党中央以大局为重，一方面坚持党的原则，同张国焘的分裂主义进行斗争，另一方面又多方面地做张国焘的工作，以最大的耐心进行教育挽救，争取张国焘北上，为此，还做了必要的让步和妥协。

红二方面军在贺龙、关向应、任弼时等领导下也进行了长征，在甘孜与红四方面军会合。经朱德、刘伯承、贺龙、关向应、任弼时等领导和红四方面军广大指战员的坚决斗争，红四方面军终于同红二方面军北上，红二、红四方面军于 1936 年 10 月在会宁与红一方面军胜利会师，战胜了长征中张国焘的分裂主义，实现了全党全军的大团结。

5. 紧紧依靠人民群众，同人民群众生死相依、患难与共、艰苦奋斗的精神

红军打胜仗，人民是靠山。红军是一支人民的军队，她来自人民，服务于人民。她忠实履行着全心全意为人民服务的宗旨，她制定并且严格执行着秋毫不犯的严明纪律。正因为如此，红军始终得到了广大人民群众的真心拥护和无私支持，二者之间形成了不可分割的鱼水关系。人民群众的支持和帮助是红军战胜无数艰难险阻、最终取得长征胜利的支柱与后盾。

人民军队来自人民，广大人民群众的自觉参与是人民军队不断发展壮大的根本源泉。第四次反“围剿”后，红军急需补充，英雄的江西兴国人民，仅仅在 1933 年 5、6、7 三个月就组织动员了三个师的兵员，8 月份，又动员近 800 人到前方去。据不完全统计，从第二次国内革命战争开始到主力红军开始长征为止，兴国县约 38 万人口中，就有 8 万人参了军。在人民群众的大力支持下，中央革命根据地和其他革命根据地每次都能顺利完成“扩红”任务。

红军时刻牢记全心全意为人民服务的宗旨，时刻遵守三大纪律八项注意，处处想人民所想，急人民所急。在长征途中，红军不论遇到多大困难，都时刻牢记不扰民、不劳民，严格守纪、秋毫无犯。红军心里装着老百姓，老百姓心里也装着红军。在安顺场送红军战士渡河时，当地百姓不仅踊跃报名，积极参加，而且遇到敌人枪林弹雨封锁，船将要失去控制时，船工们毫不畏惧，奋不顾身跳进河中，背顶肩扛，终于帮红军渡过大渡河。1936 年 8 月红二、六军

团进入川康藏区时，尽管他们粮食奇缺，但红军却秋毫无犯，红军高度的组织性和纪律性深深感动了当地的百姓，感动了喇嘛。喇嘛和当地百姓打开粮仓，将青稞送给红军，红军渡过了难关。

中央红军通过大凉山彝族区时，由于受到国民党反动派政府和四川军阀长期奴役，彝族人民分不清军阀、官僚、汉族群众的界限，形成了彝、汉民之间的隔阂。当刘伯承率领红军战士进入大凉山彝族区不远，彝民们就挥舞着土枪、长矛等，高喊“不许走”，企图阻止红军前进。红军将领萧华等同志耐心细致的做彝族首领小叶丹的工作，最终小叶丹被红军的真诚和严明的军纪所感动，答应让红军经过，并愿意和红军结盟。为了团结少数民族同胞，为了红军主力顺利通过彝族区，刘伯承亲自担任拜盟的主角。随后，刘伯承和小叶丹叔侄歃血结盟，彝族群众拿着红旗，欢迎红军到来，并自觉为红军带路。

三、继承与弘扬长征精神的现实意义

人无精神则不立，国无精神则不强。一个民族的复兴，一个政党的强大，一个国家的富强，都离不开百折不挠的精神和坚如磐石的信念。长征精神，是中国共产党及其军队从弱变强、取得一个又一个胜利的重要法宝。革命战争年代，鼓舞着战士不怕牺牲、勇往直前，夺取革命的无数胜利；和平建设时期，激励着人们不畏艰险、奋勇开拓，克服前进路上的重重困难；改革开放以来，推动着全国人民团结一心、加速发展，迎来民族复兴的光明前景。80 多年来，我们历经磨难而不衰、饱尝艰辛而不屈、千锤百炼而更强，靠的就是这种伟大的精神力量。

早在 1935 年，毛泽东就在《论反对日本帝国主义的策略》一文中指出：“讲到长征，请问有什么意义呢？我们说，长征是历史纪录上的第一次，长征是宣言书，长征是宣传队，长征是播种机。”这些比喻，昭示着长征精神历久弥新的时代价值。

长征精神是中国共产党革命精神的重要组成部分，是中华民族百折不挠、自强不息精神的最高体现，是中华民族精神的历史丰碑，是我党、我军和中华民族光照千秋的宝贵精神财富。它始终鼓舞着一代又一代革命志士克服艰难险阻，取得一个又一个胜利，始终激励着十几亿中华儿女排山倒海、矢志不移，建设自己的美好家园。在社会主义现代化建设时期，党和国家领导人十分关注发扬长征的革命精神，有不少的讲话和题词。中共中央党史研究室第一研究部编著的《红军长征史》出版时，江泽民题词："英雄的史诗"；刘华清题词："长征精神，万古长存"；张震题词："继承红军优良传统，胜利进行新的长征"。陈宇所著《长征精神万岁》一书也有党和国家领导人的题词。江泽民的题词是"红军业绩万古流芳，长征精神代代发扬"；徐向前的题词是"发扬长征精神，建设强大祖国"；聂荣臻的题词是"长征精神，永放光芒"；刘华清的题词是"万里长征显神威，千秋豪气振中华"。

2006 年 10 月 22 日下午，时任浙江省委书记的习近平同志在参观"伟大的长征——浙江省纪念中国工农红军长征胜利 70 周年图片展"时强调指出："长征，是中国共产党和中国革命事业从挫折走向胜利的伟大转折点，是二十世纪中国共产党人创造的壮丽史诗。缅怀革命先辈的不朽功勋，继承光荣革命传统，坚定理想信念，让伟大的长征精神在新的历史条件下代代相传，在推进社会主义和谐社会建设中不断创造新的业绩。长征不仅是一次人类精神和意志的伟大远征，也是一段中国共产党领导中华优秀儿女寻求中华民族复兴的伟大征程。"

时代在不断前进，但精神永不倦怠。有什么样的精神，就有什么样的力量；有什么样的信仰，就有什么样的方向。长征精神是中华民族红色精神的重要组成部分，是中华民族百折不挠、自强不息精神的最高体现，是我们党的优良传统和宝贵财富，虽然长征胜利已经 80 多年了，但长征精神却穿越时空，成为建设社会主义现代化和全面建成小康社会，实现中华民族伟大复兴中国梦的重要精神力量。正如习近平在纪念红军长征胜利 80 周年大会上所强调的，长征胜利 80 年来，我们党团结带领全国各族人民，不断推进革命、建设、改革伟大事业，进行了一次又一次波澜壮阔的伟大长征，夺取了一个又一个举世瞩目的伟大胜利。我们这一代人，继承了前人的事业，进行着今天的奋斗，更要开辟明天的道路。蓝图已绘就，奋进正当时。前进道路上，我们要大力弘扬伟大长征精神，激励和鼓舞全党全军全国各族人民特别是青年一代发愤图强、奋发有为，继续把革命前辈开创的伟大事业推向前进，在实现“两个一百年”奋斗目标、实现中华民族伟大复兴中国梦新的长征路上续写新的篇章、创造新的辉煌。

一个不记得来路的民族，是没有出路的民族。长征永远在路上。如今是实现“两个一百年”奋斗目标的新长征，让我们缅怀先烈、不忘初心，继承和弘扬伟大的长征精神，有信心、有决心、有恒心地实现中华民族伟大复兴的中国梦，在新的长征路上继续奋勇前进！正如习近平总书记在宁夏三军会师纪念馆时所说：“弘扬伟大长征精神，走好今天的长征路，必须坚定共产主义远大理想和中国特色社会主义共同理想，为崇高理想信念而矢志奋斗。长征永远在路上。这次专程来这里，就是缅怀先烈、不忘初心，走新的长征路。今天是实现‘两个一百年’奋斗目标的新长征。我们这一代人要走好我们这一代人的长征路。”

第四节　延安精神

伟大的党铸就伟大的精神，伟大的精神滋润伟大的党。延安在革命战争年代曾是中国共产党的指挥中枢和战略后方。中国共产党在这里运筹帷幄，作出了关系中国前途命运的一系列重大决策，为夺取全国胜利奠定了坚实基础。在延安这片热土上，中国共产党孕育出了伟大的延安精神。

一、延安精神的形成

延安是中国革命的圣地，以毛泽东为首的党中央在延安战斗了 13 个春秋，13 年中，陕北人民用小米养育了人民军队，养育了我们党；13 年中，中国共产党和人民军队经受了无数次考验，变得更加成熟、更加坚强；13 年中，我

"革命圣地"延安

们党和军队与延安人民、陕甘宁边区人民同甘共苦、生死与共，一起度过了一个又一个艰苦而又难忘的岁月，迎来了一个又一个辉煌的胜利。

1935年10月19日，中共中央率领红军一方面军主力到达吴起镇，11月7日，中共中央机关到达瓦窑堡，当天释放了刘志丹、习仲勋等因陕北错误肃反而被关押的18人。11月28日，发布了《抗日救国宣言》，提出十大救国纲领。12月13日，毛泽东等到达中共中央所在地瓦窑堡。1935年12月17日至25日，中共中央在瓦窑堡召开了政治局会议，通过了《关于目前政治形势与党的任务的决议》和《关于军事战略问题的决议》，制定了党的抗日民族统一战线的策略。1937年1月10日，中共中央领导机关由保安县迁驻延安，13日毛泽东等中央领导进驻延安的凤凰山，毛泽东在这里写了《实践论》《矛盾论》《论持久战》等16篇马克思主义理论著作。1938年11月，中共中央迁驻杨家岭。1943年10月，中共中央书记处迁驻枣园，毛泽东、刘少奇、周恩来、朱德、张闻天、任弼时等中央领导先后迁入枣园居住。1945年，中国共产党第七次全国代表大会在延安举行。毛泽东等中共中央领导在延安度过了最艰难的岁月，领导全国人民挽救国家和民族危亡，进行了惊心动魄的抗日战争和解放战争，打败了日本帝国主义，消灭了蒋家王朝，创建了新中国。

滔滔延河，承载了民族的重负；巍巍宝塔，唤起了备受欺凌的人民。"窑洞大学"培育了一代治军治国的英才；土窑洞里产生了毛泽东思想；煤油灯照亮了中国革命的航程。延安时期，中国共产党把马克思主义普遍真理同中国革命的具体实践相结合，领导人民驱倭寇，缚苍龙，同国内外反动派进行了艰苦卓绝的斗争，在中华民族争取自由、独立、解放的史册上写下了最光辉的篇章，奠基了人民共和国大厦。

延安时期在中国革命史上具有重要的地位，毛泽东早在1945年4月《“七大”工作方针》中就作过评价，他指出，陕北有两点：一是落脚点，二是出发点。具体说，延安是红军长征的“落脚点”和抗日战争的“出发点”。总之，延安时期是中国革命走向全国胜利的“转折点”；是我们党壮大力量、实现转折、走向新胜利的伟大时期；是党和人民坚定信念、艰苦创业的伟大时期；是毛泽东思想全面展开并走向成熟的时期。在这一过程中，在以毛泽东为核心的党中央倡导和培育下，全党、全军和边区人民继承和发扬了井冈山精神、长征精神，并创造了延安精神。

二、延安精神的内涵

凝聚着抗大精神、整风精神、南泥湾精神、白求恩精神、张思德精神、愚公移山等精神的延安精神，内容十分丰富，是马克思主义与中国革命实践相结合的产物，是中华民族优秀传统文化的高度升华。

1. 解放思想、勇于创新

开拓创新是马克思主义的生命。马克思主义不是教条，而是随着时代的发展而不断向前发展的。马克思主义之所以有强大的生命力，正是因为它是不断创新发展的。在中国革命的征途上，“左”倾冒险主义领导者教条地对待马克思列宁主义，只会引用马克思列宁主义的个别词句，片面理解而不懂得掌握其实质，不同中国革命实际相结合，结果使中国革命遭受严重挫折。中央苏区第五次反“围剿”和长征初期的军事失败，都是脱离实际、教条地对待马克思列宁主义的必然结果。在延安时期，毛泽东深入实际调查研究中国情况，从中国革命实际出发，把马克思列宁主义与中国革命实践结合起来，解放思想，大胆探索，提出了许多正确而又系统的思想与理论，指导中国革命取得了一个又一个胜利。

毛泽东十分重视马克思主义理论在中国革命实践中的创新发展。他说：“中国共产党人只有在他们善于应用马克思列宁主义立场、观点和方法，善于应用列宁斯大林关于中国革命的学说，进一步地从中国的历史实际和革命实际的认真研究中，在各方面作出合乎中国需要的理论性的创造，才叫做理论和实际相联系。”① 毛泽东为了指导中国的抗日战争和解放战争，在延安时期写了大量的马克思主义理论著作，如《矛盾论》《实践论》《中国革命战争的战略问题》《抗日游击战争的战略问题》《论持久战》《中国革命和中国共产党》《新民主主义论》《论联合政府》等，毛泽东通过这些著作，从中国的实际出发，提出并进一步丰富了新民主主义革命理论、中国革命道路理论、党的建设理论、统一战线理论、军事斗争理论、根据地建设理论等，在理论和实践的结合上创造性地发展了马克思列宁主义，并形成了中国化的马克思列宁主义——毛泽东思想。毛泽东思想是马克思列宁主义的普遍原理与中国革命的具体实际相结合的产物，是马克思列宁主义在中国革命中的运用和进一步发展，是指导中国革命胜利的正确理论，是中国共产党人集体智慧的结晶。这些理论著作指导中国抗日战争和解放战争取得了胜利。中国共产党第七次全国代表大会把毛泽东思想写入党章，作为全党的指导思想。

2. 调查研究、实事求是

实事求是是马克思主义的精髓，是延安精神的显著特点。党领导中国革命取得胜利，是党坚持实事求是原则的胜利，实事求是就是按照中国革命的客观规律行事，而不是由主观想象决定的，也不是按照书本行事。王明“左”倾冒险主义的错误就在于违背中国革命的客观实际情况，主观地决定方针政策，最终导致中央苏区第五次反“围剿”的失败，使红军被迫长征，使革命遭受了严重挫折。

毛泽东总结了党的历史经验教训，提出党的一切工作要从实际出发、实事求是，要进行调查研究、掌握实际情况，切忌主观武断。红军到达陕北以后，毛泽东在《中国革命战争的战略问题》一文中尖锐地批评了“左”倾冒险主义者，他说：“他们自称为马克思列宁主义者，其实一点马克思列宁主义也没有学到。列宁说：马克思主义的最本质的东西，马克思主义的活的灵魂，就在

① 《毛泽东选集》第3卷，人民出版社1991年版，第820页。

于具体地分析具体的情况。我们的这些同志恰是忘记了这一点。”①

在延安，毛泽东经常教导各级领导同志要深入实际进行调查研究、掌握实际情况，切忌主观主义。毛泽东在党内大力倡导调查研究之风，号召全党要注意本地区、本部门的情况调查，根据实际制定出正确的方针政策。1941年3、4月间，毛泽东写了《〈农村调查〉的序言和跋》，他明确地指出：“没有调查就没有发言权”。1941年5月，毛泽东在延安干部会上所作的报告中对“实事求是”作了具体解释：“‘实事’就是客观存在着的一切事物，‘是’就是客观事物的内部联系，即规律性，‘求’就是我们去研究。我们要从国内外、省内外、县内外、区内外的实际情况出发，从其中引出其固有的而不是臆造的规律性，即找出周围事变的内部联系，作为我们行动的向导。”② 毛泽东还为中央党校新建礼堂题写了“实事求是”的题词，成为全党干部工作的座右铭。

毛泽东是我们党坚持实事求是的榜样。红军长征到达陕北以后，根据当地干部和群众反映，王明“左”倾错误路线执行者仍在坚持，陕北红军的创始人刘志丹等同志被关押。毛泽东得知这一情况后，马上指示停止杀人、捕人，并派人调查审理这一案件。掌握实情以后毛泽东明确指出，这是一起莫须有的罪名诬告案件，立即下令将刘志丹等从监狱中放出并平了反，委任刘志丹为中国革命军事委员会西北办事处副主任、北路军总指挥、红二十八军军长。1936年4月，刘志丹率部东征时不幸牺牲，为革命献出了自己的生命。

3. 自力更生、艰苦奋斗

自力更生、艰苦奋斗是延安精神的重要标志，是延安人身上的一种作风、一种品德、一种精神。

抗日战争进入相持阶段以后，日本帝国主义集中大部分兵力向我解放区抗日根据地进行扫荡，实行杀光、烧光、抢光的“三光”政策，妄图饿死、冻死我解放区军民。同时，国民党反动派蒋介石也调集几十万军队对解放区进行军事经济封锁。加之陕甘宁边区又遭受自然灾害，边区军民几乎没有饭吃、没

① 《毛泽东选集》第1卷，人民出版社1991年版，第187页。

② 《毛泽东选集》第3卷，人民出版社1991年版，第801页。

有被子盖、没有衣服穿。在严重困难面前，延安军民以英雄的革命气概，发扬艰苦奋斗的革命精神，自己动手，开荒种粮，开展大生产运动。

在大生产运动中，王震等率领三五九旅到南泥湾开荒。南泥湾是延安的南大门，这里土地肥沃，荒无人烟，荆棘丛生，野兽成群。但是英雄的三五九旅没有被困难吓倒，旅长王震向全旅将士提出了“在深山密林中安家，向荒山野岭要粮”的口号。当时，没有房子，部队住在野外，衣服被子单薄，战士们冻得睡不着觉，就烧柴烤火。指战员们克服了重重困难，斩荆棘、填沟壑，一把锄头一把镰，誓叫荒山变良田。最终把往日荒凉的南泥湾变成了稻花飘香、瓜果遍地的陕北江南。“南泥湾精神”从此名扬天下。

毛泽东、朱德、周恩来等中央领导都亲自参加大生产运动，他们用自己的实际行动给普通党员干部和战士树立了榜样。中央机关的工作人员在划分菜地时，毛泽东也想有自己的一份。工作人员考虑到毛泽东是全党、全军的领袖，工作十分繁忙，就不想给毛泽东分配任务，可毛泽东硬是在自己的住所附近要了一块。毛泽东对这块菜地十分负责，悉心劳作，只要一有空就在菜地里劳动，为蔬菜施肥、浇水、锄草。有时服务员看到毛泽东劳动十分辛苦，想帮助他把菜地种起来，但都被毛泽东婉言谢绝。周恩来从重庆回到延安，也利用在延安的短暂时间参加纺纱生产，还被评为纺纱能手。中央领导同志亲自参加大生产运动，极大地鼓舞了边区军民，大生产运动轰轰烈烈地开展起来，终于战胜了困难，为抗日战争的最后胜利奠定了物质基础。

在开展大生产运动的同时，边区军民还积极开展节约运动。毛主席号召边区和解放区军民节约一个铜板、一粒粮食、一寸布、一张纸，减少一切不必要的开支，杜绝任何浪费。他说：“任何地方必须十分爱惜人力物力，决不可只顾一时，滥用浪费。”① 毛泽东坚持同边区军民一样住土窑洞、穿粗布衣、点小油灯、吃小米饭。他穿的一件棉袄由灰色变白色，补了许多补丁，警卫员几次要给他换件新的，他都不同意。他说，大家的生活都很艰苦，我们应该省吃俭用，棉袄再补补还可以穿。抗战初期，有位华侨出于对共产党的热爱，送了

---

① 《毛泽东选集》第3卷，人民出版社1991年版，第1019页。

两辆小汽车。在分配小汽车时，由于毛泽东一再坚持，一辆分配给主管军事工作的朱德总司令用，另一辆分给徐特立、吴玉章、谢觉哉、董必武、林伯渠五位老同志用。有一次，毛主席骑马到枣园开会，途中马受惊将他摔下来，摔伤了手臂。朱总司令和五位老同志得知后，坚持要把车让给毛主席坐，但毛主席仍坚持骑马。让车故事，在延安成为佳话。朱德是八路军的总司令，威望高、年龄大、资格老，但他仍然和普通战士一样，厉行节约，艰苦生活，从不讲特殊，讲待遇。延安时期，解放区普遍形成了上下一致、军民一致、官兵一致、团结友爱、自力更生、艰苦奋斗、勤俭节约的良好风气。

4. 依靠群众、服务群众

依靠群众、关心群众、不脱离群众，全心全意为人民群众服务，是延安精神的又一个显著特点。延安时期是党的群众路线的成熟期，也是我党历史上党群关系最密切、党的群众路线执行的最好的时期之一。

依靠群众，相信群众，倾听群众的意见，关心群众的疾苦，全心全意为群众服务。在陕北，毛泽东和中央其他领导经常深入到群众中去了解情况，发现问题及时帮助解决。1940 年，陕甘宁边区政府多征了一些公粮，群众中有怨言，并在一些地方出现了个别群众辱骂领导的现象。毛泽东从群众的民怨骂声中深刻反思，当他和中央领导同志通过深入调查发现“确实公粮太多”，“加重了人民的负担”后，立即命令边区政府着手改正，立即减少了征公粮的任务。

党中央、毛主席的关怀感动了人民群众，人民群众以实际行动支援革命战争。1947 年蒋介石再次发动内战，进攻陕甘宁边区，当时，许多同志都为毛主席的安全担心。毛泽东却说：陕北地形险要，群众条件好，回旋余地大，安全有保障。在转移途中，毛主席有时距离敌人仅有几十公里，敌人却发现不了他。敌人占领延安后，司令部设在毛主席住过的窑洞内，但群众却守口如瓶，敌人始终不知道毛主席曾住在那里。1947 年，当胡宗南的部队进入延安时，敌人一点情报也得不到。相反，群众却及时地将敌人的情报送给人民军队。敌人处处挨打，最后被迫撤出延安。陕北的群众热爱毛主席、热爱共产党，编出歌曲《东方红》歌颂共产党、歌颂毛主席。人民群众的信任支持是我们党战胜敌人的力量源泉。据有关部门不完全统计，1947 年 3 月至 1948 年 2 月，仅边区支前民工就达 200 万人次，边区妇女做军鞋 92.9 万多双，极大地支援了人民军队，当时陕北部队仅 2 万多人，却打垮了敌人 23 万多人的进攻。这种党群、军民的鱼水关系正是革命胜利的根本原因。

全心全意为人民服务是共产党人的本色，我们党的一切工作都是为人民得解放、为人民谋幸福，除此之外没有别的私利。在延安，毛泽东写了《为人民服务》和《纪念白求恩》两篇文章，号召全党、全军向张思德和白求恩同志学习，学习他们的全心全意为人民服务、为革命事业而献身的精神。全心全意为人民服务是延安精神的重要组成部分。

三、继承与弘扬延安精神的现实意义

延安精神是中国共产党人彻底的革命精神、是升华了的民族精神、是中国共产党人领导人民争取民族独立和人民解放的时代精神、是展示中国共产党人形象的群体精神，在中国的历史发展进程中有着巨大和深远的意义，是我们党的传家宝，是中华民族宝贵的精神财富。党和国家几代领导人一直非常重视延安精神。

1949 年 10 月 26 日，毛泽东给陕甘宁边区人民发来了《永远保持艰苦奋斗的作风》的“复电”，“复电”强调：“延安和陕甘宁边区，从 1936 年到 1948 年，曾经是中共中央的所在地，曾经是中国人民解放斗争的总后方。延安和陕甘宁边区的人民对于全国人民是有伟大贡献的。我希望延安和陕甘宁边区的人民继续团结一致，迅速恢复战争的创伤，发展经济建设和文化建设，我并且希望，全国一切革命工作人员永远保持过去十余年间在延安和陕甘宁边区的工作人员中所具有的艰苦奋斗的作风。”①

1980 年 12 月，邓小平向全党提出“我们一定要宣传、恢复和发扬延安精神，解放初期的精神，以及六十年代初期克服困难的精神。我们首先要自己坚

① 《毛泽东文集》第 6 卷，人民出版社 1999 年版，第 17 页。

定信心，然后才能教育和团结群众提高信心。”①

2002 年，江泽民在视察延安中反复强调延安精神的重要价值和丰富的时代内涵：“在新的历史条件下，在充满新的希望、也充满新的挑战的征途上，我们始终要大力弘扬延安精神。”“无论过去、现在和将来，延安精神都不能丢。全党同志，一定要结合新的实际，大力弘扬延安精神，使延安精神成为我们党在新世纪团结和带领人民不断开创中国特色社会主义事业新局面的强大精神动力，使延安精神永放光芒。”②

2004 年 4 月，胡锦涛在陕西视察工作时进一步强调：“延安精神是我们党的优良传统和宝贵财富，过去是、今天仍然是我们战胜困难、取得胜利的法宝。”“我们坚持和发扬延安精神，很重要的就是要大力弘扬求真务实精神、大兴求真务实之风。”③

2010 年 5 月 18 日，中国延安精神研究会在北京召开第五次会员代表大会，纪念研究会成立 20 周年并进行理事会换届。时任中共中央政治局常委、中央书记处书记、国家副主席的习近平致信表示祝贺。习近平指出：“延安精神是中华民族优良传统的继承和发展，是我们党的性质和宗旨的集中体现。弘扬延安精神，对于推进中国特色社会主义事业、实现中华民族伟大复兴具有重要意义。”2015 年 2 月，习近平到山西考察调研时又强调“老一辈革命家和老一代共产党人在延安时期留下的优良传统和作风，培育形成的延安精神，是我们党的宝贵精神财富。今天，全面从严治党要继续从延安精神中汲取力量。”

这些讲话告诫我们延安精神在任何时候都不能丢弃，我们要在新的社会历史条件下，继承和弘扬延安精神，使之成为发展新时代中国特色社会主义事业、推动国家繁荣昌盛的强大精神动力，使延安精神永放光芒。延安精神必将与时俱进，继续谱写辉煌！

---

① 《邓小平文选》第 2 卷，人民出版社 1994 年版，第 369 页。

② 《毛泽东邓小平江泽民论弘扬和培育民族精神》，学习出版社 2003 年版，第 319－320 页。

③ 胡锦涛：《把政策交给群众把措施落到实处　扎扎实实促进粮食增产农民增收》，《人民日报》，2004 年 4 月 14 日。

第五节　西柏坡精神

西柏坡时期，是中国革命的伟大历史转折时期，也是中国共产党在民主革命过程中最成功、最辉煌的时期。在西柏坡，中共中央不仅领导新民主主义革命取得全国胜利，而且为实现党的工作重心从农村到城市、从战争到建设的转变，为从新民主主义向社会主义过渡开辟了通途。西柏坡时期，毛泽东思想继续得到丰富和发展，包括军事思想、战略战术思想，特别是建立人民民主专政、人民代表大会制度和多党合作制度的思想，以及从国情出发，走中国式的建设道路，通过建设新民主主义向社会主义过渡的思想，都得到了进一步充实和完善。

党中央在西柏坡时期的辉煌历史和成功经验，铸就了伟大的西柏坡精神。这是一种代表历史转折的革命精神，是中国共产党革命精神发展的新阶段，是红船精神、井冈山精神、长征精神、延安精神的延续和发展。

一、西柏坡精神的形成

西柏坡，这个彪炳中国革命史册的名字，原本是河北省平山县滹沱河北岸的一个只有百十来户的普通小山村。这个小山村风光秀美、环境郁静、文化悠久、农产丰厚、民风朴实，她位于平山县中部，正处于华北平原和太行山交汇处，在一片向阳的马蹄状山坳里，西柏坡三面环山，一面环水，西扼太行山，东临冀中平原，距华北重镇石家庄仅 90 公里。这里交通方便，易守难攻，既适宜危急时刻向山里撤退，顺利时又便于向城市进军。

1947 年 4 月，中央工作委员会书记刘少奇和朱德总司令来到晋察冀解放区，5 月初进驻西柏坡。1948 年 5 月，毛泽东率领中共中央和人民解放军总部机关来到西柏坡。从此，这个小山村成了当时中国革命的领导中心，成了毛主席和党中央进入北平、解放全中国的最后一个农村指挥所，成为中国共产党领导全国人民和人民解放军与国民党反动派进行战略决战、创建新中国的指挥中心。

当时，中国革命正处在重大转折时刻，人民解放战争正处于战略决战的前夕。为争取战略决战的胜利，党中央将晋察冀和晋冀鲁豫两个解放区合并为华北解放区。1948年9月8日至13日，党中央在西柏坡召开了政治局扩大会议，即“九月会议”，为迎接战略大决战做了思想上、组织上和物质上的准备。

“九月会议”会址

9月12日至翌年1月31日，党中央指挥东北野战军、华北野战军、华东与平原野战军、华北军区部队成功地进行了震惊中外的辽沈、淮海、平津“三大战役”，解放了东北全境和平、津两市；基本解放了长江以北的华东中原地区和华北地区，共歼灭和改编国民党军154万余人。随着战争形势的迅速转变，1949年1月6日至8日，中共中央在西柏坡召开了政治局会议，讨论通过了《目前形势和党在一九四九年的任务》的决议。决议指出：1949和1950年将是中国革命在全国范围内胜利的两年。决议还指出，“北平解放后，必须召集第七届第二次中央全体会议”，及“召集没有反动派代表的各民主党派、各人民团体的政治协商会议，通过共同纲领，成立中华人民共和国，组成中央人民政府”等。3月5日至13日，中国共产党第七届中央委员会第二次会议在西柏坡胜利召开。

党中央在西柏坡仅仅住了十个月的时间，但在中国革命史上却留下了辉煌灿烂的篇章，迎来了如旭日东升的新中国。西柏坡也因此像井冈山、瑞金、延安一样成了中国革命的圣地，彪炳于中国革命史册，树起一座不朽的历史丰碑。

二、西柏坡精神的内涵

西柏坡精神的内涵主要包括以下几个方面：

1. 两个“敢于”的进取精神

两个“敢于”即敢于斗争、敢于胜利。它是在中国革命处于伟大战略转折的大背景下，中国共产党敢于不失时机地抓住机遇，适时发动战略决战，敢于将革命由局部胜利引向全国胜利的战略气魄和斗争精神的生动体现。是中国革命面临两种前途、两种命运大决战的新形势下，中国共产党敢于全面胜利、敢于彻底推翻国民党反动统治、敢于对人民负责的彻底革命精神的集中反映。

1947 年上半年，人民解放战争还面临着严重的困难，国民党军队发动了对延安的重点进攻，我党决定暂时放弃延安、转战陕北。在这种异常艰难的情况下，党中央的意志更加坚定，毛泽东、周恩来分别确定了“李德胜”“胡必成”的代号，取“我们一定得胜”“革命事业必定成功”之意。党中央以雄伟的革命气魄在陕北指挥全国各个解放区积极作战，把握时机转入战略进攻，把战争引向国民党统治区域；并安排刘少奇率中央工委到达西柏坡，领导解放区的土地改革。此时，革命战争的形势迅速发展，夺取全国胜利的决定性的阶段已经到来。

党中央对与国民党进行战略决战的困难和克服困难的可能性作了充分的估计，敢于歼灭敌人重兵集团，敢于同敌人决战，当机立断，抓住有利时机，发动了辽沈、淮海、平津三大战役，歼灭了国民党赖以维护其反动统治的主要军事力量。人民解放军指战员在大决战中表现出高昂的精神状态、高度的革命热忱和主动性，以惊人的毅力、智慧和牺牲精神，创造出无数惊天地、泣鬼神的英雄业绩。三大战役大气磅礴，气势恢宏，胜利辉煌，成为世界战争史上的壮举。三大战役后，敌人战略上的防线已全部瓦解，但长江以南地区还在蒋介石手里。1948 年年底至 1949 年年初，蒋介石发表“求和”声明，国际上有人提出“划江而治”的主张。在此风云变幻的关头，党中央、毛泽东以敢于全面胜利的精神，号召全党、全军、全国人民将革命进行到底，在全国范围内推翻国民党的反动统治。

在将革命进行到底的思想指导下，全党、全军士气高涨，斗志昂扬，并迅速在思想、物质、军事等方面作好了渡江作战的准备，百万雄师在几个月的时间内便迅速解放了全国大部分地区。敢于斗争、敢于胜利的进取精神，正是在这种实行战略决战、将革命进行到底的宏伟实践中形成的，这是一种抓住机遇、顶住压力挑战、争取彻底胜利的革命进取精神。整个西柏坡时期，党中央和毛泽东都保持着敢于斗争、敢于胜利的精神状态，并以此教育鼓舞全党、全军、全国人民，夺取立国兴邦大业的胜利。这种精神状态，来源于中国共产党人对人民解放事业的执著追求和对人民意愿的透彻了解，来源于对革命大局的科学分析和正确把握，来源于对不断壮大的人民革命力量的坚定信心。这种精神可用“敢于斗争、敢于胜利”来概括。

2. 两个“依靠”的民主精神

两个“依靠”即紧紧依靠人民群众，依靠全党和全国人民的大团结。西柏坡时期，正值中国革命处于两种命运和两种前途进行最后决战的关键时期，又是承前启后、实现伟大历史转折的时期，军事、政治、经济、文化等斗争异常激烈、复杂。革命形势的迅速发展，要求中国共产党以前所未有的姿态，充分发扬依靠群众、团结统一的民主精神，调动全党全军全国人民和各方面人士的积极性，为打倒蒋介石，建设新中国而努力奋斗。坚持依靠群众、坚持团结统一的民主精神，是党的群众路线和民主作风在西柏坡时期的继续和发展，也是西柏坡精神的内涵之一。

1948 年，中共中央政治局九月会议决定“建立人民民主专政的国家”。为此，我们党依靠群众、发动群众，进行了土地改革，极大地调动了广大农民参战和生产的积极性。同时，党中央把加强纪律性作为由局部胜利过渡到全国胜利的“一个中心环节”，要求克服某些无纪律、无政府状态，克服地方主义、游击主义，将一切可能和必须集中的权力集中于中央及中央代表机关手里。党中央、毛泽东特别强调，把加强纪律性与发展民主结合起来，采用民主集中制，不搞资产阶级的议会制和三权鼎立，而是实行人民代表大会制度，坚持党的领导，与各民主党派、各界民主人士长期合作，以建立和巩固无产阶级领导的、以工农联盟为主体的、人民民主专政的共和国。这体现了一种确立党、政权、军队与人民群众新型关系的民主精神。可以说，坚持依靠群众、坚持团结统一，是相信群众、密切联系群众、放手发动群众和加强党的纪律、发扬党内民主等党的群众路线和民主作风的继承和发展，是西柏坡时期土地改革群众运动和整党运动的结晶。

西柏坡时期，中国共产党人紧密地团结，坚强地奋斗，在革命实践中善于斗争、善于胜利。人民解放军无论在政治目的上、军事斗争上、经济文化上，还是在其立场、思想、行动上都完全是与人民利益相一致的，它与人民之间不仅没有冲突，而且是相依为命、休戚相关的。因此，在军民之间、军队与地方之间，都有着高度的民主与亲密的团结。西柏坡精神显著的特征之一就是军民一致、军政一致、官兵一致，军民团结奋战、紧密配合。在中国革命进程中，战争打到哪里，土地革命就搞到哪里，人民解放军就工作到哪里。获得了土地的中国农民，兴高采烈，争先恐后支援前线，军队所到之处，人民群众踊跃参军参战。

3. 两个“善于”的科学精神

两个“善于”是指“我们不但善于破坏一个旧世界，我们还将善于建设一个新世界。”西柏坡时期，党中央、毛泽东面临如何建设新中国的艰巨而伟大的任务。在中央政治局九月会议和党的七届二中全会上，党对新中国建设的国情进行了初步分析，确定了从农业国变为工业国、从新民主主义过渡到社会主义的目标和方向，并指出了新中国的主要矛盾和五种经济结构，规定了全国胜利后在政治、经济、文化、外交等方面的基本政策，提出了进城后要以生产建设为中心的思想，要求全党在战略上藐视困难，在战术上重视困难，很快地学会生产技术和商业、银行等管理工作，强调“政策和策略是党的生命”，并郑重地宣布：“我们不但善于破坏一个旧世界，我们还将善于建设一个新世界。”

这两个“善于”，是中国共产党人在对建设新中国的道路进行最初探索的科学精神，体现了中国共产党人对建设伟大社会主义国家的坚定信念和科学精神的高度统一。正是为了破坏一个旧世界、建设一个新世界，我党、我军面对敌强我弱的敌我态势，坚信我们必须而且能够战胜蒋介石和国民党反动派。在三大战役的决战中，敢于打从来没有打过的大规模的正规战、攻坚战，敢于进攻大城市。在渡江作战中，发扬了横扫落叶的彻底革命精神，并迅速解放了绝大部分国土。我们党坚信而且有能力建设好人民自己的国家，能够引导人民继续前进，并能够取得更大的胜利。

4. 两个“务必”的创业精神

两个“务必”是指务必使同志们继续地保持谦虚、谨慎、不骄、不躁的作风，务必使同志们继续地保持艰苦奋斗的作风。在西柏坡，全面执政问题被摆在党的面前。中国共产党人会不会变成李自成？能不能经受得住胜利与执政的考验？这关系到革命的成果能否巩固，社会主义的目标能否实现，中国式的建设道路能否走下去。在解决这个重要课题时，毛泽东在党的七届二中全会上郑重地指出：因为胜利，党内的骄傲情绪，以功臣自居的情绪，停顿起来不求进步的情绪，贪图享乐不愿再过艰苦生活的情绪，可能生长。他告诫全党：务必使同志们继续地保持谦虚、谨慎、不骄、不躁的作风，务必使同志们继续地保持艰苦奋斗的作风。

在大转折基本实现、革命即将在全国胜利的前夜，毛泽东还特别强调并要求全党发扬谦虚谨慎和艰苦奋斗的作风，要防止胜利前夕再出现曲折，防止取得全国政权后又出现李闯王式的失败。如果国家和我们党腐化下去，无产阶级就不能掌握住这个国家政权。在党的七届二中全会上，毛泽东告诫全党：夺取全国胜利，这只是万里长征走完了第一步。革命以后的路更长，工作更伟大、更艰苦。要去掉不良作风，保持优良作风。在毛泽东、周恩来、朱德等老一辈无产阶级革命家的倡导和示范下，建国初期，全党上下、全国人民普遍形成了艰苦奋斗、勤俭建国的良好风气。

总之，两个“敢于”体现了大无畏的革命英雄主义精神，两个“依靠”体现了亲密的党群关系和革命不断取得胜利的深厚群众基础，两个“善于”体现了中国共产党人打倒蒋介石、建设新中国、将革命进行到底的坚强决心，两个“务必”体现了积极进取、不断革命的精神。这些内容贯穿于党中央在西柏坡期间革命斗争的全过程，并且互相辉映，相得益彰，成为战胜困难、实现转变，夺取胜利、迎接解放的强大精神支柱。

三、继承与弘扬西柏坡精神的现实意义

西柏坡是中国共产党人的圣地，西柏坡精神是新时期激励全党的精神力量，也是民族精神之魂的具体体现。

西柏坡精神，产生于中国革命重要的历史转折关头，是在当年期盼着新中

国诞生之时的千头万绪，和第一代中央领导集体那种进京赶考般的心情下出现和存在于历史之中的，决定着中国革命的前途和命运，它集中体现了敢于斗争、敢于胜利的彻底革命精神，体现了头脑清醒、目光远大的胜利者图强自律的精神。它的实质是巩固和加强共产党的执政地位，不断地把社会主义事业推向前进。西柏坡精神同井冈山精神、延安精神一样，都是我们党的宝贵精神财富。

西柏坡精神诞生半个多世纪以来，一直闪烁着耀眼的光辉，推进着社会主义事业的发展。在建设中国特色社会主义的今天，无论对于全面建设小康社会还是进一步加强党的建设都具有极其重要的现实意义。

1984 年 8 月，革命战争年代曾两次到过西柏坡的邓小平同志写下“西柏坡纪念馆”六个大字。1991 年 9 月 21 日，江泽民来到西柏坡参观考察时指出：“毛主席曾在这里发出号召，进城后要继续不骄不躁、谦虚谨慎，继续艰苦奋斗，不要被糖衣炮弹所打中。现在，西方对我们进行和平演变，我们是要警惕的，但关键是我们自己不要演变自己。我看只要照着毛主席当年说得去做，就会永远立于不败之地，关键在自己！”参观完毕，他挥笔写下了“牢记‘两个务必’，建设有中国特色的社会主义”18 个大字。

2002 年 12 月 5 日至 6 日，胡锦涛到河北省平山县西柏坡学习考察时指出，我们党是靠艰苦奋斗起家的，也是靠艰苦奋斗发展壮大、成就伟业的。艰苦奋斗作为我们党的优良传统和作风，作为我们马克思主义政党的政治本色，是凝聚党心民心、激励全党和全体人民为实现国家富强、民族振兴共同奋斗的强大精神力量，是我们党保持同人民群众血肉联系的一个重要法宝。越是改革开放和发展社会主义市场经济，越要弘扬艰苦奋斗的精神。即使将来我们的国家发达了，人民的生活富裕了，艰苦奋斗的精神也不能丢。全党同志特别是领导干部都要牢记全心全意为人民服务的宗旨，始终不渝地为最广大人民谋利益。只有坚持艰苦奋斗，心中装着人民群众，始终同人民群众同呼吸、共命运、心连心，才能保持我们党同人民群众的血肉联系，才能增强抵御腐朽思想侵蚀的能力，才能不断与时俱进、开拓创新。

2011 年 6 月 16 日，时任中共中央政治局常委、中央书记处书记、国家副主席的习近平在《建党以来重要文献选编（一九二一——一九四九）》出版座谈会上发表了重要讲话，他指出：“我们的在长期革命斗争中形成了理论联系实际、密切联系群众、批评与自我批评等优良作风，形成了井冈山精神、长征精神、延安精神、西柏坡精神。”

2013 年 7 月 11 日，习近平总书记在西柏坡参观考察时指出：“全党同志要不断学习领会‘两个务必’的深邃思想，始终做到谦虚谨慎、艰苦奋斗、实事求是、一心为民、继续把人民对我们的‘考试’，把我们党正在经受和将要经受各种考验的‘考试’考好，使我们的党永远不变质，我们的江山永远不变色。”习近平总书记在西柏坡重温创业艰辛，重申“两个务必”的精神，重提群众路线、重叙鱼水情谊，并表达出跳出“其兴也勃焉、其亡也忽焉”历史周期律的清醒认识，在全面深化改革扬帆远航的语境下，其思考深刻、其意义深远。

西柏坡精神同井冈山精神、长征精神、延安精神、沂蒙精神等一起形成了中国共产党革命精神的坚固链条。这些宝贵的精神财富，已经融入中华民族生生不息的精神长河之中。它们作为一座不朽的历史丰碑，将成为激励一代又一代中华儿女为振兴中华而拼搏奋斗的重要精神支柱。

时代发展到今天，中国早已摆脱贫弱和落后，屹立于世界民族之林，但我党面临的“赶考”却远未结束。西柏坡精神是我党时刻准备应对重大挑战、抵御重大风险、克服重大阻力、解决重大矛盾的精神要求；也是每一位中国共产党人精神上的“钙”。带着西柏坡精神去“赶考”，才能把正在经受和将要经受各种考验的“考试”考好！

第二章

沂蒙红色文化

从嘉兴的红船到井冈山的星星之火和万里长征的漫天风雪，从宝塔山上彻夜不眠的灯光到西柏坡山村里决胜千里的运筹帷幄，中国共产党始终是中国先进红色文化和革命精神的集中代表。因而，考察和研究革命进程中的任何一种红色文化的形成，都必须从其赖以生存的红色沃土上探寻渊源。

历史上的沂蒙，大致包括山东省临沂市的三区九县和淄博市沂源县、日照市莒县、潍坊市临朐县、济宁市泗水县，枣庄市市中区、峄城区、台儿庄区、山亭区，江苏省连云港市、邳州、新沂、赣榆、东海等县市的一部分地区等。沂蒙山区不是指一个特定的行政区域，而是指的以蒙山和沂水为地域标志的革命老区。确切地说，沂蒙山区是一个人文地理概念，是一个特定的称谓。尽管沂蒙山区的地域范围很广，但今天人们所说的沂蒙山区，主要以临沂市为代

蒙山鹰窝峰

表。临沂市下辖三区、九县以及三个开发区，面积 1.72 万平方公里，人口 1000 多万，是山东省面积最大、人口最多的地市级行政区。

“沂蒙”一词最早出现在革命战争年代，是红色文化的产物。沂蒙山既不是一座山，也不是一道山脉，国家正式版图上本没有“沂蒙山”这三个字的山脉或地名，它始自于党中央对115师东进“建立沂蒙山抗日根据地”的重要指示。从这个意义上说，沂蒙山是一座革命的高山和精神的高山。沂蒙印象，不仅仅是停留在其外在绿水青山的秀美，更是在于欣赏和景仰她内修的靓丽沂蒙红。“最后一口粮做军粮，最后一块布做军装，最后一个儿子送战场”的胸襟喊出的是沂蒙人的大义情怀，“处处有红嫂，村村有烈士”折射出的是那个时代沂蒙山的沧桑和悲壮。八百里沂蒙人敬仰，缘于大山深处处处埋忠骨；七十二崮最堪爱，因为崮顶之上崮铸英魂。“蒙山高，沂水长，军民心向共产党”，在这片血染的土地上，书写了无数用生命诠释的传奇故事，打造了一首军民鱼水情深的伟大赞歌。“人人都说沂蒙山好，沂蒙山上好风光”，在这片红色的热土上，孕育了用热血浸染的红色文化，催生了党群血肉熔铸的沂蒙精神。

第一节　沂蒙红色文化的渊源

在中国，无论一座山还是一条河，乃至一种文化，一旦被冠以红色的称谓，便赋予了其革命的含义。所谓沂蒙红色文化，就是革命战争年代由中国共产党人、先进分子和人民群众在传承沂蒙优秀传统文化的基础上，在沂蒙地区这一广义的地理与文化区域范围内，参与革命、投身革命、献身革命，共同创造的一种先进革命文化。

一、沂蒙红色文化形成的文化渊源

任何先进的红色文化都是在一个特定的区域形成的，都有其赖以生存的物质和精神条件，是自然环境、人文环境和生活环境交互作用的产物。历史悠久、底蕴丰厚的沂蒙优秀传统文化，是沂蒙红色文化得以在沂蒙大地生根发芽、茁壮成长的重要文化根源。

沂蒙地区历史悠久，文化灿烂，是齐文化和鲁文化的重要发源地之一，也是中华文明的重要发祥地之一，这已为考古发现所定论。据已有资料统计，在中国古代诞生杰出人才最多的51座城市中，山东有3座，其中就包括临沂和郯城。临沂文化名人众多，仅见于正史者就近700人。在这里，既有在一定程度上影响整个中国历史进程的思想家、政治家、军事家，又有对科技、教育、文化等领域的发展做出突出贡献的专家、学者；既有治国兴邦的良臣名相，又有守疆卫土的猛将军魂；既有造福一方的地方大员，又有忧国忧民的仁人志士；既有封建士大夫中的佼佼者，又有下层劳动阶层的能工巧匠。

历史上的临沂又称琅琊郡、沂州府，文化气息浓厚，可谓钟灵毓秀，文韬武略，群星璀璨。其中载入《二十四史》的达到千人；孔子弟子72贤士中有13人出生在临沂；24孝临沂占有7孝。“书圣”王羲之、“智圣”诸葛亮、“算圣”刘洪、“宗圣”曾子，“兵圣”孙武等都出自古临沂，这里还是孔子的老师郯子、大秦砥柱名将蒙恬、东晋名相王导、文学家刘勰、天文学家何承天、文学家鲍照、西汉名相匡衡、教育家颜之推、民族英雄左宝贵等名人的故乡。众多的圣贤鸿儒和文化名人对沂蒙人民的思想文化产生了深远持久的影响。丰厚的文化积淀和长期的人文浸染，造就了沂蒙人民尚道义、重气节、朴实善良、憨厚正直和永不服输的优秀品质。这种朴素的价值取向，为沂蒙红色文化的孕育提供了最为原始的素材。

临沂五贤祠

“钟灵毓秀之地，文韬武略之乡”的沂蒙地区，从文化传承上既有齐鲁积淀，又兼东夷遗存和楚越风韵。沂蒙的传统文化中，作为其主干部分的儒家文化所倡导的仁爱、义利、孝道、宽厚等价值观念，成为沂蒙人民文化性格中一脉相承的精神基因，沂蒙人民大气正义、爱国尚德、舍生取义、甘于奉献的价值取向是世代相传的。从士绅阶层到草根庶民，仁义宽厚的沂蒙人民都能以其特有的包容性捍卫着主流的正统价值观念，也拥抱着清新多彩的域外之风。海纳百川，有容乃大。对先进思想和理念的包容与接纳，铸就了沂蒙文化的辉煌历史，也厚植了沂蒙红色文化的精神沃土。这一精神基因和文化传统，使先进的时代文化能植根于沂蒙大地并根深叶茂，也成为破解临沂文化先进性基因的内在密码。因此，当进步青年把马克思主义的新思想、新文化传入沂蒙时，饱受天灾人祸的沂蒙人民没有拒之于千里之外，而是把它视为自我救赎的一味药，看作救世图变的一盏灯，去尝试、接受和运用。以至于后来中国共产党及其军队进入沂蒙后，革命文化植入沂蒙大地能够迅速生根开花结果，并迅速融入沂蒙人民的精神血液中，转化为马克思主义本土化的先进红色文化，从而催生出了伟大的沂蒙精神。

二、沂蒙红色文化形成的思想传统

漫漫长夜，从来没能挡住沂蒙人民勤劳勇敢、尚德重义等高尚品质的光芒；重重压迫，也从来没能扼杀沂蒙人民不畏强暴、前仆后继地奋起抗争的希望。从古至今，沂蒙山区的发展既是沂蒙人民遭受多重压迫的苦难史，也是沂蒙人民反封建、反压迫、反列强的斗争史。在封建社会时期，临沂地区的农民起义绵延不绝：秦汉时期的秦嘉起义、吕母起义、樊崇起义和刁子都起义；隋唐时期的彭孝才起义、王弁起义；宋元时期的王伦起义、杨妙真和李全夫妇的抗金斗争；明清时期的董彦杲起义、孙镗的抗倭斗争、王俊的反明抗清斗争等此起彼伏。

在这些起义中，吕母起义和樊崇起义影响较大，也为后世所乐道。尤其吕母是中国历史上第一个农民起义的女领袖，以至于后来人们谈起惊天泣地的沂蒙女性英雄群体时，往往联系起这一沂蒙巾帼英雄第一人。

吕母起义：吕母，琅琊郡海曲县（今山东省日照市）人，家境殷实，生活富足。她是新莽时期最早反抗王莽统治的农民起义领袖之一。由于不堪忍受

吕母起义点将台（吕母崮），位于山东日照境内奎山西麓的崮河崖上

封建统治的压迫，经过一番周密策划，吕母很快拉起一支数百人的起义队伍。起义军在崮河两岸，大海之上，神出鬼没地打击官兵，抗捐抗税。有时则避入海岛，四处招兵，扩大实力。当时，连年发生水、旱、蝗灾，再加上捐税沉重，大量农民破产，一些流亡的农民纷纷前来参加起义军。不久，起义军人数发展到数千之众。天凤四年（公元 17 年），吕母亲率勇士三千，浩浩荡荡地杀奔海曲城。经过一场激战，起义军一举攻破海曲城，活捉县宰。从此，吕母声名大振。消息传到琅琊郡后，琅琊郡太守发兵海曲县，镇压起义军。在大兵压境之际，吕母沉着指挥起义军，部分乘船顺崮河南撤，部分沿着崮河两岸步行撤离。之后，他们一起到海岛上聚居。附近的贫苦农民不堪其苦，纷纷前来投奔吕母。一年之内，起义军发展到一万多人，沉重地打击了封建官僚的统治。

吕母起义的英勇斗争，引起王莽的极大不安。王莽看派兵镇压不成，便派出使者，劝说起义军投降，企图瓦解这支农民起义军队伍，但没有奏效。吕母起义，点燃了反抗王莽反动统治的火炬。天凤五年（公元 18 年），吕母病故。同年，琅琊人樊崇在莒县境内率众起义。吕母的部卒重返陆地，其主要部分参加了樊崇领导的赤眉军，其余部分则分别投奔到青犊和铜马等农民起义军。

樊崇起义：公元 18 年，琅琊人樊崇率领一百多人在莒县（今山东莒县）起义，不久转入泰山。一年之间，起义军就发展到一万多人。不久，琅琊郡东莞（今山东临沂）人逄安，东海郡临沂（今临沂北部）人徐宣、谢禄等也纷纷响应并率领几万人与樊崇会合。以樊崇为首的起义军不断发展壮大，开始活跃于海、岱地区（泰山、沂蒙山区），转战于黄河南北，挺进到淮黄地区，队伍发展到数十万人。因起义军用赤色涂眉作为标记，所以这支起义军就被称为

“赤眉军”。公元 25 年，赤眉军攻克长安。公元 27 年，赤眉军在崤山（今河南渑池）被冯异击败，不久在宜阳（今属河南）遭到刘秀大军的截击，起义军投降刘秀。后来，起义领袖樊崇、逄安等再度起事，失败被杀。

鸦片战争以后，影响较大的有鲁南幅军起义、临沂籍爱国将领左宝贵以身殉国、反抗外国教会侵略的“沂州教案”“日照教案”“神山教案”、厉用久领导的农民起义等。19 世纪末 20 世纪初，临沂人民又进行了临沂籍留学生的三民主义宣传活动、临沂人民收回沂州路矿权的斗争、莒州煤矿工人起义、临沂反袁护国起义等斗争。其中，影响较大，也比较具有代表性的就是鲁南幅军起义。

早在太平天国起义前夕，山东的民众已经不堪清朝反动统治阶级的虐政压迫，纷纷组织团体进行各种形式的反抗。太平天国运动爆发后，山东各地的农民起义更是风起云涌，在鲁南地区直接爆发了幅军起义。幅军在众多起义队伍中是形成时间久、发动广、影响深的一支农民武装，他们高举反清大旗，与捻军、黑旗军、白莲教遥相呼应，活跃在鲁南、苏北十几个县，时间长达 10 年之久，沉重地打击了清政府的地方势力，动摇了清政府的反动统治基础，在中国农民运动史上写下了光辉的一页。幅军自咸丰三年（1853）公开武装起义至同治二年（1863）失败，在兰、郯、费、峄四县山区，由小到大，由弱变强，逐渐形成了 4 个根据地：以侯孟刘平为首领，以穆柯寨为主的运南山区；以枣庄石碑人刘双印为首领，以云谷山为主的抱犊崮山区；以费县尚庄人孙化祥为首领，以岐山为主的临费山区；以费县水寨（今属平邑）人程四虎为首领，以水寨为主的费滕山区围寨。幅军根据地方圆几百里，围寨数百个，形成强大的武装割据势力。在安徽河南捻军、曹州府长枪会、兖州府邹县文贤教军、淄川刘德培起义军等部配合下，幅军沉重打击了前来镇压的清兵，消灭了大批地主豪绅及其反动武装，动摇了清政府在山东的统治。

纵观沂蒙人民的斗争史，一次次的挫折不断磨砺着沂蒙人民更加不屈的性格，一次次的失败却孕育了更大规模的抗争。在沂蒙人民千百年来不屈的抗争和不懈追求中，逐步形成了反压迫求解放、守家园谋幸福的斗争主流和思想文化基调。可以说，在抗日战争和解放战争中，沂蒙人民能够立场坚定、顾全大局、勇赴国难、无私奉献，正是对崇尚正义、永不服输的思想文化传统最好的时代诠释和血脉传承。也正是这种薪火相传的主流思想文化传统，奠定了以后沂蒙红色文化形成的思想文化基础，构成了蒙山沂水威武不屈的风骨和誓死抗争的秉性。

三、沂蒙红色文化形成的自然条件和社会基础

沂蒙红色文化既不是自身独立发展的结果，也不是外部文化植入的产物，而是中国革命和沂蒙人民双向选择的必然结果。沂蒙红色文化的基本特征是外来的马克思主义先进文化与沂蒙区域的自然环境、社会环境和人文传统相互作用的结果。可以说，沂蒙山和沂蒙人民选择了中国共产党，中国共产党也选择了沂蒙山和沂蒙人民。沂蒙文化在秉承自身文化传统的基础上，认同、接受了马克思主义先进文化的指导和改造，马克思主义先进文化也融入沂蒙传统文化的血脉之中，实现了自身的本土化、区域化和大众化。二者有机融合和相互促进的产物，就是独具特色的沂蒙红色文化。

沂蒙红色文化是中国红色文化的区域形态，是近代沂蒙人民在革命进程中的文化创造，沂蒙地区独特的自然环境、社会生态和人文传统造就了独特的沂蒙红色文化。

从文化形成上看，在一定程度上，沂蒙红色文化是革命根据地的文化。沂蒙山区特殊的地理环境，使之成为建立革命根据地的优先选择。沂蒙山区主要是指以今临沂市为主的山东东南部山区，临沂市位于山东省的东南部，山地、丘陵、平原大约各占三分之一。境内北部蒙山、沂山等山脉纵贯南北，有大小山头7000余座，海拔高度超过千米的有几十座，其中蒙山主峰和沂山主峰分别是山东第二、第三高峰；南部是山东四大平原之一的临郯苍冲积平原，是山东重要的粮食主产区；发源于沂蒙山麓的沂河、沭河纵贯区境南北，流域面积占全市总面积的80%。复杂的地质结构和类型多样的地貌，既为根据地建设提供了天然的屏障，也为发展生产保障供给创造了条件。

抗日战争爆发后，中共中央在对沂蒙山区的地理环境和群众基础做了认真

的分析后，决定在这里创建山东抗日斗争的中心革命根据地。1938 年 9 月，中共苏鲁豫皖边区省委南移沂蒙，翌年 8 月，罗荣桓、陈光率 115 师师部及主力部队挺进沂蒙，沂蒙革命根据地的各项工作蓬勃开展起来。1940 年 8 月，山东省战时工作推行委员会（山东省政府的前身）在沂南县青驼寺成立，标志着沂蒙革命根据地的建设已进入一个新的发展阶段。1942 年后，山东省的党政军首脑机关均驻扎于此，根据地内政治、经济和文化建设的工作，多是在这里先行试点，待取得经验后，再向全省其他地区推广的。沂蒙革命根据地也因此被人们誉为“山东的小延安”。

沂蒙革命根据地的建立和蓬勃发展，为沂蒙地区带来了先进的革命思想，各种形式的红色文化在这块热土上播散开来。中共山东分局机关报《大众日报》、山东军区政治部主办的《山东画报》等报刊相继在这里创办发行；成立于 1930 年、隶属于中国工农红军第一军团的战士剧社 1939 年随 115 师入驻沂蒙革命根据地，抗大一分校文工团，鲁中南文工团，滨海军分区宣传队，以及业余剧团沂蒙国剧社等革命文化团体，如雨后春笋般活跃在沂蒙大地上。这些革命宣传文化阵地和文化团体的蓬勃发展，使沂蒙根据地在短时间内集结了一大批忠于祖国和人民的优秀文艺工作者。他们在长达 10 余年的沂蒙解放区新民主主义文化运动中，创作了大量大众化、通俗化的文艺作品。这些文艺作品的产生传播，不仅再现了根据地人民全新的革命生活，影响教育了广大的根据地人民，提高了他们的政治觉悟，同时也辐射影响了更广泛的地区，甚至在一定程度上影响了中国革命的历史进程。

沂蒙根据地的政治、经济与文化建设推动了沂蒙区域社会的历史性变迁，革命与战争改变了沂蒙人民与沂蒙社会，沂蒙人民的文化生活也由此发生质的变化，从深受儒家思想熏陶，逐渐转变为认同和接受中国共产党领导下的革命文化。由此，沂蒙地区在自身文化传统的基础上，形成了区别于传统文化的一种崭新文化形态即沂蒙红色文化。沂蒙红色文化是在马克思主义中国化进程中，中国共产党和沂蒙人民在沂蒙传统文化基础上创造的新文化，代表了沂蒙文化发展的主流和前进方向。

第二节　沂蒙红色文化的形成

沂蒙红色文化发源于传统的历史文化，植根于东夷文化与齐鲁文化的优秀传统文化沃土中，发轫于新民主主义革命时期，成长于社会主义建设和改革开放时期。沂蒙红色文化的形成，是无数革命先烈舍生忘死的革命精神和千百万沂蒙人民无私奉献的伟大情怀共同作用的必然结果。沂蒙红色文化凝练的是生命的放歌，展现的是“两战”时期沂蒙军民血染的风采和崭新的精神风貌。

一、党在沂蒙地区的早期活动

尽管沂蒙红色文化形成于抗日战争和解放战争的战火硝烟之中，但其发端于中国共产党人在沂蒙地区的早期理论传播和革命实践中。沂蒙传统文化的自身基因不会催生革命的红色文化，只有当马克思主义的先进文化与之相互作用，并运用于中国共产党领导下的革命实践，才能创造出一种崭新的文化来。中国共产党在沂蒙地区的早期理论传播和革命实践，如暗夜中的星火照亮了沂蒙人民前行的革命道路，并逐步燎原于沂蒙大地。中国共产党领导下的革命文化之所以在较短时间内能够扎根沂蒙，就得益于早期中共沂蒙党组织打下的良好思想基础和群众基础。

1. 马克思主义先进文化的传播

沂蒙地区是山东较早传播马克思主义的地区之一。马克思主义先进文化的传播，播撒下了革命的火种，为沂蒙地区中共早期地方党组织的创建奠定了思想基础。

20 世纪 20 年代初，一批沂蒙籍进步青年曾分赴外地寻求真理，探索救国救民之道，并在革命斗争中接受了马克思主义，参加了中国共产党或中国社会主义青年团。他们有的经常向家乡传播革命思想，传播马克思主义，有的则直接回家乡开展建党工作。其中的主要代表人物有刘晓浦、刘一梦、李清漪、李清潍、王敬斋、刘鸣銮、孙金宣、郭云舫、孙善师、刘之言等人。

刘晓浦，沂水县人，1903 年生。1922 年由王尽美介绍加入社会主义青年团，翌年在上海大学转为共产党员，毕业后在南方从事党的地下工作，曾任中共江苏省委组织部部长。刘一梦，沂水县人，1905 年生。1923 年在上海大学加入中国共产党，是革命文学团体“太阳社”的主要成员和党组织负责人之一。刘晓浦、刘一梦在回乡探亲时，带回许多革命刊物，向农民群众讲解革命道理，启发他们的阶级觉悟，进行马克思主义启蒙教育。

李清潍，沂水县人，1905 年生。1923 年 11 月，在青岛商科职业学校加入中国社会主义青年团，12 月回到沂水县下小诸葛村小学任教。他把《向导》《晨钟》等革命刊物送给进步教师阅读，向他们传播革命思想，影响了邵德孚、孙固斋等许多师生。

李清漪，沂水县人，1902 年生。1924 年在上海大学加入共产党，翌年“五卅”运动期间在上海总工会工作。1925 年秋，他因病回家乡休养。在乡期间，他创办了平民学校，并油印《农民小报》，向农民进行马克思主义和文化知识教育。在他的影响下，进步青年李鸿宝、陈梯山、刘瑾山，也在本村办起平民学校，在更广的范围内传播革命思想。经过李氏兄弟等人卓有成效的努力，马克思主义在沂水西北乡传播开来。

王敬斋，沂水县人，1900 年生。1921 年到鲁大公司淄川洪山煤矿当职员，并在王尽美、邓恩铭的直接领导下从事工人运动。1924 年加入中国共产党，任洪山煤矿党小组组长。1926 年 5 月，入广州农民运动讲习所第六期学习。11 月，受中共山东区委派遣回沂水县开展建党工作。

刘鸣銮，沂水县人，1902 年生。1925 年在上海大学加入中国共产党，“五卅”运动期间在上海总工会工作。1926 年，进入武汉中央军事政治学校学习，翌年 10 月，回家乡开展工作。

孙金宣，又名孙实，临沂县人，1923 年冬在广州加入中国共产党。历任冯玉祥部团长、旅长，河南省夏邑、鹿邑县县长。1928 年 8 月回到临沂县傅家庄、老屯、小屯一带开展工作。

郭云舫，1909 年生，原籍山西省永济县西文化村。早年就读于陕西长安县民主中学，在该校加入中国共产党。1927 年秋迁居临沂县埠子村（今属苍山县），先后在费县、临沂一带几所小学任教，坚持同恶霸地主作斗争。后经刘之言介绍恢复了党的组织关系。

孙善师，临沂县人，1904 年生。1926 年在济南省立高中加入中国共产党，翌年夏回乡开展工作。

刘之言，郯城县人，1905 年生。1926 年加入中国共产党，1927 年夏回家乡，以在郯城县立第三小学任教为掩护从事党的秘密工作。他组织了“读书会”，成立了小学教师联合会、农民协会，在进步师生和农村青年中宣传马克思主义。

马克思主义先进文化的传播，给严冬中的沂蒙山区带来了春天的气息。马克思主义的星星之火，给黑暗中苦苦抗争的沂蒙人民点燃了新的希望，开始照亮沂蒙人民前行的革命道路。这样，沂蒙地区便形成了沂水、临沂、郯城三个马克思主义宣传基点，为中共沂蒙地方早期组织的创建奠定了思想基础。

2. 沂蒙早期党组织的建立

随着马克思主义在沂蒙地区的传播，为更有力地领导当地革命运动，以及进一步促进沂蒙人民的意识觉醒、提高他们的革命自觉，早期的中共党员筹备组建沂蒙地区基层党组织的工作也悄然展开。

沂水支部：1927 年 4 月，中共沂水县支部在沂水县城成立，王敬斋为负责人，直属中共山东区委领导。支部成立后主要做了以下工作：一是发展党员，相继吸收朱寿年、孙固斋、徐子厚、曹泽生、张敬诺入党。此外，还发展女子高等小学师生牟馨斋、徐景班、皇甫玉、刘洁斋 4 人入党，她们是沂蒙地区的第一批女党员。二是组织民众，在县城建立了教员联合会和学生联合会，在县城周围，南乡苏村、司马村一带，西北乡胡同峪村、西南乡依汶村一带建立了农民协会，开展了轰轰烈烈的农民运动。三是组织群众欢迎北伐军。中共沂水县支部的建立，标志着沂蒙地区树起了第一面鲜艳的党旗，给沂蒙人民带来了希望，也为沂蒙其他地方的建党工作做出了示范，积累了经验。此后不久，临沂、郯城等县也相继建立起党组织，沂蒙人民的革命斗争进入了一个崭新的历史时期。

1928 年 12 月，在沂水支部的基础上，中共沂水县委正式成立，朱寿年任书记。中共沂水县委是中国共产党在沂蒙地区建立的第一个县委，辖城里、南乡、北乡3个区委及莒县特支。至1929年4月，党员发展到200余人，农民协会发展到近50处，会员达5万余人。

中共鲁南第一支部旧址

鲁南第一支部：1929年10月，“中共鲁南第一支部”成立，刘之言任书记兼宣传委员，刘谐和任副书记，孙善师任组织委员，这是临郯地区最早的中共支部。中共鲁南第一支部建立后，大力发展党员，并建立了团支部、少先队和学生会，创办了《红色鲁南报》和《农民》刊物，开展了一系列的革命宣传活动和学生、农民运动。在磨山、临沂省立第五中学、临沂省立第三乡村师范学校、费县平邑镇、费县师范讲习所、郯城马站、临沂县傅庄等地建立了支部。1931年9月，山东省委委员宋鸣时在临沂县小屯村一带成立了临沂县特别支部。1932年6月，中共郯城县委建立。中共鲁南第一支部的建党活动取得显著成绩，把革命的火种撒向鲁南大地，为此后鲁南地区革命斗争的开展奠定了坚实的基础。

3. 中共领导的农民武装暴动

马克思主义的传播与中共党组织的建立，为中国共产党在沂蒙地区领导群众开展武装斗争奠定了初步的思想基础和组织基础。20世纪30年代初，中共沂蒙地方党组织相继领导组织发动了沂水、苍山、龙须崮等几次较大规模的武装暴动，进行了革命武装斗争的尝试，在沂蒙革命斗争史上写下了极其悲壮的一页。

沂水暴动：1933年4月，中共沂水县委以大刀会众为主力，以抗捐抗税形式反抗国民党的反动统治，酝酿发动了沂水暴动。沂水县委派大批党团员加入大刀会，并发展大刀会党员，掌握了沂水县西北部和西部部分基层大刀会的领导权。5月29日，暴动开始，400余会众袭击了国民党沂水县第七区崖庄训练处。驻临沂的国民党军第八十一师展书堂部到沂水镇压大刀会，展部对有大刀会的村庄进行疯狂的烧杀抢掠。7月1日，展部在石观坪杀害会众和群众200余人。2

日，展部攻克黄石山，血腥屠杀会众和在山上避难的群众3000余人，制造了山东近代史上最大的惨案——黄石山惨案。3日，杀害被捕的党员马德隆等13人。

苍山暴动幸存者
赵少白、王士一、赵叙五（从左至右）

苍山暴动：1933年7月，临郯县委发动苍山暴动。县委书记刘之言率部登上苍山，树起红旗，镇压了大围子村恶霸地主刘三父子，宣布成立中国工农红军鲁南游击总队，郭云舫任司令员，刘之言任政委，同时宣布成立苏维埃政府，赵叙五任主席。7月10日拂晓，临沂驻军国民党军第八十一师唐邦植旅向大围子村发起攻击，队员们英勇抵抗，多人牺牲。突围时郭云舫、刘之言先后被俘，分别在向城、卞庄就义，另有53人被国民党军杀害。

龙须崮暴动：1933年9月，新泰县委在蒙阴县龙须崮举行暴动，由蒙阴县井旺村党员娄家驷担任军事指挥。9月5日，娄家驷和县委委员崔全法率60余人登上龙须崮，树起红旗，宣布成立中国工农革命军山东支队。他们袭击了张庄、坡里的地主武装，没收地主的粮食济贫。国民党蒙阴县长张尊孟派县大队副大队长黄咏周（中共地下党员）带兵“围剿”。县委在黄咏周的建议和帮助下疏散了部分暴动队员，由娄家驷、崔全法率30余名队员转入鲁山游击，17日突围时被打散。12月，娄、崔二人被国民党军逮捕杀害。

沂水暴动、苍山暴动、龙须崮暴动虽然都失败了，但在一定程度上打击了国民党的反动统治，扩大了中国共产党的影响，撒下了革命的火种。

二、抗战烽火中诞生的沂蒙红色文化

抗战全面爆发后，沂蒙人民秉承不畏强暴、誓死抗争的光荣传统，守家固土，浴血奋战。特别是中共山东省委、八路军山东部队主力挺进沂蒙后，发动群众，建党扩军，袭击日伪军，创建、巩固和发展了沂蒙抗日根据地。在这片红色的热土上，党领导沂蒙人民用生命捍卫了沂蒙山的尊严；在战火硝烟中，用热血铸就了沂蒙山的灵魂。中国共产党及其军队和沂蒙人民在血与火的斗争中，在蒙山沂水间书写了英勇不屈的壮丽篇章，构筑起了沂蒙红色文化的主脉和风骨。

1. 沂蒙抗日根据地的建立和发展

在抗日战争的艰难岁月中，沂蒙军民用生命挺起了沂蒙山高昂的头颅，用热血染红了沂蒙的绿水青山。沂蒙抗日根据地的创建、发展和巩固大体可分为四个阶段。一是根据地的初步创建阶段；二是加强军政建设，深入开展游击战争，发展和巩固根据地阶段；三是战胜严重困难，争取战略优势阶段；四是实行反攻，夺取抗战全面胜利阶段。

第一阶段：1937 年 7 月至 1938 年 12 月。1938 年春，日军大举进攻沂蒙山区。中国共产党组织发动抗日武装起义，组建了八路军游击部队，以游击战配合正面战场作战。徐州会战后沂蒙沦为敌后，中共山东省委、八路军山东部队主力挺进沂蒙山区，初步创建了鲁中抗日根据地。与此同时，鲁南人民抗日义勇第一总队东进抱犊崮山区，开辟了鲁南抗日活动基地。

第二阶段：1939 年至 1940 年。这一阶段是根据地进一步开辟和大发展的时期，也是日军、顽固势力、中国共产党三角斗争局面形成的时期。在严酷的三角斗争中，中国共产党团结一切力量，粉碎了日军的“扫荡”，进行了反顽斗争，巩固和扩大了根据地，部队迅速壮大。八路军 115 师进驻沂蒙抗战，创建了以抱犊崮山区为中心的鲁南根据地，扩大了鲁中、滨海根据地，从而大大增强了抗战力量。中共党组织得到迅速发展，政权建设得到加强，群众初步组织起来，人民生活得到改善。1940 年 8 月，沂临边联县青驼寺（今属沂南县）联合大会的召开和山东省战工会的成立，标志着根据地的发展进入了鼎盛时期。

第三阶段：1941 年至 1943 年。这一阶段是根据地最艰苦、最困难的时期。日军为摧垮根据地，连续发动了五次“治安强化运动”以及无数次的“扫荡”和“蚕食”，尤其是 1941 年和 1942 年两次空前规模的冬季大“扫荡”，使根据地遭受重大损失。这一时期，国民党军又大搞“曲线救国”，向根据地渗透。在日伪顽军联合进攻下，根据地急剧缩小，部队大大减员，又加上严重的自然灾害，根据地出现了极端困难的局面。面对困难，沂蒙军民咬紧牙关，苦熬奋斗。军事上实行主力地方化，坚持分散性、群众性游击战，实行“翻边战术”；统战上发展进步势力，创造对顽斗争优势；经济上进行“双减”，开展大生产。通过一系列军事、政治、经济等方面的斗争，到 1943 年下半年，根据地终于度过了最艰苦的岁月。

第四阶段：1944 年至 1945 年 8 月。1944 年以来形势好转，沂蒙军民向日军发起局部大反攻。经 1944 年春、夏、秋、冬季和 1945 年春、夏季六次攻势作战，八路军解放沂水、莒县、蒙阴、郯城、费县等县城，取得了葛庄、石桥伏击战以及讨伐伪军吴化文、朱信斋、荣子恒、李永平等部战役的胜利，并粉碎了日军的“扫荡”。1945 年 8 月 10 日后，八路军展开全面大反攻，先后解放海陵、临沂等县城，光复沂蒙全境，取得了抗日战争的最后胜利。

2. 沂蒙军民在抗战中的贡献

据不完全统计，仅抗战期间，沂蒙革命老区就有 15.5 万名妇女先后以不同方式掩护了 9.4 万余名革命军人和抗日志士，4.2 万余名妇女参加了救护八路军伤病员的工作，共救护伤员 1.9 万余人，这些善良、普通的农村妇女，用自己的方式表达了对党、对人民军队的无比热爱。在全民族抗战过程中，沂蒙军民抗击日寇侵略、共赴国难，为抗战的胜利做出了巨大牺牲和贡献。

第一，建立了强大、牢固的战略基地。在抗日战争中，中国共产党领导创建了 19 块敌后抗日根据地，其中唯有山东根据地相对独立完整。沂蒙根据地的建立，不仅为山东抗日战争提供了可靠的战略后方，也为华北和整个敌后抗战提供了一个重要的战略基点。

第二，建立了数量庞大、战斗力强的人民军队。全面抗战开始后，沂蒙党组织发动人民武装起义，组建抗日游击部队，青年农民、学生纷纷参军，八路军在沂蒙地区经历了从无到有、从小到大的发展过程。到抗战全面大反攻时，沂蒙地区的八路军人数已发展到十几万人，几乎占到了全省八路军人数的一半。

第三，支撑了山东抗战局面，支援了周边地区。沂蒙战场钳制日军兵力最多时达 5 万余人、伪军兵力最多时达十几万人。同时，沂蒙军民还大力支援周边地区，如在进军华中的山东纵队陇海南进支队和 115 师黄河支队、教导第五旅中，就有众多的沂蒙部队；山东挺进东北的部队和地方干部 10 万人，其中半数以上来自沂蒙。

第四，根据地在创建、发展过程中，有着自己鲜明的特点和可贵创造。沂蒙根据地在反“扫荡”、反“蚕食”斗争中采用“翻边战术”；策动大股伪军反正，并对其改造的经验；以及开展精兵简政和组织武工队的经验等等，都曾得到中共中央和八路军总部的肯定、表扬，并在全国推广。

第五，沂蒙军民付出了沉重代价，承受了巨大牺牲。在抗日战争中，沂蒙军民总计伤亡 10 余万人，其中就包括山东省战工会副主任陈明、鲁南区党委书记兼军区政委赵镈、滨海区党委书记兼军区政委符竹庭、鲁中军区司令员刘海涛、著名战斗英雄何万祥、国际友人汉斯·希伯等。被日伪军杀害或迫害致死的群众约 20 万人，伤残约 60 万人，被抓走约 40 万人，国民经济和个人财产损失难以统计。

蒙山巍巍千秋代，沂河滔滔万年长。抗日战争，沂蒙人民的巨大贡献足以彪炳日月，史载千秋。在炮火硝烟里军民的生死托付中，在水乳交融的党群相依相偎中，一种崭新的文化形态开始孕育形成。抗日战争时期，作为山东的政治文化中心的沂蒙，斗争的残酷和物质的贫乏却没能阻挡其精神文化的形成和发展。战火硝烟中形成的沂蒙红色文化，不仅作为艰难岁月的精神慰藉充实了人民的精神世界，而且作为抗日冲锋的号角鼓舞了人民奋勇杀敌的革命斗志。当时，沂蒙抗日根据地的红色文化以大众化的风格，“军民共建”的形式，具有现实性、时代性、多样性、大众化以及专业和业余相结合等特点。在这一时期，具有代表性的识字班、庄户学等民众教育应运而生，抗大第一分校正式成立，《大众日报》在这里创刊，《跟着共产党走》和《沂蒙山小调》也从这里走出沂蒙山，传唱全中国。

三、滚滚车轮上形成的沂蒙红色文化

解放战争时期，沂蒙地区是山东、华东乃至全国的重要战场。沂蒙大地，全民皆兵，全民参战。淮海战役后，沂蒙人民又挑起担子、推起小车，南下江南，参加了渡江战役，一直随军打到浙江、福建等地。这一时期，沂蒙红色文化不仅在沂蒙、在山东得以形成和夯实，而且伴随着北进南下大军的步伐和支前的滚滚车轮，挺进白山黑水，跨过万里长江，走向了全中国。

1. 八路军主力挺进东北和新四军进驻沂蒙

抗日战争胜利后，中共中央审时度势，确定了“向北发展，向南防御”的战略方针。为贯彻落实这一战略方针，在山东八路军挺进东北、执行发展东北解放区任务的同时，新四军华中部队北移山东，以保卫和发展山东解放区。

1945 年 9 月至 12 月，遵照中共中央指示，山东八路军部队和地方干部 7 万人（半数以上是沂蒙儿女）挺进东北，担负起了反击国民党军进攻东北、创建东北解放区的伟大历史使命。

八路军山东部队主力赴东北后，山东部队尚有 20 多万人。1945 年 9 月 19 日，中共中央决定，华中新四军调 8 万兵力到山东和冀东。同时决定把中共华中中央局改为中共华东中央局，北迁临沂，新四军军长陈毅和华中局书记兼新四军政委饶漱石到山东工作。随后，新四军和陈毅、饶漱石先后抵达临沂。山东分局留下的一部分机关并入华东局，饶漱石任书记。新四军军部兼山东军区机关，陈毅兼山东军区司令员，饶漱石兼山东军区政委。此时，国民党军从徐州沿津浦线向济南急进。1945 年 10 月，新四军军部兼山东军区组建津浦前线野战军（翌年 1 月 7 日改称山东野战军），发起津浦路阻击战，歼敌近 5 万人，粉碎了国民党军打通津浦线进军东北、华北，进而占领山东解放区的企图。1947 年，新四军、山东军区和华中军区合并组成华东军区，山东、华中两野战军合编为华东野战军，陈毅任司令员、政委兼中共华野前委书记，领导山东军民同进犯山东解放区的国民党军展开了殊死的斗争。

2. 粉碎国民党军对沂蒙的进攻

1946年6月，国民党军以58个旅46万人分别向华中、山东解放区推进。为了打破国民党的全面进攻，华东解放军一战宿北，全歼国民党军整编第69师三个半旅3.6万余人；二战鲁南，全歼国民党军整编第26师、第51师和第1快速纵队，共计5.35万人，俘虏师长马励武、周毓英等高级军官，首创解放军自解放战争以来一次歼敌5个整旅的范例，彻底扭转了鲁南战局，夺回了华东战场的主动权。从此，华东战场的作战重心转到沂蒙境内。

1947年2月15日，华东野战军放弃临沂城，主力挥师北上，全歼莱芜、新泰、博山的国民党李仙洲兵团7万余人，俘虏徐州绥靖公署第二绥靖区副司令官、南进兵团总指挥李仙洲、第73军军长韩浚等高级军官，收复13座县城及数十座城镇，彻底粉碎了国民党军对山东的全面进攻。此后，国民党军以45万兵力进攻山东，沂蒙地区成为国民党军重点进攻的主要战场。野战军发起泰（安）蒙（阴）战役，歼灭国民党军整编第72师等部2.8万余人，活捉师长杨文泉。不久，华东野战军又发起了著名的孟良崮战役，全歼国民党王牌军整编第74师，重挫了国民党军对山东解放区的重点进攻。

1947年5月上旬，国民党军3个兵团17个整编师约20万人，自临沂、泰安一线分三路向鲁中地区进犯。其担负右翼进攻任务的第1兵团不待第2、第3兵团统一行动，即以整编第74师为骨干，在整编第25师、第83师配合下，于5月11日自蒙阴垛庄、桃墟进攻坦埠；以第7军、整编第48师进攻沂水；以整编第65师担任蒙阴防御。整编第74师师长张灵甫自恃作战有功，骄横跋扈。华东野战军司令部决定以中央反突破对付敌人的中间突破，采取正面反击、两翼楔入、断敌退路和阻击东西各路援敌的战法，将张灵甫部从敌重兵集团中剜割出来予以围歼。5月13日晚，华东野战军完成穿插任务，割断整编第74师与其两翼

孟良崮战役：陈毅、粟裕视察炮兵阵地

的联系后发起正面攻击，张灵甫部退向孟良崮山区。

华野司令部鉴于国民党军以10个整编师的兵力向孟良崮增援，而且多数距孟良崮仅1至2天路程的险恶形势，即令阻援部队坚决阻击，主攻部队不惜一切代价加速猛攻。16日上午，解放军主攻部队先后攻占孟良崮的雕窝、芦山等要点，歼灭整编第74师大部。17时，全歼整编第74师，击毙师长张灵甫。此役，歼灭国民党军“五大主力”之一的整编第74师及第83师3.2万余人，并重创敌多路援军，成为粉碎国民党军对山东解放区重点进攻和扭转华东战局的关键性一仗，震惊了国民党内部，鼓舞了解放区军民的信心，有力地配合了陕北和其他战场的作战。这场闻名中外、震惊寰宇的惨烈战争，使英雄孟良崮变成了一座人民战争的丰碑，足以惊天动地、永载史册。

1947年7月，解放区军民转入全国性反攻。为配合刘邓大军经略中原，战斗在沂蒙的华东野战军主力外线出击鲁南、鲁西，先后攻占费县、枣庄等地；内线发起南麻、临朐战役；继而东进，将正面进攻沂蒙之敌牵向胶东。至此，沂蒙军民粉碎了国民党军的重点进攻。

3. 共和国将帅在沂蒙

沂蒙是全国著名的革命老区之一，刘少奇、陈毅、徐向前、罗荣桓、粟裕、谷牧、罗炳辉等老一辈无产阶级革命家都曾在此留下运筹帷幄、决胜千里的神来之笔，一大批共和国的高级将领也曾在此留下当年叱咤风云的飒姿英采。他们的名字永远和沂蒙山连在一起，他们的精神和功绩已经溶进了沂蒙山的骨髓和血液之中。

1955年至1965年授衔的共和国将帅中，有3位元帅、2位大将、13位上将、64位中将和349位少将在沂蒙生活战斗过，约占总数的三分之一。其中，元帅3位：罗荣桓、徐向前、陈毅；大将2位：粟裕、张云逸；上将13位：王建安、韦国清、叶飞、许世友、苏振华、李天佑、萧华、宋时轮、陈士榘、周纯全、钟期光、唐亮、傅秋涛；中将63位：丁秋生、万毅、王必成、王秉璋、邓逸凡、卢胜、田维扬、邝任农、皮定钧、成钧、刘飞、刘西元、刘兴元、刘先胜、刘浩天等；少将348位：丁钊、于敬山、马洪山、马冠三等。

罗荣桓（1902—1963），湖南省衡山县（今衡东）人，1939年10月与陈光率八路军 115 师师部和主力一部进军山东抵达鲁南，历任 115 师政治委员兼政治部主任，山东军政委员会书记，115 师代理师长兼政治委员，中共中央山东分局书记，中共第七届中央委员，1945 年 10 月率山东军区机关及主力一部进军东北。

徐向前（1901—1990），山西省五台县人。1939 年 6 月与朱瑞进抵鲁中沂南马牧池，筹建八路军第一纵队，统一领导山东和苏北、皖北的八路军部队，同年 8 月第一纵队成立，任司令员，1940 年 5 月奉命赴延安。

陈毅（1901—1972），四川省乐至县人，1945 年 10 月由延安抵达临沂，历任中共华东中央局副书记，新四军军长兼山东军区司令员，华东军区司令员，华东野战军司令员、政治委员和中共华野前委书记，中共第七届中央委员，1947 年秋，率华东野战军外线兵团挺进豫皖苏地区。

张云逸（1892—1974），广东省文昌县人，抗战胜利后进入沂蒙，历任中共华东中央局常委、新四军副军长兼山东军区副司令员，华东军区副司令员兼华东军政大学校长，中共第七届中央委员，1949 年春，华东局、华东军区南下后，兼任山东军区司令员。

粟裕（1907—1984），湖南省会同县人，侗族，1947 年 1 月由苏中北上抵达沂蒙，历任华东野战军副司令员、代理司令员兼代理政治委员，中共第七届候补中央委员，淮海战役后离鲁南下。

4. 沂蒙人民支前忙

在解放战争中，沂蒙人民一切为了前线，全力支前、全程支前、破家支前。“最后一口饭，做军粮；最后一块布，做军装；最后一个儿子送战场”。人民群众宁肯自己吃糠咽菜，也要把粮食送到前线，甚至扒下住房上的屋草喂军马；民兵、民工组成的浩浩荡荡的支前大军奔赴战场；妇女们在后方赶制军服、加工军粮、救护伤员；父母们把自己的子女送到部队参军杀敌，为前线源源不断地输送兵源。

1948 年 11 月至 1949 年 1 月，淮海战役爆发，每天需粮 175 万至 250 万公斤，战役期间调运粮食达 4.8 亿公斤，运输弹药 730 万公斤，动用民工 543 万人。支援前线的地区有华东局、中原局、华北局所属的 8 个战略区，而山东除鲁中南区为临战区外，其他区远离战场。因而鲁中南区承担了最为繁重的支前任务。

第一，抢修道路，架设桥梁，保证交通线畅通。铁路方面，鲁中南区抢修了津浦线济南、临城段，胶济线济南、坊子段和陇海线徐州、连云港段。每段铁路的修复都出动了数十万民工。公路方面，抢修了东至黄海、西至运河、南至陇海线、北至胶济线间所有的公路干线。沭河洪瑞大桥被洪水冲毁，特种兵纵队无法过河，滨海地委和莒南县委组织力量抢修。洪瑞区 7000 余人上阵，筑起一道长 70 米、宽 2 米、高 3 米多的河堤，迫使洪水改道，使特种兵携重武器顺利过河。

第二，全力支援前方军需物资，筹集、运送粮食。华东支前委员会首先从临战区的尼山、台枣、滨海 3 个专区筹集 5000 万公斤粮食作为一线用粮，而后从其他区调运。华东野战军大部及数十万支前民工由沂蒙出发开赴前线，每天需准备粮食 38 万公斤。当时该区遭受水灾，但地委仍克服重重困难，圆满完成了筹粮任务。郯城县筹粮任务为 250 万公斤，但当时县粮库仅有 50 万公斤，其余需从群众中筹集，十分困难。群众宁肯自己吃野菜、树叶，也要凑粮支前。结果，该县超额 50 万公斤完成筹粮任务。除此之外，当地人民群众还支援前线银杏 5 万公斤、生猪 3000 头，妇女们则夜以继日地为部队磨面、碾米、做熟食，滨海专区数十万妇女一个月内即加工粮食 1000 余万公斤。据统计，鲁中南区有 370 万妇女参加后方支前工作，折合工日 205 万个。莒沂县小车队自带干粮运送 5. 5 万公斤面粉上前线，在到达目的地的前两天，仅吃了一顿饭，谁也没动车上的面粉。

妇女担架队

第三，抢救、转运、护理伤员。鲁中南区总计出动常备担架 24712 副、临时担架 9601 副运送伤员。民工们冒着风雪严寒和敌机轰炸，不顾个人安危，把伤员从炮火纷飞的战场上抢救下来，转运到后方医院。莒南县担架第1团，从1948年11月10日至28日连续执行伤员转运任务，其中7昼夜没有休息。天气寒冷，全团1200余人没有穿上棉裤，半数以上民工没有棉鞋，但是他们仍然精神振奋，按时完成了任务。队员朱正章右腿生疮，肿得很粗，坚持拄着拐杖抬担架，每夜往返40公里，被誉为“钢铁担架队员”。抢运伤员时，广大民工怀着对子弟兵的无限热爱，广泛开展爱护伤员运动。转运到沂蒙的伤员，得到了群众的精心护理和照料。郯城县每天接收伤员1.6万人以上，妇女们成群结队地到伤员住处护理，清伤口，洗衣服，喂水喂饭。淮海战役结束后，陈毅对广大人民的支援给予了高度评价，他曾深情地说：“淮海战役的胜利，是山东人民用小车推出来的。”

5. 沂蒙干部南下支援新解放区

人民解放军展开战略进攻后，迅速解放大片新区，急需大批干部开展地方工作。根据中共中央及华东局的指示，沂蒙解放区抽调大批干部随军南下，到新解放区开展接收、管理和建设工作。

1947年10月，华东局从沂蒙地区抽调的汲书田（临沭县县长）、杜雷洲（临沭县委秘书）等第一批干部到渤海区集训。翌年2月，山东解放区抽调的约4000名干部，被分配到江汉、陕南、桐柏等地区工作。

1948年9月，为夺取全国革命胜利，中共中央要求华东局抽调1.5万人支援新解放区。华东局决定，1.5万名南下干部的选调任务全部由山东解放区承担。分配给鲁中南区南下干部的任务是：1套战略区级、10套专区级、40套县级、400套区乡级领导班子，共调干部3680人，负责接收和开展浙江、福建、上海等新解放区的工作。

鲁中南区党委按照“顾全大局，服从分配，选强留弱”的要求，向各地委下达了《动员与集中外调干部的决定》。鲁中南区超额完成了外调干部的任务，实际配备了1套半战略区级、13套专区级、50套县级、416套区乡级领导班子，共5000余名干部。滨海专区抽调了1套专区级、7套县级、70套区乡级领导班子，共646名干部，其中地级65人，县级158人，区乡级423人。到达浙江的沂蒙专区南下干部，地直机关和沂南县一个区的120人接管武康县；沂中县的110人接管富阳县；沂南县百余人接管余杭县；沂东、泰宁二县干部接管新登县；蒙阴县及沂南县部分干部接管临安县；蒙山县干部接管孝丰县；沂源、泰宁二县102人接管永康县；新泰、泰宁、莒沂、沂北等县数百人接管东阳、安吉二县。据不完全记载，沂蒙各县南下干部的数量为：临沂92人，郯城350人，苍山360人，莒南300人，莒县156人，沂南160人，沂水130人，沂源232人，蒙阴120人，蒙山100人，费县360人，平邑200人，临沭200人。沂蒙除组织地方干部南下外，还有一部分随军南下支前干部留在了贵州、四川等省工作。

"献了青春献终身，献完终身献子孙"，这就是对解放战争期间的"南下北上"大批干部历史功绩的集中概括。沂蒙南下干部，克服各种困难，扎根新区，与当地干部一起，发动群众，开展接收地方政权、进行民主改革、恢复生产、发展经济、清剿土匪、支援前线等方面的工作，为新区的革命和建设做出了重大贡献。

第三节　沂蒙红色文化的构成

红色文化是物态文化、制度文化、行为文化、精神文化的统一整体。沂蒙红色文化主要包括红色物态文化、红色精神和红色文艺，具体包括以八路军115师、新四军、华东野战军转战路线为主线的革命历史遗迹，以沂蒙精神为主线的红色文化遗产以及革命战争时期流传下来的红色歌谣、小说、报告文学、通讯创作等等。

一、沂蒙红色文化和沂蒙精神的载体

沂蒙山区是全国著名的革命老区，抗日战争和解放战争时期，我党我军先后在这里创建了滨海、鲁中、鲁南革命根据地，华东局和山东党政军领导机关曾长期驻扎在这里，老一辈无产阶级革命家如刘少奇、陈毅、罗荣桓、徐向

前、粟裕、罗炳辉等都曾在这里战斗生活过。革命遗迹、文化遗存和红色遗物遍布沂蒙大地，仅著名的革命纪念地就有 40 多处，如革命暴动纪念地有 13 处；抗日游击大队诞生地、抗日民主政府诞生地、山东省战工会旧址、山东新华书店诞生地、《大众日报》创刊地等各 1 处；革命战斗遗址 14 处；烈士陵园 18 处。其中，具有代表性的有：

华东革命烈士陵园：华东革命烈士陵园是山东省人民政府为纪念在抗日战争和解放战争中牺牲的华东地区革命烈士而建，是华东地区最大的革命烈士陵园。华东革命烈士陵园始建于 1949 年 2 月，原名临沂烈士陵园。1986 年 10 月经国务院批准改称现名。它位于临沂市城区，占地面积 290 亩。1986 年经国务院批准，被列为全国重点烈士纪念建筑物保护单位。

华东革命烈士陵园

陵园内有塔、堂、馆、墓、亭等建筑物 14 座。革命烈士纪念塔坐落在陵园中心，塔身正面“革命烈士纪念塔”7 个金色大字，系毛泽东主席题词。塔身下部为亭柱式构筑，周围镶有石碑，正面刻有山东省人民政府撰写的碑文，周围分别镌刻着刘少奇、朱德、陈毅、刘伯承以及华东局、华东军区、华东军政委员会、鲁中南区党委的题词。

革命烈士纪念堂，正中石碑上，正面刻有周恩来同志题词：“人民革命的烈士们永垂不朽！”背面为任弼时同志题词：“你们的功绩永垂不朽！”堂内四壁的烈士碑上，铭刻着 61800 多位烈士的英名，其中县团级以上烈士 365 名。堂内还陈列着著名战役和著名烈士事迹的浮雕。革命烈士纪念堂前东西两侧，是革命战史陈列馆和烈士事迹陈列馆。陵园内还有罗炳辉石像、粟裕将军的骨灰撒放点、汉斯·希伯烈士墓、陈明和辛锐烈士合葬墓等。

山东省政府成立纪念地和 115 师司令部旧址纪念地：1945 年 8 月 13 日，山东省政府在大店镇成立，黎玉为省政府主席。这是中国共产党领导下成立的第一个省政府，办公地点设在大店士绅庄孝光的“四合堂”内，计有五间正房，三间西屋，两间偏房，是一个典型的乡土小院。1991 年，经山东省民政厅、党史委、文物局等有关部门确定，莒南县大店镇为八路军 115 师司令部旧址纪念地。现仍保留房屋 16 间，与山东省政府成立纪念地成东西两院。大店的革命遗址至今保存完好，已被列为全国重点文物保护单位。

大青山革命烈士陵园和大青山战斗遗址：大青山革命烈士陵园位于沂南县双堠乡梭庄，是原费东县人民政府于 1944 年为纪念在大青山对日寇作战中英勇牺牲的烈士而兴建的。1985 年，山东省政府和临沂行署拨款对陵园进行整修，重建了大门和三角尖顶石碑，门上题有“大青山烈士陵园”，石碑正面刻着“抗日烈士公墓”，两边刻着“英灵犹在，浩气长存”的对联。石碑后面是三百多座烈士墓，其中就有在大青山战斗中牺牲的八路军 115 师敌工部部长王立人，抗大第一分校第二大队政委刘惠东、蒙山独立支队政委刘涛、山东省战工会审计处主任李子敬等。山东省战工会副主任兼秘书长陈明、国际友人汉斯·希伯烈士也曾安葬在此，后迁葬临沂华东革命烈士陵园。在 2019 年 3 月凉山州木里县森林火灾扑救战斗中牺牲的年仅 19 岁的徐鹏龙烈士也长眠于此。

大青山战斗遗址，位于沂南县与费县交界处，海拔 700 米左右。抗日战争时期，这里是重要的抗日民主根据地。1941 年冬天，在这里发生了著名的“大青山战斗”。八路军与侵华日军在此激战，伟大的国际主义者、德国共产党员、太平洋学会记者汉斯·希伯和山东省战工会副主任兼秘书长陈明等七名师级以上领导干部英勇捐躯，写下了山东抗战史上最为悲壮的一页。在大青山战斗遗址的基础上，现建有纪念广场和纪念馆，由胜利突围纪念亭、入口广场、集会广场、纪念碑、纪念馆、烈士墓区等组成。纪念广场面积 72000 平方米，广场两侧安放着 8 尊雕塑，左前侧是大青山胜利突围纪念亭，正东矗立着高 19.41 米、基座直径 11.30 米的大型纪念碑，寓意突围战斗发生在 1941 年 11 月 30 日，碑名由迟浩田将军题写。纪念馆采用“两馆一轴”布展方式，分为序厅、创建沂蒙根据地、浴血突围大青山、青山作证英名存、沂蒙精神铸辉煌等部分，纪念馆以历史图片和实物为主，辅以景观、油画、雕塑、多媒体等展示手段，突出展现了大青山突围战中英烈人物顾全大局、同仇敌忾、不怕牺牲、敢于胜利的革命英雄主义和爱国主义精神。

孟良崮革命烈士陵园和孟良崮战役遗址：为纪念孟良崮战役，1954 年，国务院拨款修建了孟良崮革命烈士陵园，占地 55400 多平方米。陵园内安葬着孟良崮战役中牺牲的我军将士的忠骨，其中有名烈士 2859 人，无名烈士 2680 人。孟良崮战役的卓越指挥者之一，杰出的军事家粟裕同志的部分骨灰也被安放在这里。

1982 年，在孟良崮革命烈士陵园中部修建了“孟良崮战役烈士纪念馆”。纪念馆内有正厅、展厅和辅设建筑三个部分。展厅分为门厅、战役厅、英烈厅、革命到底厅。厅内有毛泽东、朱德、刘少奇、陈毅、粟裕等同志的题词，以及大量展示孟良崮战役过程的实物和历史资料。

孟良崮战役遗址，位于蒙阴、沂南两县交界处，它因著名的孟良崮战役而驰名中外。孟良崮周围至今还残存着许多战斗遗迹，山坡上的防御工事尚有残址，岩石上的弹痕，清晰可辨。孟良崮是中国革命的一座丰碑，每年清明，成千上万的工人、农民、解放军战士和学生来到这里祭扫陵墓，参观革命战争遗址。

此外，沂蒙地区的革命烈士陵园还有：鲁东南革命烈士陵园、文峰山革命烈士陵园、鲁中革命烈士陵园等；革命纪念地还有《大众日报》创刊地、山东省战工会旧址、山东第一团支部纪念地、山东新华书店诞生地、刘少奇活动纪念地、山东分局旧址、山东省抗日军政干部学校、黄石山惨案旧址、抗大第一分校旧址、《沂蒙山小调》诞生地、沂水抗日民主政府诞生地等；战斗遗址还有鲁南战役纪念地、九子峰战斗遗址、留田突围遗址等。

二、沂蒙红色文化的积淀和升华

所谓精神文化是相对于物质文化而言，指属于精神、思想、观念范畴的文化。沂蒙红色文化包括精神层面的道德思想、民族精神、价值追求和伦理观念等；行为层面的英雄事迹和典型人物等；过程层面的教育、宣传和文艺活动以及结果层面非物质文化遗产和文艺经典等相关产品。其中，沂蒙精神是沂蒙红色文化的核心和精华。

1. 沂蒙精神撼天动地

沂蒙精神诞生于革命战争年代，发展于社会主义建设时期，完善于改革开放时期，升华于新时代中国特色社会主义建设时期。

“爱党爱军、开拓奋进、艰苦创业、无私奉献”是沂蒙精神的深刻内涵。其中，“爱党爱军”是沂蒙精神的灵魂，表达了沂蒙人民立场坚定、旗帜鲜明、舍生取义、追求执著的崇高政治信仰；“无私奉献”是沂蒙精神的核心，明确了沂蒙人民顾全大局、公而忘私、舍己为人、甘于奉献的价值取向。以“爱党爱军”和“无私奉献”为主要内容的沂蒙精神，就诞生于战火纷飞的战争年代。

抗日战争时期，面对日本侵略者的暴行，具有光荣革命传统的沂蒙人民，坚决响应党的全民抗战的号召，并在中国共产党的领导下，不畏强暴，奋起反抗，同日本侵略者进行了英勇不屈、可歌可泣的斗争。解放战争时期，沂蒙人民怀着对党的赤诚之心、对人民军队的无比热爱，用自己的双手、鲜血和生命谱写了一曲曲拥军支前的壮丽赞歌，熔铸了党和沂蒙人民血浓于水的感情。沂蒙人民在党的领导下，怀着崇高的革命理想和坚定的共产主义信念，坚信正义事业必然胜利的精神，不畏艰难，英勇奋斗。这一时期，沂蒙精神主要体现为爱党爱军、无私奉献。

在这里，有用乳汁救活伤员的“沂蒙红嫂”明德英，为了中国革命奉献了无私无畏之爱的“沂蒙母亲”王换于、祖秀莲，拥军支前模范“沂蒙六姐妹”张玉梅、伊廷珍、杨桂英、伊淑英、冀贞兰、公方莲等无私奉献的突出代表；有与日本侵略者血战到底的“中国抗日第一村”渊子崖村党员和村民的誓死抗争；有中国共产党人刘少奇、陈毅、徐向前、罗荣桓、粟裕、谷牧、罗炳辉等率先垂

沂蒙山解放区的妇女救国会组织农村妇女为前线解放军赶制军鞋。新华社图

范的领袖将帅；有大青山突围战的惨烈悲壮、孟良崮战役的炮火硝烟；有送子送郎参军的动人故事、车轮滚滚的支前队伍和大军南下的壮观场面。在血与火的革命战争年代，我党我军与人民群众心心相印，血肉相连。中国共产党及其军队出生入死，拯救民众于水火。人民群众舍生忘死，支援革命；前赴后继，10 万英雄儿女埋下忠骨；车轮滚滚，百万民众拥军支前。胜利的旗帜上，镌刻着赤诚如沂蒙红嫂、"沂蒙六姐妹"般伟大中华女性的英名；血染的土地上，也长眠着无数无名烈士和普通百姓的忠魂。在长期血与火的战争洗礼中，沂蒙人民与山东党、政、军一起，共同锻铸和创造了"爱党爱军、开拓奋进、艰苦创业、无私奉献"为主要内容的沂蒙精神。

沂蒙精神，是沂蒙人民在长期的革命和建设实践中形成的先进群体意识。它与伟大的井冈山精神、长征精神、延安精神、西柏坡精神等革命精神一样，具有极为丰富的思想内涵，都是我们党和国家的宝贵精神财富。沂蒙精神虽然产生和发展于沂蒙地区，但它并不仅仅属于沂蒙；沂蒙精神虽然孕育和诞生于战争年代，但它并不仅仅代表过去；它作为一种人生观和价值观，已经远远超越了它所产生的时代和地域范围，成为可以跨越时代和地域的"革命精神"。

2. 英雄群像彪炳千秋

人是文化的创造者，同时又是文化的载体。如果说中国共产党和沂蒙人民创造了沂蒙红色文化，那么中国共产党和广大沂蒙人民的英雄事迹和英雄形象就是这一先进文化的载体。在"两战"的艰难岁月里，巍巍沂蒙山，到处都演绎着"渊子崖村"浴血奋战的不朽传奇；滔滔沂河水，每天都诉说着"沂蒙红嫂"的动人故事。而承载起沂蒙红色文化血脉的，是一个个普通百姓的脊梁，是一座座平民英雄的群雕。

渊子崖村民浴血抗日：抗日战争时期，以临沂为中心的沂蒙山区是山东抗日根据地的中心。在中国共产党的领导下，沂蒙人民积极参军抗日、拥军生产，发扬爱党爱军、无私奉献的革命精神，投身民族解放战争的洪流，不仅为抗日战争贡献了巨大的人力、物力与财力资源，而且还上演了一幕幕极其悲壮的抗击日寇的英勇斗争。渊子崖村民浴血抗日就是沂蒙人民英勇抗日的典范。沭水县板泉区渊子崖村（今属莒南县板泉镇），全村 200 多户人家。1941 年 12

月20日晨，日军千余人突然包围了渊子崖村。当时在该村的板泉区中队副中队长高秀兰等人和村长林凡义立即组织民兵和村民，依托村周围的圩墙抗击敌人。男人守圩墙，女人和儿童运送弹药、石头，做饭烧水。当大批日军涌进村里，肉搏战在大街小巷激烈展开。高秀兰等众多人牺牲，林九乾一家战死9口。激战中板泉区委书记刘新一、区长冯干三等40余人牺牲，沭水县委宣传部部长徐坦身负9处枪伤。渊子崖村民毙敌112人，村民牺牲147人。

渊子崖村民以英勇无畏的气概，在沭河之滨竖立起一座永远值得纪念的丰碑。渊子崖之战后，延安《解放日报》发表社论，称该村为“村自卫战的典范”，滨海专署授予该村“抗日楷模村”称号。1944年，滨海专署为了纪念在渊子崖保卫战中牺牲的烈士，在村北小岭上用紫红色巨石建成了一座纪念塔，塔的背面雕刻着烈士的英名。“云水苍苍，沭水泱泱，烈士之风，山高水长。”这是撰写在渊子崖自卫战纪念碑上的一篇碑文。渊子崖自卫战充分展现了中国人民不畏强暴、不怕牺牲、勇于战斗的革命气概，打出了沂蒙人民的凛凛正气、赫赫威风，谱写了一曲惊天地、泣鬼神的英雄赞歌。

1944年，沭水县政府在该村北小岭上用紫红色的巨石，建成了一座六角七级的纪念塔，塔的正面简述了渊子崖村自卫战的经过，塔的背面雕刻着烈士的英名，塔的两侧是滨海军区领导陈士榘等人和县参议会的题词。参议会的题词是：“云山苍苍，沭水泱泱；烈士之风，山高水长！”

“母送子、妻送郎”入伍参战：在艰苦卓绝的革命战争年代，兵员的数量和质量是决定战争胜负的关键之一。沂蒙人民在地方党组织的号召动员下，踊跃报名参军，不断涌现出父母送儿子、妻子送丈夫、女青年送未婚夫参军的动人场面。梁怀玉、尚梅兰便是其中的突出代表。当时沂蒙山区约有420万人口，有20万人参军入伍，120万人参战支前。仅1944年、1945年和1946年三次大参军运动，就有62989名沂蒙青年子弟加入人民军队，为抗日战争和解放战争的胜利做出了巨大牺牲和贡献。

从“女子火线桥”到“小车推出来的”的胜利：革命战争时期，沂蒙人民克服各种艰难险阻，冒着随时被杀害的危险，舍生忘死地开展各项支前工作，用鲜血和生命保卫了敌后抗日根据地和红色政权，为夺取抗日战争的最后胜利做出了重大贡献。

在孟良崮战役中，根据作战需要，沂南、蒙阴、临沂三县组织公路沿线群众，冒着连绵阴雨，苦战3个昼夜，抢修公路50余千米，石桥、木桥40多座。战役开始前一天，沂南县马牧池村妇救会长李桂芳接到通知，需要5个小时之内在崔家庄与万粮庄之间的汶河上架一座桥。当时村里的绝大多数男子都上了前线，既无专业技术人员，又无架桥材料，李桂芳就发动妇女们想办法，最后决定用人扛着门板的办法组成一座“人桥”。李桂芳动员了附近村庄的32名妇女，找来7块门板，用肩膀扛起了一座“人桥”。晚上9点多时，先头部队来到，看到这种情形后，都不愿意上桥，经过李桂芳的恳切说明和要求，部队一个团的兵力才从这座“人桥”上通过。就这样，李桂芳她们在冰凉的河水中站了一个多小时，肩上承受着巨大的压力，但是谁也没有叫苦叫累，最后光荣地完成了任务，这就是被人们广为称颂的“女子火线桥”。

淮海战役期间，山东共出动民工218万余人参加支前。其中，鲁中南地区就近组织调用随军常备和二线转运民工34万人，临时民工140余万人，共计174万余人，沂蒙山区的民工则占其中的绝大部分。淮海战役期间，我军参战部队总人数为60万，而支前民工总人数达到543万，比例为1∶9，也就是说一个战士身后就有9个民工做各种保障支援。战役期间，80%以上的作战物资是由支前民工用推车、挑担、肩扛等方式运输的。沂蒙根据地供应了人民军队1.4亿公斤粮食、35万公斤食用油、36万公斤食盐、43万公斤猪肉和100多万双军鞋等物资。军队打到哪里，支前民工就跟到哪里，在分布于江苏、山东、河南、安徽、河北5省，纵横3000千米的作战区域内，支前民工冒着敌机轰炸、被扫射的危险，顶风冒雪，不辞劳苦，常常昼伏夜行，战胜千难万险，才将作战物资运抵前线，为夺取淮海战役的胜利做出了巨大的贡献。

革命战争年代，蒙山沂水养育出人民解放军两大野战主力部队，近百万将士在这里转战，并从这里奔赴解放全中国的战场。

用乳汁救伤员的沂蒙红嫂明德英

“沂蒙红嫂”明德英：1943 年初，八路军山东纵队年仅 13 岁的看护员庄新民在反“扫荡”中负伤与部队走散。李开田和明德英夫妇冒着日伪军时常搜查的危险，精心护理和照料庄新民。明德英还时常用自己的奶水喂养他，把他从死亡线上救了回来。40 多年后的 1985 年春，已在上海工作的庄新民又一次踏上沂蒙大地，见到了阔别 40 多年的救命恩人明德英。年过半百的庄新民像孩子一样抱着明德英泪流满面，失声痛哭……国防部原部长迟浩田上将在探望明德英时亲笔题词：“蒙山高，沂水长，好红嫂，永难忘。”体现了大义大爱精神的“沂蒙红嫂”成为临沂先进女性的专用称谓，一代一代传承下来。

“沂蒙母亲”王换于：沂蒙人民怀着对子弟兵的热爱之情，在炮火连天的战场上，在缺医少药的极度困境中，在敌人无数次疯狂“扫荡”和屠杀威胁的生死抉择下，以博大无私的胸怀，用鲜血和生命掩护和养育着革命后代，涌现出“沂蒙母亲”王换于这样一批伟大女性。

1939 年 6 月，徐向前率八路军第一纵队领导机关到达王换于家后，便委托王换于在当地党组织的协助下办起战时部队机关托儿所，机关有 27 个孩子，外地又陆续送来一些，共有 41 个孩子，其中有徐向前的女儿小何（乳名），罗荣桓的女儿罗琳，陈沂、马楠夫妇的女儿陈小聪等。从此，王换于家的老屋就成了战时托儿所的“中心”。对于战时托儿所里的每一个孩子，王换于都用生命来呵护。一次她到西辛庄看望寄养的孩子时，看到一位烈士的孩子没有奶吃，瘦得不像样子，她就将孩子抱回家，交给正在哺乳期的二儿媳。此时儿媳正抚养着自己和另外几个抗日将士的孩子，奶水显然不够吃。王换于含着眼泪叮嘱儿媳：“烈士的孩子饿死了，就断根了，咱的孩子饿死了，你还能生育，让烈士的孩子吃奶，咱们的孩子就吃粗的吧！”结果，儿媳妇抚养的几个托儿所的孩子都很好，而她自己的四个孩子却因为营养不良而夭折了。1943 年后，王换于又抚养过 45 个革命后代。

沂蒙六姐妹

“沂蒙六姐妹”：蒙阴县有个烟庄村，村里有6个支前的女英模，她们分别是张玉梅、伊廷珍、杨桂英、伊淑英、冀贞兰、公方莲，人称“沂蒙六姐妹”。孟良崮战役期间，她们组织妇女、儿童抢运粮食和弹药，曾在两天内，把2500多公斤粮食从野店运到村里加工成煎饼，又送回去；运送子弹24箱，柴草350多公斤，往返10多公里路，休息时还唱歌，没有喊过一声累；给部队洗了800多身衣服，做了300多双军鞋，缝补了大量裤、褂等衣物；还动员募集了450个鸡蛋，慰问伤员。1947年6月10日，当时的《鲁中大众》发表了题为《妇女支前拥军样样好》的文章，报道了她们的英雄模范事迹，文中称她们为“沂蒙六姐妹”。从此，“沂蒙六姐妹”的名字传遍了整个沂蒙山区。中共中央政治局前委员、国防部长迟浩田上将高度评价“沂蒙六姐妹”在革命战争年代和社会主义建设中做出的突出贡献，并为她们题词“沂蒙六姐妹，拥军情永不忘”。

三、沂蒙红色文化的符号和象征

革命战争年代，尽管条件艰苦、环境恶劣，但沂蒙地区的革命文化团体相当活跃，流传下来大量的红色歌谣、小说、报告文学、通讯创作、诗歌、战地美术、战地摄影、文艺演出剧目以及众多的文化团体、文化战线上创办的报纸杂志，构成了丰富的沂蒙红色非物质文化遗产，是沂蒙红色文化的符号与象征，同时也是沂蒙红色文化不可或缺的重要组成部分。

这些红色文艺佳品，不仅在当时起到了教育群众鼓舞斗志的巨大作用，而且还成为影响深远流传至今的传世之作。有些经典甚至承载了时代的梦想和追求，成为一个民族的文化基因和永恒记忆。

战士剧社在鲁中区演出话剧《前线》

空前活跃的文化团体：在抗日战争和解放战争时期，沂蒙根据地活跃着一批红色文艺团体。其中主要的有八路军115师战士剧社、抗大第一分校文工团、山东纵队鲁迅艺术学校宣传大队、姊妹剧团、抗敌自卫军宣传大队、鲁南剧社、沂蒙国剧社、山东省人民剧团、鲁中南区歌剧团等。

战士剧社，成立于1930年，1939年随115师进入沂蒙。1943年，115师教三旅等部队所属12个剧团合成的民兵剧社并入战士剧社。1945年3月，战士剧社与山东省实验剧团合并为山东军区文工团。

抗大第一分校文工团，1939年在晋东南成立，翌年1月进入沂蒙，1943年春与抗敌自卫军宣传大队合并为山东省文工团。8月，滨海评剧团并入，改称山东省实验剧团，内设话剧、京剧两个剧团。

鲁南剧社，1940年初，鲁南军区以苏鲁支队政工队为基础组成抱犊崮剧社，不久改为战号剧社。1943年春，活动在鲁南区的战号、星火等5个剧社合并为鲁南剧社。1945年初，改为鲁南文工团，1948年7月，又改为鲁中南文工团。

沂蒙国剧社，1940年3月，由鲁中军区政治部组织沂南界湖袁顺斋的“长、春、富、贵”4个戏班的部分教师、演员成立。袁顺斋将积存了几十年、价值3万银元的服装、道具捐献给该社。

根据地除了众多的专业文艺团体外，还涌现出了数以千计的农村业余剧团。沂南县1940年即有业余剧团50多个、俱乐部300处，到1945年，该县业余剧团发展到100多个。莒南县1944年有业余剧团110个，演员3000余人，排演了2000多个剧目，其中自编剧目300多个，观众达10万余人，到1946年，该县业余剧团发展到208个。

在战士剧社等文艺团体的带动下，沂蒙战时文艺演出活动进入了蓬勃发展的时期。1940 年 9 月，为庆祝 115 师与山东分局、山东纵队会师，战士剧社、抗大第一分校文工团、山东纵队鲁迅艺术学校宣传大队在蒙山前岳家十八村举行联合公演，演出了《生产大合唱》《马县长》等剧目；1941 年 5 月，战士剧社等八大剧团在沭水县渊子崖村举行为期 11 天的联合公演，演出了《十八勇士》《回到前线去》等剧目；同年夏，战士剧社等 11 个剧团又先后在苍马办事处驻地西盘村、115 师师部驻地蛟龙湾举行联合公演。在蛟龙湾的公演，是在 115 师召开“八一”庆祝大会之后举行的，历时十几个晚上，参加庆祝大会的两万名八路军指战员，均观看了演出。

演出的主要形式是话剧和歌剧，山东省实验剧团和沂蒙国剧社也上演了传统京剧。演出的内容与根据地中心工作紧密结合，如宣传对敌斗争、“动参”支前、“双减”土改、妇女解放等。在“动参”运动中演出了《过关》《依靠谁反攻》，在优属活动中演出了《抗属真光荣》，在“双减”斗争中演出了《谁养活谁》，在大生产运动中演出了《郑信开荒》；在对敌军宣传方面演出了《伪军反正》，在宣传妇女解放时演出了《老婆婆的觉悟》《王大嫂翻身》等。在解放战争中，还有一些农村剧团到战地慰问演出，如沂蒙国剧社到淮海战役前线和新解放区演出，行程数万里，被誉为“红色战地剧团”；沂南兴旺庄剧团还曾到淮海、渡江、京沪杭战役前线演出。这些演出活动对提高戏剧的演出水平、开展农村戏剧运动、活跃广大指战员和人民群众的文化生活、鼓舞斗志，都起到了积极作用。

立足群众的文学创作：小说创作在当时数量虽少，但其影响颇大。发表较早、较有影响的是王力的长篇小说《晴天》，这是沂蒙根据地内的第一部长篇小说，后被收入“人民文艺丛书”；刘知侠的中篇小说《铁道队》，描写了抗战初期在鲁南活动的一支铁道游击队，实际上是后来他的著名长篇小说《铁道游击队》的雏形；王希坚的长篇小说《地覆天翻记》，内容围绕对敌斗争、根据地建设的重大事件展开，反映了中国共产党领导人民所进行的艰苦斗争。

在报告文学、通讯特写创作方面，作者多系新闻工作者，影响较大的作品有：于冠西的《南北岱崮保卫战》《何万祥》，白刃的《坚持沂蒙山区》，丁九的《南岩保卫战》，康矛召的《草桥之“阅兵”》，宋英的《郑信和他的开荒队》，济民的《高洪安中状元了》，鲁宝蓉的《朱富胜》，朱瑞的《悼陈若克》，韩希梁的《飞兵在沂蒙山上》等。

“两战”期间，根据地诗歌创作最为活跃，《大众日报》《山东文化》和鲁中、滨海、鲁南的各类报刊以及其后的《鲁中南报》等，均发表了大量的诗歌。活跃在沂蒙诗苑上的主要有王希坚、燕遇明、那沙、冯毅之等人。其中王希坚的《翻身民歌》，燕遇明的《杨清法》，白玉的《忍痛丢开家》，冯毅之的《炮火与怒火》等较有影响。年轻的沂南县人苗得雨，写了大量的诗歌，被誉为解放区“孩子诗人”。党政军机关的一些领导人在运筹帷幄之际，也创作了一批抒情言志、咏物纪实的诗篇，如陈毅就在临沂留下了《孟良崮战役》《临沂蒙阴道中》等许多脍炙人口的诗篇。

精品辈出的艺术作品：在“两战”期间，沂蒙解放区的文艺工作者创作了一大批革命歌曲：《临郯青年救国团团歌》《跟着共产党走》《沂蒙山小调》《独立旅进行曲》《毛泽东颂歌》《中国进行曲》《打蒙阴城歌》《英雄万岁》《我们的连长何万祥》《新中国的大楼快盖上》《悲歌》《解放区是一座铁长城》等。影响较大的有《临郯青年救国团团歌》《打蒙阴城歌》《我们的连长何万祥》等。其中，沙洪作词、久鸣作曲的《跟着共产党走》唱遍了全国。阮若珊作词、李林编曲的《沂蒙山小调》不仅广泛演唱，而且流传至今，成为全国著名歌曲。

美术方面，胡考、陈叔亮、那狄、阿老、任迁乔等知名画家活跃在沂蒙。1942年任迁乔创作的连环画《翻身》，是当时最有影响的美术作品，它生动地揭露了大店“庄阎王”残酷剥削、欺压贫苦农民的罪恶，歌颂了农民在“双减”斗争中的正义行动，在当时的“双减”和以后的“查减”、土改运动中都发挥了积极作用。

摄影方面，红军摄影家苏静及其助手郝世保随115师进入沂蒙，拍摄了许多反映沂蒙军民战斗生活的照片。1943年8月，《山东画报》在莒南县创刊后，沂蒙根据地的摄影工作进入了有组织领导的大发展时期。1945年，著名摄影家郑景康、吴印咸、邹建东来到临沂，更加强了沂蒙摄影工作者的

1944 年《大众日报》在莒南县王家野疃的排版车间

阵容，他们先后拍摄了《刘少奇在朱樊》《日本侵略者放下武器举手投降》等大批照片。还有其他摄影工作者与业余爱好者拍摄的反映鲁南战役中兰陵道上国民党快速纵队全军覆没的情景、莱芜城北突围的国民党军 5 万余众无路逃生的场面和淮海战役中沂蒙人民车轮滚滚忙支前的壮观队列等纪实照片，均以其鲜明的时代性和难得的资料价值，成为国家特定历史事件的宝贵见证。

导向突出的报刊出版：在革命战争年代，沂蒙地区中共领导的机关和部队，为了广泛动员人民群众，指导革命战争，正确引导舆论，曾创办了许多报纸和刊物。其中，省级以上报刊有中共山东分局的《大众日报》、山东省战工会的《山东民主导报》、115 师的《战士报》《时事通迅》《战士画刊》、山东纵队的《前卫报》、山东省青联的《群众文化》等。其中，《大众日报》是沂蒙根据地办报时间最长、发行量和影响最大的报纸。1939 年 1 月 1 日，《大众日报》在沂水县王庄正式创刊，1947 年 9 月从莒南大店转移去五莲县，在沂蒙存在了近 9 年的时间，辗转沂蒙 9 个县的 30 多个村庄。在这一过程中，报社先后有 530 多人牺牲，为了掩护报社的工作人员和资财，有 160 余位沂蒙乡亲献出了生命。

层次分明的革命教育：沂蒙抗日根据地的各级党政军领导机关，在战火纷飞的年代里，十分重视干部、党员以及各类人才的培养教育工作，红色教育事业发展迅速，培养了大批革命和建设急需的人才。其中，影响最大、培养干部最多的是中国人民抗日军政大学第一分校（简称抗大第一分校）。除此之外，沂蒙根据地创办的其他干校主要有：山东抗日军事政治干部学校、山东战地服务团、山东鲁迅艺术学校、山东公学等。

抗日战争和解放战争时期，驻沂蒙的党政军机关为培训干部和专业技术人才，先后创办了若干所高等院校，如山东省抗战建国学院、滨海建国学院（临沂大学的前身）、华东白求恩医学院、山东大学和华东军事政治大学等。

在抗战时期，沂蒙根据地各级政府在战火纷飞的岁月里，加强对农村文化教育事业的领导，在大力发展抗日小学、正规小学的同时，还开展了冬学（夜校）、识字班（午校）、常年民校为主要形式的民众业余教育，出现了“村村办学，户户读书，抗日救国，人人争先”的新气象，掀起了面向农民、面向妇女的新文化普及运动。

沂蒙根据地的广大青年妇女普遍参加识字班学习。久而久之，“识字班”也就成了沂蒙姑娘们的代名词。识字班不仅是一种学习形式，而且是一种政治组织形式，它团结和争取了广大青年妇女，成为妇救会、党组织的得力助手，在拥军优属、扩军支前、生产备战各方面都发挥了巨大作用。识字班们在参加学习、工作的同时，也使自己得到了解放，如她们普遍开展剪发、放足运动，提倡婚姻自主，婚事新办，建立幸福美满家庭等。

“庄户学”的出现更使沂蒙农民文化运动进入前所未有的高潮。它首先在莒南县出现，继而在根据地全面推广，成为沂蒙民众文化建设史上轰动一时的盛举。庄户学根据群众的需要和习惯，灵活确定学习内容、时间和组织形式，教材也是根据当时的斗争形势由教员自编而成的，深受群众欢迎。人们以快板的形式歌颂庄户学“庄户学，真正好，群众办，党领导。边识字，边拾草，庄户活，误不了。又写算，又读报，天下事，都知道。大组大，小组小，看忙闲，论老少。子教母，姑帮嫂，自动学，互相教。要自愿，随需要，人人夸，都说妙。”

张建华和他创办的洙边镇刘家莲子坡庄户学旧址

从一般的冬学、民校、识字班到庄户学，是根据地文化教育事业建设史上的一项重大变革，它使教育与抗战、生产紧密结合起来，更加广泛地联系了群众，扩大了教育面。于是，庄户学成为根据地普及农村教育的一面旗帜。这一办学形式很快在山东根据地推广开来，创办庄户学的张建华也被省战时行政委员会授予“山东教育英雄”称号。滨海区莒南、莒中、日照3县，参加学习的农民近40万人。其中莒南14万人，占全县总人口的56%。鲁中沂蒙专区有25万人参加学习。

解放战争初期，解放区的民众业余教育，主要通过村学为土改、支前、生产三大任务服务。1948年秋临沂全境解放，各级政府着手整顿恢复民众教育。至1949年上半年，沂蒙专区已恢复冬学、识字班、民校238处；滨海专区恢复冬学、识字班、民校1352处。

总之，革命根据地时期流传下来的红色歌谣、小说、报告文学、通讯创作、诗歌、战地美术、战地摄影、文艺演出剧目以及众多的文化团体、文化战线上创办的报纸杂志，甚至是留存各地的标语口号、文字信息等等，构成了丰富的沂蒙红色非物质文化遗产，也是沂蒙红色文化不可或缺的重要组成部分。

第三章

沂蒙精神的形成与发展

沂蒙大地是一片红色的热土。在血与火的革命战争年代，我党我军与人民群众心心相印，血肉相连。党和人民军队出生入死，拯救民众于水火。人民群众舍生忘死，支援革命；前赴后继，十万英雄儿女埋下忠骨；车轮滚滚，百万民众拥军支前。红嫂用乳汁救伤员感天动地，沂蒙母亲、沂蒙“六姐妹”的事迹广为传颂。在这片血染的土地上，在长期血与火的战争洗礼中，沂蒙人民与山东党、政、军一起，共同锻铸和创造了以“水乳交融、生死与共”为本质内容的沂蒙精神。

第一节　沂蒙精神的提出和研究

一、沂蒙精神的提出

20 世纪 80 年代，临沂市平邑县九间棚村靠自力更生、艰苦奋斗，通过架电、治山、治水、修路实现了高山水利化，摆脱贫困走向了富裕。在战天斗地过程中，铸造了闻名全国的“九间棚精神”。1989 年，新华社山东分社原副社长李锦在九间棚村调研 52 天，提出了“九间棚精神”，将“九间棚精神”概括为“开拓进取、艰苦奋斗、坚韧不拔、无私奉献”，并写出《九柱擎天》的调查报告，引起中央政治局常委、中央组织部部长宋平的高度重视。“九间棚精神”的提出，为“沂蒙精神”的提出奠定了基础。

1989 年邓小平同志多次讲话，提出要“两手抓、两手都要硬”，要坚持四项基本原则，要讲政治。之后中央召开的十三届四中、五中全会，号召全党要充分发挥政治优势，大力加强党的建设和思想政治工作。在这种背景下，中共临沂地委宣传部的领导和同志们经过反复酝酿，于 1989 年 12 月 12 日在《临沂大众报》发表了题为《发挥老区优势，弘扬沂蒙精神》的文章，第一次公开提出了“沂蒙精神”这一概念。为落实党中央关于充分发挥党的政治优势、大力加强党的建设和思想政治优势的要求，临沂地委号召全区继承和发扬沂蒙精神，这一举动得到了山东省委的肯定和支持。1990 年 2 月时任山东省委书记的姜春云到临沂视察，考察期间把沂蒙精神的内涵概括为“立场坚定，爱党爱军，艰苦创业，无私奉献”16 个字，同时邀请沂蒙精神报告团赴济南做报告。由临沂地区 5 位基层党支部书记组成的“沂蒙精神”报告团赴山东济南先后做了 7 场报告，引起强烈反响。1997 年，中共临沂市委、市政府广泛吸纳各界的研究成果，将沂蒙精神概括为“爱党爱军、开拓奋进、艰苦创业、无私奉献”，并得到了社会的高度认可。随着沂蒙精神研究的不断深化，尤其是结合 2013 年 11 月，习近平总书记在视察山东临沂时做出的“革命胜利来之不易，主要是党和人民水乳交融，党把人民利益放在第一位，为人民谋解放，人民跟党走，无私奉献，可歌可泣”，“沂蒙精神与延安精神、井冈山精神、西柏坡精神一样，是党和国家的宝贵精神财富”，“党和人民水乳交融、生死与共铸就的沂蒙精神要大力弘扬。”等重要论述，对于沂蒙精神的内涵人们又有了新的认识。对沂蒙精神的理解不仅要突出沂蒙人民的主体地位，同时也要突出党政军的主体地位，沂蒙精神是党政军群共同铸就的。新时代，怎样结合新的时代背景对沂蒙精神的内涵进行新的演绎也成为进一步推进沂蒙精神研究，更好地传承和弘扬沂蒙精神的重要课题。

二、沂蒙精神理论研究回顾

沂蒙精神自提出以来就得到了广泛的关注，以沂蒙精神为主题的理论研究也一直持续至今。这些理论研究从各个层面对沂蒙精神进行了深入扎实的剖析和总结，为推动沂蒙精神的发展和弘扬起了重要作用。

1990 年 3 月，原临沂师专（现临沂大学）干部陈建光发表《弘扬“沂蒙精神”的历史必然性》一文，这是开启沂蒙精神理论研究的第一篇章。同年 11 月，为了拓展对沂蒙精神的理论研究，山东省社会科学联合会组织多名专家奔赴沂蒙山区进行实地考察研究。考察研究组的李玉明、于成河在《山东社会科学》发表了《宝贵的财富、强大的支柱——沂蒙精神考察纪要》一文，这是第一篇较系统的挖掘梳理沂蒙精神的研究文章。

1991 年 5 月 10 日至 14 日，山东省首届沂蒙精神理论研讨会围绕沂蒙精神产生的历史根源、社会基础和政治、文化条件，沂蒙精神的内涵、本质和特点，沂蒙精神的发展规律，沂蒙精神的现实价值以及弘扬沂蒙精神的途径和方法等问题，进行了广泛和深入的讨论。

1997 年 7 月 28 日，为纪念江泽民同志“弘扬沂蒙精神，振兴临沂经济”题词 5 周年，召开了第二届沂蒙精神理论研讨会，这次会议围绕如何大力弘扬沂蒙精神，使其成为改革开放和社会主义现代化建设的强大精神动力展开了热烈讨论。

2002 年 7 月 26 日，召开了第三届沂蒙精神理论研讨会，此次研讨会以“弘扬沂蒙精神，实践‘三个代表’”为主题，将沂蒙精神研究向前推进了一大步，表明沂蒙精神的内涵和理论品格在实践中不断地丰富和深化。

2004 年 7 月，为纪念八路军第 115 师挺进山东、开辟沂蒙根据地 65 周年和江泽民同志“弘扬沂蒙精神，振兴临沂经济”题词 12 周年，山东省委宣传部、山东省社科联、原济南军区政治部、山东省军区政治部、临沂市委联合新华社山东分社、大众日报社、山东省出版总社，在临沂举办了弘扬沂蒙精神的 13 项系列活动：召开了沂蒙精神与全面建设小康社会理论研讨会，成立了山东省沂蒙精神研究会，成立了革命老区联谊会，推出了大型乐舞诗“沂蒙颂歌”，创作了大型民族交响乐《沂蒙山小调》，举办了大型文艺演出《红嫂专场》，率先开辟了红色旅游线，举办了沂蒙精神展、红色雕塑展，推出了《沂蒙颂歌》系列丛书，制作了一批反映临沂光荣革命历史和经济社会发展巨大成就的电视片，推出了一批具有崭新时代风貌、弘扬沂蒙精神的先进典型，推出了一批高质量、在全国有影响的重头新闻稿件。

2004 年 10 月，时任临沂市委书记的李群在《人民日报》“理论专页”发表论文《促进经济社会全面发展的精神力量——论进一步弘扬和实践沂蒙精神》，文中首次阐释了“沂蒙精神”的三个特质：一是沂蒙精神具有鲜明的与时俱进品质；二是沂蒙精神具有很强的开放兼容性；三是沂蒙精神具有强大的实践功能。这篇论文使沂蒙精神的研究有了进一步的提升。

2005 年沂蒙精神晋京展获得了巨大成功，媒体报道盛况空前，沂蒙精神感动京城，震撼全国，受此影响，有关研究得到极大推进。同年 6 月，红旗出版社出版了《沂蒙精神与全面建设小康社会》一书，该书探讨了沂蒙精神与中华民族精神、老区精神，沂蒙精神与沂蒙文化，沂蒙精神与党的建设的本质联系，探讨了如何更好地发挥革命老区精神在全面建设小康社会中的作用，将沂蒙精神的理论研究推向了深入。

2008 年 3 月，《沂蒙精神》一书由人民出版社正式出版，该书界定了沂蒙精神的内涵，区分了沂蒙精神产生、发展、深化和升华的标志性历史阶段，还就沂蒙精神感人至深的生动历史进行了再现，全面系统地保留了中央与地方领导对沂蒙精神的高度评价，深刻分析了沂蒙精神的本质特征、历史价值和现实意义，具有很强的学术性与可读性。

2010 年以后，随着电影《沂蒙六姐妹》和电视连续剧《沂蒙》获得巨大的成功，以及贯彻落实李长春同志在山东考察期间讲话精神的要求的开展，“沂蒙精神”的研究又出现了新的高潮。2011 年 9 月 6 日，《人民日报》刊登了山东省委常委、宣传部部长孙守刚的《大力弘扬沂蒙精神，建设核心价值体系》一文，文章指出：“以‘爱党爱军、开拓奋进、艰苦创业、无私奉献’为主要内涵的沂蒙精神，是在长期实践过程中形成的宝贵精神财富，是山东人民在党的坚强领导下团结奋斗、开拓创新精神风貌的集中体现，是中华民族自强不息的强大精神力量。”这篇文章高屋建瓴，将沂蒙精神升华为“山东精神”和“中华民族自强不息的强大精神力量”，把沂蒙精神的研究推向了一个新的高峰。

2011 年 7 月 25—26 日，山东社科专题论坛——“沂蒙精神理论研讨会”

在临沂召开。这是第五届沂蒙精神理论研讨会。研讨会紧紧围绕沂蒙精神在新时期的新内涵和新使命以及在新时期如何进一步弘扬践行沂蒙精神展开讨论，取得了丰硕的成果。

2012 年 5 月 18 日，由光明日报社和临沂大学共同主办的沂蒙精神与社会主义核心价值体系建设研讨会在临沂大学举行。研讨会围绕“沂蒙精神与社会主义核心价值体系建设”这一主题展开了广泛的讨论，《人民日报》《光明日报》对会议的召开情况进行了报道，同时《光明日报》整版推出了研讨会的理论成果，在全国产生了积极的反响。

2013 年 4 月 13 日，由光明日报社、山东省委宣传部、山东省社科联、山东省委高校工委等与临沂大学共同承办的沂蒙精神与群众路线研讨会在临沂大学隆重召开。围绕沂蒙精神与群众路线这一主题，与会专家学者深入研究探讨了新的历史时期如何更好地学习沂蒙精神、宣传沂蒙精神、研究沂蒙精神，如何更好地坚持党的群众路线、发扬党的优良传统和作风、推动党的建设。

2014 年 4 月，由山东省委宣传部、山东省委组织部和临沂市委主办，山东省社科联和临沂市委宣传部、临沂市委组织部承办的“弘扬沂蒙精神与践行群众路线”理论研讨会在临沂举行。来自中央、省、市的近 200 位领导、专家和社会各界人士齐聚一堂，以“弘扬沂蒙精神与践行群众路线”为主题，进行了热烈讨论和充分交流。研讨会上，按照研讨会主题，专家学者们从“习近平总书记关于弘扬沂蒙精神重要指示的重大意义”“沂蒙精神的时代内涵与价值”“沂蒙精神与群众路线”“沂蒙精神与党的建设”“沂蒙精神与社会主义核心价值体系建设”“弘扬沂蒙精神的途径和方法”等多个方面、多个角度，深刻阐述了自己的观点，发表了大量的真知灼见，产生了许多重要的理论观点。

2015 年 11 月 25 日，在习近平总书记发表沂蒙精神讲话两周年之际，井冈山大学、延安大学、河北师范大学和临沂大学等四所高校，在中央、省、市相关部门的指导与支持下，协同国内社科界、思想理论界的专家学者，汇聚沂蒙精神诞生地山东临沂，就新形势下如何深入学习贯彻习近平总书记关于沂蒙精神的重要讲话，进一步弘扬井冈山精神、延安精神、西柏坡精神、沂蒙精神等革命精神进行了深入研讨。

2017 年 9 月 17 日，“学习习近平总书记重要讲话，弘扬沂蒙精神”理论研讨会在临沂市举办。中央和省有关部门的专家学者、部分高校、研究机构的专家学者以及延安精神、井冈山精神、西柏坡精神等研究领域的专家代表齐聚一堂，进行集中研讨。本次研讨会共收到理论研究文章 100 余篇，20 余位领导、专家作了讲话和主旨发言，37 篇优秀论文作了书面交流。

2017 年 11 月 25 日，在习近平总书记发表沂蒙精神重要讲话四周年之际，由临沂大学主办，临沂大学马克思主义学院、临沂大学学报编辑部承办的学习习近平总书记沂蒙精神讲话 4 周年暨“三山一坡”中国革命精神学报学者研讨会在临沂大学召开。与会专家学者就沂蒙精神、延安精神、井冈山精神、西柏坡精神的基本内涵、主要特征、时代价值及其四种革命精神之间的关系等内容进行了深入的研究与研讨。

“水乳交融　生死与共”沂蒙精神与新时代党群关系理论研讨会

2018 年 11 月 23 日，由中央党校（国家行政学院）、人民日报社、山东省委主办的“水乳交融　生死与共”沂蒙精神与新时代党群关系理论研讨会在临沂举行。会议深入学习贯彻习近平新时代中国特色社会主义思想，习近平总书记视察山东重要讲话、重要指示批示精神和关于沂蒙精神的重要论述，深入研究沂蒙精神的丰富内涵、本质特征和重大意义，激励全省上下传承红色基因，发扬党的优良传统，更好地凝聚起实现中华民族伟大复兴中国梦的磅礴力量。

此外，自沂蒙精神提出以来，省内外专家学者发表了大量的具有学术价值的理论文章，出版了一系列关于沂蒙精神研究的理论专著。这些论文的发表和著作的出版把沂蒙精神的理论研究不断地推向深入。山东省委宣传部、临沂市委宣传部等党政机关非常重视推动沂蒙精神的理论研究，除了召开理论研讨会，在主流媒体发表理论文章宣传和弘扬沂蒙精神之外，还通过成立专门的沂蒙精神研究机构来实现沂蒙精神理论研究的常态化。比如，成立山东省沂蒙精神研究会、设立山东省沂蒙精神研究基地、在党校系统成立沂蒙精神研究会等来不断深化沂蒙精神研究。

通过数年连续不断地对沂蒙精神的深入研究、探讨、挖掘和大力宣传、弘扬，沂蒙精神已深深根植于沂蒙大地，已成为临沂的政治品牌、文化品牌、城市品牌。现在，沂蒙精神的研究范围已由临沂地域性研究拓展到全国性研究。在沂蒙精神的鼓舞下，沂蒙大地发生了翻天覆地的变化，经济社会飞速发展，这些发展变化也为其他革命老区树起了一面旗帜，成为其他革命老区利用政治品牌推动经济社会快速发展的“经济品牌”模式。目前，对沂蒙精神的研究已经有效地拉动了政策研究、党史研究、军政研究、经济研究、文化研究、教育研究、新闻和文艺研究等方面，形成了多学科、多侧面、多层次研究的格局，使这一研究的层次不断深化，范围不断拓展，极大地推动了沂蒙精神向实践转化的进程。

第二节　沂蒙精神的形成与发展

一种建立在共同信仰基础上的伟大精神，必然能够拥有排山倒海、势不可挡的实践作用和凝聚四面八方的强大力量。沂蒙精神就是这样一种具有强大实践功能的伟大精神。这种精神，用在抗日战争，能够赢得民族的独立；用在解放战争，能够使人民当家做主人；用在社会主义建设时期，能够凝聚起人民群众的力量，战天斗地，在一穷二白的基础上取得伟大的社会主义建设成就；用在改革开放新的历史时期，能够迅速脱贫致富，很快地改变贫穷落后面貌，不断向着共同富裕的幸福生活迈进。无论是在烽火连天的战争岁月，还是安居乐业的和平年代，沂蒙人民始终坚定不移地团结在党的周围，始终坚定不移地执行党的路线、方针、政策，不断跨过革命和建设道路上的一个个艰难险阻，不断地从一个胜利走向另一个胜利。在不同历史时期，谱写了一曲曲惊天地、泣鬼神的精神壮歌。沂蒙精神是与时俱进的，随着时代的变迁，沂蒙精神也不断地走向成熟和完善。

一、沂蒙精神诞生于战火纷飞的革命战争年代

革命战争年代，在国民党军队横征暴敛、屠戮掠夺和日军惨绝人寰政策的严峻考验下，中国共产党在沂蒙革命根据地加强党的建设，有效践行党的群众路线，开展政权建设和经济建设，并发展文化教育，建立了代表老百姓利益的全新的政治、经济和文化秩序。经济建设上，通过减租减息、大生产运动、精兵简政等措施发展生产，减轻了农民负担。文化教育上，陆续开展了以冬学、识字班、常年民校等为主要形式的民众教育，把沂蒙抗日根据地的民众教育推向了高潮。这个全新的政治、经济和文化秩序重建了代表劳苦民众的利益，沂蒙人民从实践中切身感受到，只有共产党才是真正为人民谋利益的，只有跟共产党走才能翻身得解放，从而以高涨的热情投入到革命斗争中去。抗日战争时期，面对日本侵略者的暴行，具有光荣革命传统的沂蒙人民，坚决响应党的全民抗战的号召，并在中国共产党的领导下，不畏强暴，奋起反抗，同日本侵略者进行了英勇不屈、可歌可泣的斗争。解放战争时期，沂蒙人民怀着对党的赤诚之心、对人民军队的无比热爱，用自己的双手、鲜血和生命谱写了一曲曲拥军支前的壮丽赞歌，熔铸了党和沂蒙人民血浓于水的深厚感情。革命战争年代，沂蒙党政军民勠力同心，血肉相连，用鲜血和生命共同培育了伟大的沂蒙精神。

二、沂蒙精神发展于社会主义建设时期

新中国成立后，面对千疮百孔的经济形势，沂蒙党组织继续坚持全心全意为人民服务的根本宗旨，领导和依靠人民进行土地改革，探索建立社会主义制度，努力改变沂蒙老区贫穷落后的旧面貌。沂蒙人民从欣欣向荣的社会主义新气象中感受到党的正确领导，继续发挥革命战争年代那样一种高昂的革命激情和拼搏干劲，坚决响应党中央的号召，体谅国家的困难，以主人翁的姿态，继续发扬战争年代的革命热情、开拓精神，继续发扬大公无私、舍家为国的精

神，积极探索发展经济、建设社会主义的新路子，迅速兴起了社会主义建设的高潮。沂蒙人民不等不靠，战天斗地，坚定不移地跟党走社会主义道路，涌现出了王家坊前、高家柳沟、厉家寨等社会主义建设的先进典型。沂蒙党政军民正是发扬“艰苦创业”的精神，度过了经济濒于崩溃的险境，战争年代形成的沂蒙精神与社会主义改造和建设的实践相结合，得到了进一步的发展。

三、沂蒙精神完善于改革开放新时期

党的十一届三中全会，实现了党的工作重心的战略转移。在邓小平理论的指引下，我国的改革开放快速推进，开创了建设中国特色社会主义的新局面。在改革开放新时期，临沂的党组织坚决贯彻党的基本理论、基本路线、基本方针，带领全体沂蒙人民开拓奋进，艰苦创业，涌现出了刘嘉坤、王廷江、王传喜等先进典型。1995 年沂蒙老区在全国 18 个连片扶贫地区中率先实现整体脱贫，沂蒙山区的生产、生活条件有了很大改善，沂蒙人民逐步走上了富裕之路。沂蒙人民用一场没有硝烟的脱贫攻坚战，实现了跨越式发展。进入新世纪以后，我国进入全面建设小康社会、加快推进社会主义现代化的发展阶段，与这样一个新时期相吻合，沂蒙精神也进入了一个新的发展阶段并逐步得到完善。这一时期临沂市委、市政府主动担当，带领沂蒙人民解放思想、锐意创新，建设“大美新临沂”，从提出“滨水生态城、商贸物流城、历史文化名城”的规划到“四市五城”战略，再到成功创建“全国文明城市”，临沂的各项工作取得显著成绩。临沂成为革命老区中率先发展的一面旗帜，成为山东一张靓丽的名片。进一步发展和逐步完善的沂蒙精神，再一次向世人昭示了改革发展的动力之最深厚的根源。

四、沂蒙精神升华于新时代中国特色社会主义建设时期

党的十八大后，习近平总书记提出实现中华民族伟大复兴中国梦的重大命题，为中国人民向新时代进军吹响了号角。2013 年，习近平总书记来临沂视察

时强调，要大力弘扬沂蒙精神。他指出："沂蒙精神与延安精神、井冈山精神、西柏坡精神一样，是党和国家的宝贵精神财富，要不断结合新的时代条件发扬光大。"习近平总书记对沂蒙精神的新定位、新论断，不仅在沂蒙精神发展史上具有划时代的意义，更为我们在新时代大力弘扬沂蒙精神，推动全市经济社会发展指明了方向。沂蒙人民在新的时代背景下，响应党的号召，展现出奋发图强、勇于争先的精神风貌和伟大的实践精神，创造了许多人间奇迹。在改革创新实践的推动下，党和人民群众在新的时代背景下谱写了建设中国特色社会主义的新华章，取得了改革发展的新成就。新时代、新实践、新征程推动了沂蒙精神的华丽蜕变，其承担精神动力的作用和价值引领的功能也日益凸显。

第三节　沂蒙精神的内涵解读

沂蒙精神发源于沂蒙山区，长成于齐鲁大地，与党的宗旨、党的性质一脉传承，体现的是坚定的理想信念、坚实的宗旨意识、坚强的党性修养、严格的组织观念、扎实的为民情怀、坚韧的责任担当、崇高的道德情操、无私的奉献精神。沂蒙精神不是自发产生的，而是党的性质和宗旨在沂蒙、在山东落地生根长成的产物，是马克思主义先进理论与中华民族优秀传统文化有机结合催生的伟大精神。沂蒙精神是对党和人民群众间"水乳交融、生死与共"关系的生动诠释。沂蒙精神与井冈山精神、长征精神、延安精神、西柏坡精神一样，都是伟大民族精神的具体表现，是我们党和国家的宝贵精神财富。

一、沂蒙精神的本质体现：水乳交融　生死与共

从沂蒙精神概念的提出与内涵演绎的过程来看，虽然人们对沂蒙精神内涵的理解随着时代的变迁不断发展变化，但沂蒙精神的本质属性是相对稳定的，它始终体现在水乳交融、生死与共的党群关系之中。军民水乳交融、生死与共这句话是对沂蒙精神所蕴含的党群关系血肉相连，军民鱼水相依，党政军民肝

胆相照、生死与共的精神特质的生动诠释。

水乳交融，意思是交互，结合，流通，调和。像水和乳汁那样融合在一起，比喻关系非常融洽或结合得很紧密。反映的是党政军群之间信念一致、情感相通、亲如一家的精神状态。生死与共，意为同生共死，相依为命。形容情谊极深重。党牢记初心使命，把人民看成“衣食父母”，一切为了群众，把群众利益放在心中最高位置；人民把党看成“大救星”，坚定跟党走，毁家纾难，拥军支前，军爱民、民拥军，军民团结如一人，形成了牢不可摧的命运共同体。

党和人民群众的水乳交融、生死与共的关系不是凭空而来的，利益相关才能水乳交融，利益一致才能生死与共。沂蒙精神形成和发展的历史充分展示了党和人民军队为人民利益而舍生忘死、顽强拼搏的奋斗历程。习近平总书记强调，人民立场是中国共产党的根本政治立场，是马克思主义政党区别于其他政党的显著标志。沂蒙精神之所以可歌可泣、永续永存，最根本的就是我们党把党的性质和宗旨落到了实处，即党把人民利益放在第一位，把为人民谋幸福当作奋斗目标。革命战争年代，沂蒙根据地党和军队的广大党员干部，教育群众、动员群众、组织群众、服务群众，官民不分、军民不分，亲如一家。从普通党员到高级干部为了人民的利益抛头颅洒热血，赴汤蹈火，前赴后继。八路军115师在这里与日寇厮杀，华东野战军在这里与国民党军血战，刘少奇、罗荣桓、徐向前、陈毅等老一辈革命家曾在这里转战。没有共产党就没有新中国，是沂蒙人民亲眼见证的铁的事实。在社会主义建设和改革开放时期，党带领人民求发展、求富裕、奔小康，为人民指明前进方向，制定正确路线和政策，实行改革开放，在发展和富强道路上取得了突出成就，使人民过上了幸福生活，实现了祖祖辈辈期盼的愿望。没有党的正确领导，就不会有今天沂蒙老区的旧貌换新颜，就不会有沂蒙人民的幸福生活。

没有无缘无故的爱，也没有无缘无故的恨。正是党和人民军队的英勇无畏和为人民的利益而不懈奋斗的事实教育和感动了人民群众，沂蒙人民义无反顾地选择了跟党走。战争年代，沂蒙人民坚定不移跟党走，不畏强暴，不怕牺牲，踊跃参军参战，全力支援革命。他们送子参军、送夫支前，缝军衣、做军鞋，碾米、磨面、烙煎饼，抬担架、推小车，舍生忘死救伤员。“最后一口粮做军粮，最后一块布做军装，最后一个儿子送战场。”沂蒙人民就是这样支持、推动中国革命取得了胜利。新中国成立后，面对落后的面貌、脆弱的经济、恶劣的生态环境，沂蒙人民响应党的号召，自力更生、艰苦奋斗、战天斗地，向恶劣的自然条件和贫穷落后宣战，顽强拼搏地整山治水、改造自然，取得了伟大成就。改革开放以来，沂蒙人民遵循党的正确方针和政策，在实践中不断开拓创新，艰苦奋斗，一个贫穷落后的革命老区实现了华丽蜕变，一个生机勃勃的大美新临沂展现在世人面前。

临沂县某村村长给参军青年敬酒

二、沂蒙党政军民共同铸就沂蒙精神

2013 年 11 月，习近平总书记在临沂视察时指出：“革命胜利来之不易，主要是党和人民水乳交融，党把人民利益放在第一位，为人民谋解放，人民群众跟党走，无私奉献，可歌可泣啊！”① 依据习近平总书记关于沂蒙精神的论断，再结合沂蒙精神生成与发展的社会现实基础，我们可以看出，沂蒙精神含有双重主体，一方面是沂蒙党政军，另一方面是沂蒙人民群众。

1. 为人民，靠人民，忠诚看齐，革命到底

“为人民，靠人民，忠诚看齐革命到底”，是从党和人民军队这一主体层面对沂蒙精神的概括与总结。它充分体现了党全心全意为人民服务的宗旨和始终心系百姓、始终坚持人民的利益高于一切，为人民求解放、谋幸福的目标追

---

① 《沂蒙精神学习读本》，中共中央党校出版社 2014 年版，第 56 页。

求。党的领导是沂蒙精神产生的前提基础，没有党领导的革命、建设和改革开放实践，就没有沂蒙人民的觉醒和沂蒙精神的产生与发展。

（1）为人民

一切为了人民群众是党的性质和宗旨。无论是在革命战争年代还是在和平时期，中国共产党始终不忘初心、牢记使命，把为人民谋解放、为人民谋幸福放在一切工作的首要位置。正是因为党组织及其领导下的人民武装和广大共产党员全心全意、舍生忘死践行党的宗旨，在沂蒙大地忠实地维护群众利益，在政治、军事、经济、文化、社会建设等方面切实践行群众路线，才赢得了人民群众的广泛支持，成为党与人民群众同甘苦、共命运的前提与基础。

在革命战争年代，党和人民军队为人民谋解放主要体现在以下几个方面：首先，给人民以看得见的物质利益。在沂蒙根据地，党通过一系列的施政措施，切实减轻人民的负担，给人民群众以看得见的物质利益，让根据地的人民，切实感受到党真心诚意关心地人民群众生活，切切实实地为人民群众谋利益，让他们从如山的重负中解放出来。抗日战争时期，党实行减租减息政策，部分地解除了套在农民头上的封建压迫的枷锁。解放战争时期，党的土地改革政策的实施，废除了封建土地所有制，实现了解放社会生产力的历史性变革。一项项为人民谋解放、谋利益政策的出台和工作的开展，给了人民看得见的利益，让人民的物质生活得到了改善。其次，保障人民最大的政治权益。党在领导人民进行新民主主义革命和社会主义革命的过程中，高度支持和积极引导人民当家作主，保障人民群众的政治权益。1940 年 11 月，山东省战工会颁布的《人权保障条例》，这是我国历史上第一部专门的人权保障条例，它庄严宣示了人民群众享有选举、罢免、言论、集会等各种民主政治权利。在民主政权建设中，中共山东分局和沂蒙根据地各级党委，严格坚持和实行中央制定的“三三制”原则，团结了各抗日阶级、阶层。让沂蒙群众通过简单易行的“豆选”办法，用自己的双手选出符合自己意愿的干部。这种普通的选举方式，让沂蒙百姓感受到了当家做主的自豪和尊严。再次，保障人民的文化权益。保障人民群众的文化利益，是全面落实党为人民服务宗旨的一个重要方面。《山东战时施政纲领》明确指出，要“普遍实施新民主主义教育，发展文化事业”。沂蒙根据地的党组织在根据地不拘一格的办教育，在学制、课程、教学方法、组织形式等各个方面都十分灵活多样。每一个村子都设立文化教育宣传委员会，负责乡村教育问题，有效地推动了群众文化水平的提升和思想意识形态的建设。兴办教育让沂蒙人民在学文化知识的同时，也掌握了马克思列宁主义、毛泽东思想的革命真理，提高了群众的政治觉悟，极大地激发了人民群众争取胜利的革命激情，从思想观念上解放了沂蒙人民，尤其是广大妇女，沂蒙人民的精神面貌和自身素质有了很大的提高。

（2）靠人民

共产党根植于人民群众，其力量也来自人民群众。只有依靠人民群众才能夺取胜利，这是中国共产党人的最大政治智慧。在沂蒙革命根据地，尽管当时交通闭塞、经济落后、生活艰难、斗争残酷，但只要和人民群众打成一片，共产党、八路军就能立足扎根，就能发展壮大。帮助人民群众认识到自己的利益并带领群众为之奋斗，成为沂蒙精神形成的深层动因。

依靠群众就要尊重群众。中国共产党站在历史唯物主义真理和道德统一的制高点，发自内心地尊重和敬畏百姓。在沂蒙根据地，刘少奇说“群众是共产党的母亲，党是群众的儿子”[①]；罗荣桓经常讲“人民是领导干部身上的血液，领导干部脱离了群众，生命就要枯竭”[②]；黎玉谈到“爱护群众利益像爱护自己眼睛一样”。[③] 认知化为政策就会更有力量。根据地制定的政策中不乏这样的规定：反对高傲轻视群众的态度；反对对群众漠不关心的态度；不打骂老百姓，当自己家里的父母兄弟姐妹一样看待；尊重民情风俗；不能埋怨群众落后，要多从自身找原因；不许对民众态度蛮横，凡事要商量、要讲理，等等。[④] 尊重群众的唯一结果，就是获得人心和智慧。这种发自内心的尊重，不仅仅是态度的变化，实质是一个政党先进、优秀和力量之所在。

依靠群众就要宣传群众。早在建党之初，沂蒙山区的党组织就通过多种方

---

① 李忠:《刘少奇在山东》,中共党史出版社 2005 年版,第 63 页。

② 《罗荣桓传》,当代中国出版社 2007 年版,第 335 页。

③ 《山东革命历史档案资料选编》第 11 辑,山东人民出版社 1983 年版,第 410 页。

④ 《山东革命历史档案资料选编》第 11 辑,山东人民出版社 1983 年版,第 109－123 页。

式传播《向导》《新青年》《共产主义ABC》和《共产党宣言》等进步书刊，在一些知识青年心中，透进了马克思主义的真理之光。抗战爆发后，各级党组织把宣传群众、教育群众，帮助群众从思想上提高起来作为全民抗战的基础。随之而来的是，冬学、夜校、庄户学、识字班等蓬勃开展，115师战士剧社、抗大一分校文工团等八大剧团会演不断，传播先进思想的报纸、期刊、书籍遍布沂蒙。特别是党的第一家省级报刊《大众日报》，通过传播延安声音、反映人民英勇抗战，吹响了激励民众奋勇前进的嘹亮号角。思想上的觉醒是最根本的觉醒。当年香港几家报社的记者曾到根据地乡村采访，发现几位识字班的姑娘不仅粗通文墨，而且还能用政治术语阐述共产党全面抗战的道理，批判国民党片面抗战的政策。[①] 总起来看，山东根据地之所以能“唤起工农千百万，同心干”，宣传群众在其中发挥了极其重要的作用

依靠群众就要组织群众。深入社会基层，广泛动员组织群众，是共产党的一个强大优势。根据中央的指示，山东根据地建立了农救会、工救会、妇救会、青救会、儿童团等各级群众组织和团体。到1940年7月，山东抗日根据地加入农救会、自卫团的人数达200万，加入工人组织的人数20余万，加入妇女组织的人数有26万。到1943年，山东根据地62%的村庄建立了群众组织，有组织的群众占根据地总人口的32%。到1944年末，据不完全统计，山东各群众组织的人数为：农救会133.6万人，工救会15万人，青救会36万人，妇救会131万人，儿童团88.7万人。全省合计有组织的群众为404.2万人，占根据地人口的26.55%。[②] 山东根据地在实际工作中也深切感受到了组织群众的重要性。1943年8月，山东分局在《五年工作总结及今后任务》中写道：“群众是我们的母亲，是我们的依靠，故斗争的胜利，决定于群众。历史经验告诉我们，必须认真进行基本群众的动员与组织工作，必须把我们的抗战事业放在千百万有了觉悟、有了优势的群众政治基础上，我们才有了依靠，我党我军才有战斗力，根据地才能巩固，我们才能胜利；反之，凡是未经群众的动员觉醒与组

① 《沂蒙精神学习读本》，中共中央党校出版社2014年版，第39页。

② 申春生：《山东抗日根据地史》，山东大学出版社1993年版，第237－239页。

织的地区，工作一定薄弱，没有依靠，根据地便不能巩固，我党我军便没有战斗力，我们便会失败。”① 在山东根据地，一切依靠群众得到认真地贯彻落实和执行。它不是权宜之计，而是洞察历史规律的清醒；它不为时代所限，而是为人民“服务”的永恒主题；它不是任何政党都能靠得上的“服务”，而是马克思主义政党的独特优势。一切依靠人民，是沂蒙精神的力量基点，有了这样的政治选择，党与人民群众水乳交融、生死与共的关系就牢不可破。

（3）忠诚看齐

对党绝对忠诚，是共产党人安身立命之本，也是我们党对全体党员的根本要求。人民群众的利益集中体现在党的理论和政策中，唯有向党中央看齐，全党才能步调一致，党和人民的事业才能顺利发展。这是总结沂蒙革命根据地发展历程得出的最重要结论。忠诚看齐，关键要树立坚定的理想信念。革命理想高于天，坚定的理想信念是共产党人忠诚的思想基础，也是衡量党员干部是否忠诚的首要标准。党在领导沂蒙人民的革命斗争中，缺衣少食，弹药匮乏，在这种艰难困苦的条件下，我们抗击日寇、打击国民党反动派的革命斗争仍然能取得伟大胜利，靠的是什么？靠的是优秀共产党人对革命理想执着的信念，靠的是他们对革命事业的无比忠诚和革命必胜的坚定信念。广大党员干部正是由于始终秉持坚定的理想信念，才经受得住血与火的考验，才能抵御名与利的诱惑，不断团结带领沂蒙人民向着建立新中国的奋斗目标砥砺前行。

忠诚看齐，关键要牢记神圣的使命。革命战争年代，沂蒙地区的共产党人始终忠诚于党的神圣使命，在领导人民群众英勇抗击日本帝国主义侵略和国民党反动派的疯狂进攻中，书写了大青山突围战、渊子崖保卫战、孟良崮战役等一段段气壮河山的伟大诗篇。在社会主义建设和改革开放新时期，面对长期战争之后恶劣的环境和“一穷二白”的困苦局面，沂蒙地区优秀党员干部不忘初心，牢记使命，继续发扬不怕流血流汗的大无畏革命精神，带领人民群众整山治水、战天斗地，脱贫致富，奔上小康。

忠诚看齐，关键在于维护党的领导核心。一个国家、一个政党的领导核心

① 《山东革命历史档案资料选编》第 10 辑，山东人民出版社 1983 年版，第 14 – 15 页。

至关重要。能否形成一个团结统一、坚强有力的领导核心，是一个政党是否成熟的重要标志。沂蒙地区的党政军之所以能够领导人民抗击日寇侵略、抵御国民党反动派的军事进攻，关键在于坚决服从党中央的有关指示，始终保持与党中央步调一致。

（4）革命到底

革命到底，是中国共产党人必备的精神品格，是彻底的唯物主义者的内在品质。在沂蒙革命根据地，无数共产党员、革命战士用革命到底的意志和品格诠释着对党、对民族的忠诚，根据地也正是在革命到底中不断从胜利走向胜利。革命到底，是沂蒙精神内涵的重要组成部分。

革命到底表现为视死如归的气概。在沂蒙革命斗争进程中，支撑无数革命先辈流血牺牲、奋勇向前的是坚定的革命信仰，党的旗帜也因无数信仰的凝聚更加高扬。土地革命战争时期，山东党组织的领导人刘晓浦、刘一梦叔侄被捕后，面对“只要放弃信仰就可以活命”的选择，宁可站着死，决不跪着生。抗日战争年代，鲁南区委书记赵镈面对酷刑和引诱大义凛然，慷慨赴死。崇高信仰，使革命志士为之奋斗而英勇献身。

革命到底表现为甘于吃苦耐劳的精神。当年的沂蒙山区自然条件十分恶劣，斗争非常残酷，面临的敌人异常凶残，“真是苦得不能再苦了”，但置身其中的共产党人仿佛是特殊材料制成的：雪地里赤脚站岗的警卫员，四天吃不上饭在荒山野岭急行军的指战员，缺枪少弹主要靠拼刺刀冲锋打仗的英勇战士，缺医少药藏身于山洞的伤病员。他们身处困境不觉苦，越是艰苦越顽强，展现出战胜一切困难而不被困难所压服的本色。

革命到底还表现为勇于担当的品格。比如，1942 年，面对日寇疯狂进攻、国民党第二次反共高潮以及根据地内部的矛盾分歧使山东面临着严峻复杂局面，刘少奇不负中央重托，以坚强的党性、严谨的作风和高超的思想理论水平，指导、帮助根据地解决了思想、政策、肃反、团结等一系列的复杂矛盾和问题，有力扭转了山东的被动局面；面对国民党军队重兵围困的危险，陈毅、粟裕抓住稍纵即逝的战机，冒着战役可能“夹生”的风险，下决心“百万军中取上将首级”，一举扭转了华东战局。我们的先烈先辈们，在血与火、生与死、成与败、是与非的考验面前，始终把党的事业、人民的利益放在前面，从不畏惧、从不退缩、从不计较个人得失，用铁肩担道义，用热血写忠诚，用生命完成使命。一个个坚定勇毅的担当，搭建起“革命到底”的前进阶梯。

2. 紧跟共产党，热爱子弟兵，艰苦创业，无私奉献

“紧跟共产党，热爱子弟兵，艰苦创业，无私奉献”，是从沂蒙人民这一主体层面对沂蒙精神的概括与总结。从这一视角来看，沂蒙精神充分展示了人民群众坚定跟党走的政治信念和顾全大局、勇于担当的思想意识，充分体现了沂蒙人民在党领导下开拓奋进、顽强拼搏的精神风貌和无私奉献的价值取向。

（1）紧跟共产党

紧紧追随着党，是沂蒙人民在政治上的显著特征。人民群众之所以如此信任共产党，是因为共产党的主张，是沂蒙人民群众在生活中产生的强烈愿望和朦胧感觉到的道理。说到底，是共产党的主张有正义、有真理、有光明、有群众利益。坚定不移紧跟共产党，是沂蒙人民经过战争洗礼和历史积淀后的政治信念。一句“只要紧跟共产党，就能翻身得解放”，充分体现了历史发展进程中政党主导作用和人民主体作用的有机统一，成为沂蒙精神的坚实基石。

沂蒙人民听从党的召唤积极支援革命。当年山东根据地传唱着这样一首民谣：“鱼靠水来箭靠弓，抗日要靠毛泽东。船靠舵来屋靠梁，百姓要靠共产党。”应当说，抗战刚爆发时，沂蒙百姓对国民党军队也是“箪食壶浆，以迎王师”，但在现实的比较中，沂蒙人民毅然抛弃了国民党，越来越坚定地把共产党当成自己的主心骨，在热烈响应党组织号召中实现着自己的利益，推动着历史的车轮，改变着自身和蒙山沂水的面貌。认准共产党的沂蒙百姓，总是把党的事当成自己的事。一位大众日报社的老职工曾回忆：当年《大众日报》用铅字排版，在一次“扫荡”中，排字工人扛着铅字箱过河，一不小心铅字全撒在河里，方圆八华里的群众闻讯赶来帮着找，河道里人挨人，最后就差两个铅字没找到。群众为啥心疼铅字？用他们的话讲：铅字不能丢，因为字是共产党的。为掩护八路军夜间行动，党组织号召开展“打狗运动”，运动开展以后沂蒙山区就很少再听到犬吠。

沂蒙人民积极争取加入党组织不断壮大革命力量。20 世纪 20 年代初，沂

蒙地区就有一批有志青年走出大山寻求救国救民的真理，成为早期共产党员。在他们的影响下，到抗战胜利前，山东根据地党员人数由抗战初期的不足2000人，发展到20多万人。抗战期间，不仅有大量的贫苦农民加入了党的组织，而且许多社会名流、进步人士包括封建地主，都把对党的崇敬一步步上升为入党的追求和自觉。例如，蒙阴县垛庄的“燕翼堂”，是延续了几百年的富豪之家。其家族之显赫和富有，在沂蒙山区都可谓首屈一指。20世纪20年代初，其后辈子孙刘晓浦、刘一梦视富贵如浮云，以革命为己任，积极投身革命，并为革命英勇献身。抗战爆发后，燕翼堂当家人刘云浦立志救国，毁家纾难，号召全家人以刘晓浦、刘一梦为榜样，坚定地跟共产党走，拥护共产党、八路军的抗战主张，积极投身抗日斗争。在其教育、动员下，刘氏全家上下齐动员，竭尽全力抗战；先后有30多人参加革命工作，其中有多人加入共产党，有6人献出了年轻的生命。为了发展、壮大共产党领导的抗日武装，“燕翼堂”一次捐献长短枪40余枝，成立了垛庄独立营。1939年秋，刘家又一次卖地300亩，购枪100余枝，支援了八路军。在抗战期间，刘家还抚养了一批烈士遗孤和部分共产党干部的子女。“燕翼堂”刘家著名的“八卦宅”，占地两万多平方米，在抗日战争最艰难时期，曾多次被日军占领；八路军多次攻打，付出了很大代价。因此，为了抗日，“燕翼堂”的主人毅然拆除了这所著名的宅院。依汶区朱家里庄的杨次章，出身封建地主家庭，但却深明大义，对如何维护国家利益、民族利益有着鲜明的态度和坚定的立场。抗战开始后，杨荫田等人拉起了一支抗日游击队，杨次章全力支持长子的爱国举动。游击队成立之初，经费给养都没有着落，面临窘境。杨次章毁家纾难，大义凛然，又一次伸出援救之手，从自己家里拿钱拿粮，供应这支武装。杨次章把家里的粮食全部拿出，最后还向亲戚朋友借了一些小麦供应部队。在杨次章的启发影响下，他四个儿子有三个先后走上了抗日救国的道路，并且都参加了共产党。其中有2个儿子在抗战中牺牲。

沂蒙人民响应党的号召踊跃参军参战。在沂蒙，抗日战争时期有多次参军热潮。1938年至1939年间，根据地尚未建立，但立志报国的热血青年纷纷投入到中共领导的抗日武装，呈现出空前的参军高潮。如沂南县依汶乡的朱家里

“识字班”为战士戴花

庄和葛沟镇的石泉庄，就各有100多名青年参加了八路军。苏村镇司马村的徐鼎新，硬是把不满16岁的孙子送到部队。不到两年，大孙子牺牲后，他又先后将15岁的二孙子和13岁的小孙子送到部队，成为远近闻名的抗日拥军模范。刘家店子的开明绅士刘佛缘，也毁家纾难，组建起200多人的抗日武装交给了八路军。朱家里庄的老党员朱寿年，先后组建起近两个营武装交给了八路军主力部队。① 在抗日战争最艰苦的1941年到1943年，广大农民打破了“儿子是父母传宗接代的希望，丈夫是妻子的顶天柱”的传统观念，涌现出大量的“母亲送儿打东洋，妻子送郎上战场”的感人事迹。“一门双英”“一门三英”“一门四英”的模范家庭，几乎每县每区都有，甚至出现“一门七英”的模范家庭。费南县第一次就有近1000人参军入伍。于沟村一位年近60岁的“八路迷”，硬是把16岁的儿子送入部队。盘石沟村的林万祥，入伍后第一次战斗就英勇牺牲了。他哥哥林万松听说后，二话没说，抬起担架就跑上前线。临沂县的任大娘、沂水县的彭大娘（王步荣）带头送儿子参军的模范事迹，更是广为流传。1945年为了准备反攻，沂蒙根据地又掀起了参军热潮。鲁中根据地沂蒙区有8111人参军，鲁南根据地有11064人参军，其中费南县报名参军的人数就达4000多人，超过计划任务的3倍以上。大批青年农民踊跃参军，部队已经到了无枪可发的程度。②。据不完全统计，抗战期间，沂蒙军民与日军作战4万余次，击毙、击伤、俘虏日伪军25万余人。沂蒙军民同日本侵略者浴血奋战，前仆后继，谱写了一曲曲可歌可泣、彪炳千秋的壮丽战歌。

解放战争时期，沂蒙人民继续踊跃参军，拥军支前，与党及其领导的人民

① 《沂蒙革命根据地志》（上），中华书局出版社2014年版，第370页。
② 《沂蒙革命根据地志》（上），中华书局出版社2014年版，第370－371页。

军队一起，为打败了国民党反动军队的猖狂进攻，为人民的解放，为建立人民当家作主的新中国，并肩作战，为革命战争的胜利做出了巨大牺牲和贡献。“最后一口饭做军粮，最后一块布做军装，最后一个儿子送战场……”英雄的沂蒙人民不仅用红薯、煎饼、小米、奶水养育了几十万人民军队，而且为人民战争的胜利献出了自己的热血和青春。当时，沂蒙根据地 420 万人口，就有 20 万人参军，120 万人支前，为新中国的建立和人民的解放立下了不朽功勋。

革命战争年代，沂蒙人民跟党走是那么坚定。“你就是核心，你就是方向，我们永远跟着你走，人类一定解放”，诞生在烽火沂蒙的这首《跟着共产党走》，成为人民“永远跟党干革命，砍下脑袋也不叛党”的生动写照。在社会主义现代化建设和改革开放的新时期，沂蒙人民把紧跟共产党的政治信仰表现为坚持党的基本理论、基本路线不动摇，他们对党无限忠诚，积极响应党的号召，时刻听从党的召唤，自觉与党中央保持高度一致，坚定不移地按照党所指引的方向奋勇前进。

（2）热爱子弟兵

无论是革命战争年代还是和平建设时期，沂蒙人民对子弟兵的爱戴总是最无私、最真诚、最伟大、最感人的。“军爱民、民拥军，军民团结一家亲”，这源自革命战争年代的军民鱼水之情，在沂蒙大地代代相传，历久弥新。

在战火纷飞的艰苦岁月中，沂蒙人民怀着对党的赤诚之心、对人民军队的无比热爱，用自己的鲜血和生命谱写了一曲曲拥军支前的动人乐章。被誉为“沂蒙红嫂”的明德英，是沂南县马牧池乡一位普普通通的农村哑女。当她面对遭日军追杀身受重伤的八路军小战士彭小春时，毅然用自己的乳汁救活了这位奄奄一息的伤员。多年来，“沂蒙红嫂”的形象，作为中国战争史上一座巍峨的丰碑，已经成为中国女性拥军模范的象征，深深地铭刻在人们的心中。被誉为“沂蒙母亲”的王换于，多次冒死掩护首长和战士，巧妙保护

王换于创办的地下托儿所的孩子们

党的绝密文件，并受徐向前同志委托，创办了八路军地下托儿所，她用自己的全副身心和生命悉心呵护着托儿所里的每一个孩子。有一天，她把一位烈士的孩子抱回家，含着眼泪对正在哺乳期的儿媳妇说：“烈士的孩子饿死了，就断根了，咱家的孩子饿死了，你还能生育。从今以后，你的奶水就让这位烈士的孩子吃，咱们的孩子就喂粗粮吧！”从 1939 年秋到 1942 年底的 3 年时间里，八路军地下托儿所的 41 名孩子在她及其家人的精心呵护下，得到了健康成长，而王换于的 4 个亲骨肉却因营养不良而先后夭折。① 1940 年春，临郯费峄四县边联县遭遇灾荒，人民生活极端困难。战斗在此的八路军指战员吃糠咽菜，人人面黄肌瘦。该县月庄村方兰亭为改善部队的生活，竟将 5 岁女儿小兰卖给人家当童养媳，换回一些谷子做成煎饼，送到驻地八路军战士手中。战士们知道实情之后，凑钱托人把孩子赎回来。方兰亭“爱兵胜如子”广为流传，战士们称她为“革命的母亲”。② 1940 年 9 月，日伪军万余人“扫荡”鲁中沂蒙山区。驻在沂水县西南部西墙峪村的八路军山东纵队野战医院工作人员，随部队反“扫荡”，将 50 多名伤病员分散在该村 30 多户群众家中隐蔽。发现敌情后，村民将八路军伤病员转移到事先挖好的山洞之中，夜晚送水送饭，精心照看。在这次敌人“扫荡”时，西墙峪村还成功掩藏了八路军 3 万多斤粮食，并将波兰赠送给山东纵队野战医院的一头花奶牛掩藏在山里。“扫荡”过后，乡亲们完好无损地将伤员、粮食及奶牛交到八路军手中。在次年 11 月伪军又一次“扫荡”时，该村农救会会长张效治家里掩藏着 5 名八路军伤员，在敌人临近村庄时，张效治将伤员一个个背到山洞里，当回家准备背出生病的老父亲时，恰逢野战医院的护士田桂英被敌追赶，又将她送到山上躲藏。敌人进村后，逼问张效治父亲八路军情况，老人硬是不说，最后被敌人杀害。至 1942 年，西墙峪村多次掩护八路军干部、战士、伤病员三四百人和大批物资，无一受损，成为坚强的抗战堡垒。③

新中国成立以后，沂蒙人民继续发扬战争年代拥军优属的光荣传统，用各

① 《中共临沂编年史》第一卷（上），中共党史出版社 2013 年版，第 185 – 187 页。

② 《沂蒙革命根据地志》（上），中华书局出版社 2014 年版，第 266 页。

③ 《中共临沂编年史》第一卷（上），中共党史出版社 2013 年版，第 236 – 237 页。

种方式表达对人民军队的深情厚谊。1950 年 6 月，朝鲜内战爆发，美国悍然出兵，武装干涉朝鲜内政，并把战火烧到鸭绿江边。为了保家卫国，10 月 19 日，中国人民志愿军赴朝作战，开始了伟大的抗美援朝战争。为了抗美援朝的胜利，沂蒙人民发扬战争年代拥军支前的光荣传统，坚决响应党和政府的号召，捐款捐物，增产节约，报名参军入伍，支援前线。尽管当时沂蒙山区的战争创伤还未完全医治，人民的生活还十分困难，但是为了抗美援朝的胜利，沂蒙人民艰苦奋斗、节衣缩食，竭尽所能捐钱捐物。临沂、沂水两专区原计划捐献 11 架战斗机，折款约 165 亿元（旧币，1 万元旧币相当于 1 元新人民币）。到 1951 年底，实际捐献了 223 亿元（旧币），超出原捐款计划 58 亿元（旧币）。为了捐款，沂蒙人民在城市发起了“千元”运动，在农村发起“百元”运动，并发动干部群众订立爱国公约，开展丰产运动，千方百计增加收入。许多农民提出了这样的口号：“我们多流一滴汗，前方少流一滴血”“多锄一遍地，多锄几棵草，等于多打死几个美国佬。”沂蒙广大妇女把积极参加生产作为支持抗美援朝的实际行动，以多编席、多做鞋、多养鸡等收入进行捐款。郯城县第一区后东庄村 700 多名妇女，有 419 人参加互助组织，539 人拾栗花编火绳 6000 余条、做鞋 4000 余双，增加收入 700 多万元（旧币），并将增收的绝大部分收入捐献购买了武器赠送给志愿军战士。同时，沂蒙人民还开展了给志愿军写慰问信、送慰问品的活动。据莒南、沂南、费县、沂水、平邑 5 县的不完全统计，1951 年共写慰问信 2300 多封，赠送慰问品 15400 多个、毛巾 780 多条以及肥皂、牙刷等慰问品一宗，极大鼓舞了志愿军将士们的士气，为抗美援朝的胜利作出了积极的贡献。①

改革开放以来，沂蒙人民继续发扬拥军爱军传统，关心支持国防和军队建设，先后有 40 多万名优秀的沂蒙儿女走进军营献身国防。2004 年，临沂市荣获“全国双拥模范城”光荣称号。在这一时期，沂蒙大地先后涌现出了戚洪桂、李秀莲、朱呈镕、于爱梅等热爱子弟兵的沂蒙新红嫂，他们把在革命战争年代形成的“爱党爱军、忠诚坚韧、勤劳勇敢、无私奉献”为核心内容的“红嫂精神”

---

① 徐东升:《沂蒙精神研究》,中央文献出版社 2013 年版,第 137－138 页。

进一步发扬光大，谱写了新时代沂蒙人民爱党爱军的新篇章。山东朱老大食品有限公司党支部书记、总经理朱呈镕，被称为“新时期的沂蒙红嫂”“最美兵妈妈”。说起朱呈镕，在全国许多部队的官兵心中，那可是响当当的“兵妈妈”，拥有5000多位兵儿子的朱呈镕用10多年的时间，走访慰问了139支部队，行程10万余里，足迹遍及祖国的东南西北。为各地官兵赠送鞋垫3万多双，送水饺1000多吨，作报告近百场，累计捐款捐物达1000余万元。二十几年来，只要有子弟兵与突如其来的灾祸的地方，就有朱呈镕的脚步。2003年，北京发生非典疫情，朱呈镕从电视上看到北京小汤山医院有位女战士不幸感染了非典，牺牲时连一个盒饭都没有吃完。当时她心疼地流下了热泪。当天就安排车辆，连夜出发，把5000公斤水饺送到北京小汤山医院。2008年南方发生了严重雪灾。人民子弟兵抗击雪灾的精神感动着每一位中华儿女。通过媒体报道，了解到人民子弟兵抗击雪灾的事迹后，为了让子弟兵能过上一个温暖祥和的春节，让他们能够在合家团圆的除夕夜吃上热气腾腾的饺子。2月4日，朱呈镕带领公司同事连夜奔赴河南信阳，经过800公里的行程终于在大年三十下午4点到达了部队，给战斗在抗击雪灾一线的人民子弟兵送去了承载深情厚谊的5吨水饺和60箱汤圆，受到了2400名官兵的热烈欢迎，很多士兵热泪盈眶，亲切地喊她“兵妈妈”。2020年春节前后，像往年一样在部队走访的朱呈镕，看到人民子弟兵支援武汉抗疫的报道，决定把食品公司的拿手活亮出来，要送一批山东饺子，慰问第一批到达的解放军官兵。2020年2月2日7时30分，朱呈镕的车队带着20吨速冻水饺长途奔袭13个小时抵达武汉。部队首长带着惊讶和赞许感叹道：“没想到你敢来这里。这个非常时期能来看望战士的，沂蒙人民是第一个！”

920公里的路途，14小时日夜兼程，60多岁的沂蒙“兵妈妈”朱呈镕（左）赶到武汉火神山医院建设现场，为的是让这些建设者们吃上热乎乎的水饺。图为朱呈镕将20吨水饺送给武汉抗“疫”的子弟兵。

（3）艰苦创业

所谓艰苦创业，就其本质而言，是指为了国家、民族和人民的利益，在艰苦的环境中开拓、奋斗。艰苦创业是人们成就任何事业不可缺少的精神动力。艰苦创业，其主旨在于艰苦奋斗，其价值在于创业和奉献。作为沂蒙精神的重要内涵，艰苦创业体现了沂蒙人民吃苦耐劳、不屈不挠的精神品格，体现了沂蒙人民为追求自由和幸福生活而顽强拼搏的精神风貌和坚韧不拔的旺盛斗志。

革命战争年代，“艰苦创业”体现为沂蒙人民为了进行根据地建设，为了粉碎日本帝国主义的疯狂扫荡和国民党的严密封锁而自强不息、坚韧不拔的革命精神以及忍饥挨饿、精打细算、勤俭持家，全力以赴支援中国革命的可贵品德。战争年代的沂蒙山区，交通闭塞，经济落后，人民生活艰难。党决定建立沂蒙山区抗日根据地后，这里就成为抗击日寇、反抗国民党反动统治的主战场，数十万子弟兵和中共党员进驻沂蒙山区。在粮食等战略物资极其匮乏的情况下，沂蒙人民毫无怨言，在共产党的领导下，他们自力更生，艰苦奋斗，扩大生产，支援战争。沂蒙人民努力发展农业，开垦荒地，掘井开渠，发展水利灌溉。在农业发展生产中，还通过组织代耕换耕、互助组等办法，调剂人力畜力，对发展生产起了很大作用。莒南县大山前村农救会会长郑信，积极响应政府关于开展大生产运动的号召，本着自愿结合的原则，迅速组织变工组 33 个。各变工组根据本组具体情况，各自制订了符合本组实际情况的春耕计划、人工和人工、人工和畜工的互换办法。另外，对抗属的代耕和困难户的帮扶，也都作了适当的安排和搭配。莒南县委以此为榜样，号召全县向劳动模范郑信学习，变工组这种适合农村开展大生产运动的组合形式，很快在全县推广。① 泰历县李官庄变工组打井 9 口，修蓄水池 3 个，推动了附近各村精耕细作，收到良好的效果。② 同时，沂蒙人民还努力发展纺织手工业、生活日常用品工业和渔盐业。日照县碑廓镇响应大生产运动的号召，组织纺车千部，织布机百余部，建立起聚丰纺织合作社，土纺土织，供军需民用。在发展纺织手工业方

---

① 《沂蒙革命根据地志》（上），中华书局出版社 2014 年版，第 408 页。

② 《沂蒙革命根据地志》（上），中华书局出版社 2014 年版，第 409 页。

面，1942 年获得巨大成绩。[①] 鲁中区一年织布 1.933 万匹，滨海区一年织布 2.2516 万匹，均可满足军队的需要。在发展生活日用品方面，各地建了肥皂厂、牙粉厂、毛巾厂、鞋袜长、印刷厂、造纸厂等，生产了大量日用品。鲁中区生产肥皂 4 万多条，滨海区生产肥皂 5 万多条。处于沿海地带的滨海地区，还大力开展盐业和渔业生产。[②] 正是靠着这种精神，山东党政军民一道，同日本帝国主义和国民党反动派进行了艰苦卓绝的斗争，为夺取中国革命的伟大胜利作出了彪炳史册的伟大贡献。

在社会主义革命和建设时期，沂蒙人民的艰苦创业体现在为尽快改变贫穷落后的面貌、建设美好家园而战天斗地、改造自然的实践中。新中国成立后，面对沂蒙山区恶劣的自然条件和被战争长期蹂躏的残败经济，沂蒙人民没有退缩，没有停息，而是充分发挥革命战争年代艰苦奋斗、不畏强敌的精神和斗志，不等不靠，自力更生，整山治水，创造了一个又一个奇迹。厉家寨，位于三山五岭两河之间，自然条件恶劣，人民群众生活困难。面对山岭薄地，厉家寨人在村党支部的带领下，以坚韧不拔的毅力，发扬大无畏的革命精神，艰苦奋斗，拼搏创业，改造山岭，重整河山。没有任何机械动力，没用一斤炸药，全靠每个人的一双手、两个肩，一把镐头一张铁锨，车推人挑拼命干。经过几年的艰苦奋斗，取得了辉煌的成绩：修水库 10 座，砌成 86 眼井，闸山沟 2000 多条，整成高标准“三合一”梯田 1520 亩，农业生产连年丰收，1956 年粮食平均亩产 279 公斤，比治理前增长 4 倍多。厉家寨人的壮举，得到了社会的广泛认可。毛泽东为此作了“愚公移

厉家寨人深翻平整土地

① 《沂蒙革命根据地志》(上)，中华书局出版社 2014 年版，第 408 页。
② 《沂蒙革命根据地志》(上)，中华书局出版社 2014 年版，第 408－410 页。

山，改造中国，厉家寨是一个好例”的亲笔批示，厉家寨成了当时全国农业战线上的一面旗帜。厉家寨人民的艰苦创业精神，极大鼓舞和激励了沂蒙人民。沂蒙人民以愚公移山的精神，以敢教日月换新天的豪情壮志，向穷山恶水开战。当年的沂蒙大地上，每年都有上百万人上阵，冬天风雪弥漫，哈气成冰；夏季骄阳似火，挥汗如雨。居住在山沟、野外的工地上，吃的是地瓜干煎饼和窝窝头，干的却是手推千斤车、爬百米高坡、石夯举过头顶、钢钎铁锤打石窝的重体力活。通过千千万万沂蒙儿女的艰苦创业，沂蒙人民的生产、生活条件得到了极大地改善和提高。到1964年，临沂地区先后治理山头3310多座，改造沙丘薄田300多万亩，造林200多万亩，兴建大中型水库30多座、小型水库2433座，修筑塘坝15603座，修建引水工程、排灌建筑物9000多处，建成水渠3135公里，有效灌溉面积达到235万亩，控制水土流失面积7646.7平方公里，水稻种植面积达90多万亩。初步实现了“平原水利化，洼地稻田化，岭地梯田化，荒山荒滩四旁绿化”的设想，使自然面貌和生产、生活条件得到了极大的改善，为以后的经济发展打下了坚实的基础。

在改革开放新时期，沂蒙人民将艰苦创业寓于加快发展的现代化建设之中，顽强拼搏、求真务实，埋头苦干，一心一意谋发展，书写了艰苦创业、加快发展、后来居上的光辉篇章。十年脱贫期间，沂蒙山区涌现出一大批整山治水、改造山河、修路架桥、通水通电的典型。平邑县九间棚村地处海拔640多米高的龙顶山上，1984年底，刘嘉坤等9名党员，带领全村男女老少，从最贫困的起点起步，勒紧裤腰带搞工程，架电修路，引水上山，没向国家要一分钱，用勤劳的双手，创造了人间奇迹，一举改变了九间棚恶劣的自然环境，走上了致富之路。现在的九间棚，已经发展成一个集优质资源及农林果苗木培育与推广、园林设计与绿化、建材和建筑工程装饰、生态旅游、金银花系列产品深加工于一体的综合性农业集团公司。形成了“现代工业带动生态农业，生态农业促进第三产业”的良性发展态势。沂南县依汶镇后峪子村在党支部书记梁兆利的带领下，艰苦创业，奋发图强，把一个土地贫瘠、水源匮乏、贫穷落后的小山村，变成了林果满山、生活富裕，乡风文明的小康村，先后获得

“全国文明村镇”等20多项荣誉称号。费县马头崖乡位于蒙山的腹地，1941年著名的大青山突围战就发生在这里，唱遍祖国大江南北的《沂蒙山小调》，也是在该乡的白石屋村诞生的。全乡有136座大小山头、36条大小河流，但全乡90%的土地为荒山秃岭。扶贫工作开展以后，全乡人民甩开膀子大干一场，修路、治水、整山、改土、办学、架电，大青山的小流域综合开发治理取得了明显成效，被山东省林业厅评为“沂蒙造林小流域优质工程”。十年扶贫攻坚，整个沂蒙山区共修干线公路1200公里，建筑大桥200多座，县乡柏油路以每年500公里的速度增长，村村通水通电。1996年3月23日，《人民日报》在头版头条发表了《山顶松树戴帽，山坡果树缠腰，山脚粮菜丰茂：造血工程结硕果，沂蒙老区整体脱贫》的新闻报道。[①]

人民日报
RENMIN RIBAO
沂蒙山区整体脱贫
造血工程结出硕果

1996年3月23日，人民日报在头版头条发表《山顶松柏戴帽，山坡果树缠腰，山脚粮菜丰茂：造血工程结出硕果，沂蒙老区整体脱贫》

进入新时代，沂蒙人民积极响应党的号召，遵循党的大政方针，在推动经济社会发展中不断创造出丰硕的成果。临沂兰陵的代村就成了全国乡村振兴的排头兵。20年来，在自力更生、艰苦创业优良传统和敢为人先、开拓奋进思想意识的引领下，代村在领头羊王传喜带领下打了一个漂亮的翻身仗，把一个村集体负债380万元、人心涣散、破败混乱的落后村变成了一个总产值达26亿元、村民人均纯收入达6.5万元的小康村。“绿树掩映小洋楼，空气清新人长寿，使用沼气新能源，文明卫生又方便，条条大路通家园，乡村胜似城里面。”这段村民自编的顺口溜，道出了临沂市兰陵县卞庄街道代村振兴的斐然景象。村集体出资保障村民各项福利，全体村民基本生活食品无偿配供；60岁以上老人免费入住基本生活设施一应俱全的“老年公寓”，按月享受“老年

① 徐东升：《沂蒙精神研究》，中央文献出版社2013年版，第197－199页。

优待金”；村民100%参加“新农合”“新农保”，所需资金全部由村集体负担；非义务教育阶段学生享有2000元至10000元不等的“助学金”“奖学金”；全村凡有劳动能力的村民实现了人人就业、人人有工资性收入、家家有分红收入，过上了城里人都羡慕的好日子。

正是靠着沂蒙人民的艰苦奋斗、苦干实干，如今的沂蒙山区，不论城市还是农村，都发生了天翻地覆的变化，沂蒙人民走上了富裕、小康之路。正是凭借着艰苦创业的精神，沂蒙人民在全国十八个连篇扶贫地区中率先脱贫；也正是依靠临沂人民的艰苦创业，临沂的经济建设、城市建设等都获得了长足的发展，经济和社会各项事业走上了快速发展道路，实现了跨越赶超、后来居上。十八大以来，党做出了一系列战略布局，为经济社会发展指明了方向；沂蒙人民响应党的号召，发挥自己的聪明才智，敢想敢干。今天的沂蒙老区以一个富强、美丽、文明的“大临沂、新临沂”形象，展现在了世人面前。这一切都表明，艰苦创业是沂蒙精神的基调，也是沂蒙精神与时俱进的基石。没有沂蒙人民的艰苦创业，就没有沂蒙大地的创新发展。

（4）无私奉献

从字义上讲，无私，即不求回报；奉献，即给予、付出。无私奉献，是指不求回报的付出。作为沂蒙精神的重要内涵，无私奉献体现为沂蒙地区党组织和沂蒙人民群众在处理国家、集体、个人利益关系时顾全大局、公而忘私、自我牺牲、勇于奉献的价值取向。他们始终把国家和集体利益放在首位，全心全意为满足社会需要，贡献自己的力量而不计私利、不计报酬。这种崇高的思想品德和价值观念，是我国传统义利观的升华，是共产党历来倡导的马克思主义的价值取向，是共产主义思想和集体主义思想的重要组成部分。

革命战争年代，“无私奉献”集中体现为党为人民群众的解放而舍生忘死，前赴后继；体现为人民群众倾其所有，支援革命。为了人民的自由与解放，人民子弟兵和沂蒙人民毫无保留地奉献自己的一切乃至生命。鲁南战役前夕，正值北风呼啸的严冬季节，我军大部队需要抢渡沂河。郯城县委立即组织了300名木匠、200名铁匠、100名泥瓦匠、1200名青壮年突击队员，冒着刺骨的风雪在沂河上打桩建桥。经过 3 个昼夜的奋战，终于架起了一座宽 6 米、承重 30 吨以上的大桥，确保了部队和重型武器的及时通过。[①] 鲁南战役中，沂蒙全区为前线供应粮食 2400 万公斤，半个月内就为前线织毛线袜 4 万多双，烙煎饼 3. 6 万公斤，蒸馒头 5000 多公斤，献出干菜、咸鱼、花生米 2. 3 万多公斤，捐献北海币 25 万多元，还有一大宗日用品。孟良崮战役时，根据作战需要，沂南、蒙阴、临沂三县组织公路沿线 1 万多名群众，冒着连绵阴雨，苦战 3 个昼夜，抢修公路 50 余公里，石桥、木桥 40 多座。整个淮海战役期间，在前线，沂蒙人民推着独轮小车，抬着担架，奋勇参加战地支前；在后方，沂蒙人民省吃俭用，为革命战争准备物资，将革命不断推向胜利。淮海战役，沂蒙根据地供应了人民军队 1. 4 亿公斤粮食、35 万公斤食用油、36 万公斤食盐、43 万公斤猪肉和 100 多万双军鞋等物资。为了保障军需，鲁中南第三专区妇女一夜蒸馒头 1 万多斤，第五专区妇女一天一夜赶烙煎饼 7. 2 万斤，临沂县妇女半个月织毛袜 4 万多双。一家烟草公司的职工一天就捐献了金戒指 7 只、银洋 123 元、北海币 39150 元。[②] 为照顾伤员，平邑一区担架队一天只吃一顿饭，却凑钱为伤员买鸡蛋买油条买花生；为抢运军粮，莒沂县 400 辆小车运送 11 万斤面粉，一路追赶部队，行程 2000 多里，自带的干粮吃完了，他们宁愿挨饿，也绝不动军粮一粒。“大军连营七百里，沂蒙村村灯火明”，正是沂蒙人民无私奉献的真实写照。

社会主义建设时期，“无私奉献”具体展现为沂蒙人民坚决响应党中央的号召，体谅国家的困难，以主人翁的姿态，想国家之所想，急国家之所急，克服种种艰难险阻，舍己为国的精神。三年困难时期，当时粮食和副食品严重短缺，其他物资供应也十分紧张，国际、国内的社会环境也相当复杂，一时大有风雨如晦之感。沂蒙地区连续几年遭受自然灾害，农业歉收，农民吃糠咽菜，难以果腹。城镇的粮食供应紧张，多数群众吃树叶、吃野菜，儿童们各个青筋暴露，成年人普遍患水肿病。就是在这种情况下，沂蒙人民勒紧裤腰带，宁可

---

① 徐东升:《沂蒙精神研究》,中央文献出版社 2013 年版,第 212 页。

② 徐东升:《沂蒙精神研究》,中央文献出版社 2013 年版,第 217 页。

奋战在导沭整沂工地上

自己不吃，也要完成向国家交售粮食的任务。在最困难的1959年到1961年的3年间，沂蒙人民向国家交售近13亿公斤粮食，比前3年多交售2.5亿公斤。临沂地区生产的油料几乎全部上缴，仅1960年就向国家交售食油820万公斤，而当地的群众一年到头几乎吃不上油。“最好的粮食交公粮”，成为沂蒙人民的普遍共识。[①] 为根治淮河水患，英雄的沂蒙人民，又做出了英勇的壮举，组织起上百万治淮大军，浩浩荡荡开赴导沭整沂治淮前线。寒暑四季，风餐露宿。民工们住的是半阴半阳的屋子，铺的是麦穰、山草和蓑衣，潮湿阴暗。寒风穿墙而过，地屋子像冰窖一样。民工们顶着极度困难的压力，夏日，只穿一件裤衩，挥汗如雨；冬天，只穿一件破棉袄，冒着零下十几度的严寒。最困难的是1952年冬季，连续两天大雨之后就是几天的大雪封地，公路车辆不通，粮草供应受阻，几万名民工伙食中断。民工们只好将一日三餐改为两餐，两餐改为一餐，最后一日一餐也保证不了，只好组织几千人去七八十公里以外的江苏省供应站去背粮食。许多民工因累困交加，倒在了工地上。但纵有再大的困难，也压不倒沂蒙人民，相反更会激起沂蒙人民克服困难的斗志和决心。沂蒙人民的巨大付出和艰苦奋斗，换来了治淮工程的辉煌战绩。导沭整沂治淮工程在临沂地区境内共完成开挖河道116.6公里，筑坝192公里，修筑建筑物75座，整险护岸10.3公里，动用工日2458.5万个，累计完成土石方4827.4万立方米。有人估算，若按一立方米为单位排起来，沂蒙人民的导沭整沂治淮工程所完成的土石方可围绕地球一周多。而国家对整个工程的投入为18.5%，其余部分则全部靠沂蒙人民出资、出工解决所用木材、水泥、炸药等，70%是靠基层和人民群众解决的。其间，沂蒙山区有527个村、27

① 徐东升:《沂蒙精神研究》,中央文献出版社2013年版,第299－230页。

万间房屋被拆迁，28 万亩良田、5 万亩山林被淹没，40 多万库区农民舍了家园，生活跌到了贫困线以下，44 名热血男儿献出了自己宝贵的生命。[①]

改革开放的新时期，“无私奉献”集中表现为沂蒙人民勇于担当、舍己为公的可贵品质，表现为沂蒙儿女强烈的忧国忧民的历史责任感。无论是在社会发展的紧要关头，还是遇到重大自然灾害，深明大义的沂蒙人民总是一呼百应，坚定地与党站在一起，同舟共济。在农村改革、企业改革、经济体制改革和行政区划调整过程中，凡是涉及个人利益和局部利益的，沂蒙人民总是以国家大局为重，舍弃个人利益和地方利益，自觉维护国家利益。一些企业劳动模范、先进工作者，在下岗之后不失志、不埋怨，继续二次创业，为发展沂蒙精神作出新贡献。尤其是革命战争年代的功臣，在新形势下，不居功自傲，自觉承担起国家主人翁的责任，为国分忧。临沭县丰岭村 1944 年入伍的王保科，新婚 13 天，就告别妻子，奔赴抗日前线，一直到抗美援朝战争，参加过数百次战斗，4 次负伤，7 次立功。复员回乡后，他把军功章、荣誉证书压在箱底，扛起锄头当农民。他积极响应党的号召，带领乡亲们兴修水利，改造农田，为带领全村群众奔上小康辛勤劳动着。30 多年时间里，谁也不知道他光荣的过去。直到 1986 年村级整党时，人们才知道这位功臣。沂南县库沟乡的韩成山，1946 年入党，南征北战，屡立战功。在孟良崮战役中，为阻击国民党军队，他和战友们坚守黄崖山主峰，被国民党军重重包围。全排只剩下 6 名战士，子弹全部打光，又全部负伤。当国民党军冲上山顶时，韩成山与战友们一起跳下山崖……他所在的部队荣获“荣誉连”“模范排”光荣称号，在隆重召开的追悼大会上，烈士的名单里就有韩成山，他的名字被刻在孟良崮烈士陵园里的石碑上。但是，韩成山并没有死，他跳崖后，被当地的老乡抢救和护理，虽活过来，但终身残疾。因为身体残疾，怕成为部队的累赘，便放弃了找部队的念头，韩成山就回到老家，在村里成为一名普通的农民。多年来，他拖着残疾的身躯和乡亲们默默劳动着，建设自己的家园，从未向别人说起自己的光荣历史，从没有向党和政府提出过任何要求。直到 1977 年他的一位离休的老战友

---

① 徐东升:《沂蒙精神研究》,中央文献出版社 2013 年版,第 230 – 233 页。

到处打听他的家人，才发现韩成山仍然活在世上。像王保科、韩成山这样不居功自傲，默默奉献、不知索取的老党员、老同志，在临沂地区还有很多。在非典肆虐之际，山东街头踊跃献血的群众排起长队，献血队伍里，就有蒙山脚下的老支前模范宋佳芳。老太太年近七旬，她得知北京缺血的消息后寝食难安，让儿子陪着花四个小时赶到临沂，因年事已高，不适合献血，她让儿子把血献了出去。汶川地震发生后，山东举全省之力支援北川灾后重建，按照山东省援川指挥部的部署，临沂市对口援建通口镇。在临沂的援建下，湔江岸边的历史古镇重新焕发出生机。山东省3万多名援建大军完成22个乡镇重建后，又用整整一年时间，再造一座新北川，成就了新中国建城史上史无前例的壮举。

这些先进事迹，既具有改革开放的时代意识，又深含着矢志不渝的革命传统，把全心全意为人民服务的奉献精神推向了一个新的高度，体现了与新的历史时期相适应的新的价值观念。这是顾全大局、为国分忧、无私奉献的崇高的爱国主义和集体主义所构成的沂蒙精神核心内容的最好诠释。

第四节 沂蒙精神的基本特征

沂蒙精神是沂蒙人民在中国共产党的领导和教育下，在求解放、求发展的革命和建设过程中逐渐形成和不断发展丰富完善的。她生于沂蒙大地，长于沂蒙大地，体现了沂蒙人民作为历史主人的风姿，显示出沂蒙人民高尚的道德观念和精神境界，是沂蒙人民长期尊崇的价值观念和奉行的行为准则及道德规范。沂蒙精神与红船精神、井冈山精神、长征精神、延安精神、西柏坡精神一样都是中华民族精神的一个重要组成部分，但她具有自身鲜明的特征。

一、区域性

沂蒙精神的源头就是传统文化加革命文化。沂蒙山区是一个人文地理概念，为泰沂山脉的一个分支，位于东经117°35′—118°20′和北纬5°10′—38°之间，西北东南走向，绵延百余里。今山东省临沂市、日照市全部地区，枣庄市、淄博市、潍坊市、泰安市、莱芜市、济宁市与临沂市相邻的个别县区，战争年代分属于鲁中区、滨海区、鲁南区，而这三个区是构成沂蒙根据地的核心地区，是山东党政军所在地。虽然“沂蒙”这一区域概念出现在革命战争年代，是红色文化的产物，但是就其专属区域而言，却是具有相对独立人文精神的历史文化区域。这里是东夷文化的核心区，春秋战国时期深受鲁文化、齐文化、楚文化影响，沂蒙地区毗邻孔孟之乡，据考证，孔子72高徒中有13人就出生在临沂。以王祥为代表的孝文化，以诸葛亮为代表的忠文化和智慧文化，以王羲之、颜真卿为代表的书法文化，以孙武、孙膑为代表的兵学文化等，在沂蒙文化发展史上留下了深厚的印记，至今仍闪耀着夺目的光芒。沂蒙文化有着灿烂的篇章，更有着光荣的革命斗争传统。自古代至近代，就有赤眉起义、红袄军起义等著名的农民起义以及反教会侵略的斗争等。因此，沂蒙地区民风民俗无不打上传统文化的烙印，朴实、忠厚、仁义、孝悌、正直、勇敢、勤劳、善良是沂蒙人民的显著特性。沂蒙精神所体现出的大忠、大义、大爱、大智、大信、大勇等精神品格，无不打上了区域文化的烙印。因此说，沂蒙精神的产生有着深刻的历史文化基础和区域民风特质，离开了这片土地和人民就很难产生出沂蒙精神。

沂蒙精神体现出的大忠是对国家民族的忠，沂蒙精神体现出的大信是对中国共产党及其军队的信。沂蒙精神体现的大义是人间正义。沂蒙人民以国家民族利益为最高取舍，表现出了舍己为公、舍生取义、无私奉献、正气凛然的正义感和道义感，总能感人至深，引发强烈共鸣。沂蒙人民怀着对国家和民族的忠诚与挚爱之心，看到了中国共产党和人民军队救国救民的真正目的，义无反顾地跟共产党走，为党的事业抛头颅洒热血在所不惜，为人民军队奉献与牺牲心甘情愿。沂蒙人民无论是战争年代还是社会主义建设时期，无论是改革开放时期还是大美新临沂建设时期，都从党和国家的最高利益、从民族与社会最高利益出发去思考问题，作出抉择，表现出了近乎“愚”的大智慧。不能深刻理解沂蒙人民的这种大智慧，就很难真正理解沂蒙精神的深刻内涵。沂蒙精神包含着大爱无疆的道德美，吃苦耐劳的品格美，勇于开拓的行为美，无私奉献的精神美。这种美之所以有着强大的亲和力，是因为她包含着沂蒙的历史文化精神以及正在凝结和发展着的城市的内在气质、价值观念、社会心理、思想意识、道德观念、行为准则等丰富内容。因此，沂蒙精神也是体现沂蒙人民独特个性特征的符号系统。沂蒙精神作为临沂区域文化长期实践的精神积淀，成了临沂人民认同的精神纽带、心理依存、行为导向和实践哲学，成了推动临沂城市发展的精神动力，成为临沂人民所共识公认、自觉遵守、引为自豪、自我激励的座右铭，是临沂发展的灵魂和精髓，是全体临沂人民心目中的一面旗帜。

二、民族性

一种革命精神的产生离不开其必备的思想基础、阶级基础、文化基础和特定的历史环境等因素。沂蒙精神根植于民族精神的沃土，无论其理论框架，还是精神实质，都表现出与以爱国主义为核心，以团结统一、爱好和平、勤劳勇敢、自强不息为主要内容的民族精神高度的一致性。沂蒙精神来源于中华民族精神。中华民族精神是由众多的中华儿女用自己的思想和行为塑造和形成的，并在历史的演进中不断地得到丰富和发展。中华民族精神又是在一个个特定的区域和环境中，逐步孕育、概括、升华出来的，不同区域、不同民族所创造的优秀精神财富，为整个中华民族精神的形成和发展提供了丰富的素材和基础，中华民族精神又反过来影响、指导和促进各个区域、各个民族优秀精神的形成和发展。源与流的相互推动、相互激荡，形成一条条奔腾不息的文化长河，汇聚成中华民族精神的思想体系。这也正是中华民族精神的凝聚力、生命力之所在。沂蒙精神既继承了中华民族精神团结统一、独立自主、爱好和平、自强不息的精华，又是在沂蒙大地上开出的一朵精神之花。沂蒙人民所具有的坚信党的领导、热爱人民军队、为共产主义事业奋斗不息的崇高政治信仰，自力更生、艰苦奋斗的精神风貌，改革创新、敢为人先的开拓进取意识，顾全大局、勇于奉献的价值观念，都是中华民族精神的具体体现。

三、时代性

沂蒙精神虽然产生于革命战争年代，但它却是时代的产物，随着时代的发展而不断完善和提升，具有与时俱进的优秀品质。

抗日战争和解放战争时期，沂蒙老区有20万人参军，百万儿女拥军支前，10万将士埋下忠骨，村村有烈士，乡乡有“红嫂”。在党的培养下，沂蒙精神在血与火的熔炼中形成。这一时期，沂蒙精神内化为对党无限忠诚、对人民军队无比热爱、对社会主义和共产主义信仰无比坚定的思想品格和为祖国解放事业勇于牺牲的奉献情怀。社会主义建设时期，沂蒙人民战天斗地，改造自然，涌现出毛泽东同志亲笔批示的厉家寨、王家坊前、高家柳沟等一大批先进典型，集中表现出了强烈的主人翁意识和自强不息的艰苦奋斗精神。进入改革开放新时期，沂蒙人民坚持艰苦创业，奋力开拓，建起了江北最大的批发市场——临沂批发城，率先在全国老区中实现了乡乡通公路、村村通电通电话，率先实现整体脱贫，创造了许多令人赞叹的奇迹，开创了沂蒙老区崭新的发展局面，充分体现了既继承艰苦奋斗、埋头苦干的优良传统，又不因循守旧、敢于创新、敢为人先的精神风貌。

衡量一种精神文化是不是先进的，关键是看它是不是符合时代的要求。实践已证明，沂蒙精神从产生、发展到发扬光大，都与中国共产党的风雨历程息息相关，与共和国兴衰荣辱密切相连，既是沂蒙儿女精神风貌的生动写照，又是时代发展所形成的精神财富。它总是伴随着时代的进步而提高，伴随着社会的发展而完善，始终代表了先进文化的前进方向，逐步形成了较为完善的思想体系。

四、开放性

沂蒙精神的形成、丰富和发展是一个渐进的历史过程，是一个不断创新的过程，这就决定了它是一个开放兼容、与时俱进的思想价值体系，其自身具有自我完善、自我提高、自我发展的内在动力机制，这种开放性和兼容性具体表现为：

一是沂蒙精神与同为革命战争年代产生的红船精神、井冈山精神、长征精神、延安精神、西柏坡精神等相互借鉴、互相补充、互相融会，是一脉相通的关系。总的来看，红船精神是中国革命精神的源头，奠定了中国革命精神的基础。井冈山精神、长征精神、延安精神、西柏坡精神、沂蒙精神等革命精神是对红船精神的弘扬、丰富和发展。这当中，如果说延安精神是中国革命精神的代表，那么，沂蒙精神则是中国革命精神的延伸与丰富。延安精神与沂蒙精神是在中国革命历史中时间最长的两大根据地诞生的，它们共同反映了 20 世纪中期中国革命历史发展的客观要求，体现了中国近现代史的革命主旋律和时代主题。

二是沂蒙精神具有与时俱进的思想品格，不断汲取时代精神的精华，丰富和发展自我。决不故步自封、决不墨守成规、决不夜郎自大、决不抱残守缺，就是这种思想品格的具体体现。尤其是改革开放以来，临沂人民不断地解放思想、更新观念，自觉地从不合时宜的观念、做法和体制的束缚中解放出来，从对马克思主义错误的和教条式的理解中解放出来，从主观主义和形而上学的桎梏中解放出来，破除“小成即满、小富即安”的小生产观念，井底观天式的自然经济观念和计划经济观念的影响，牢固树立社会化大生产观念、市场经济观念和经济全球化观念，通过思想的解放和观念的更新，促进经济和社会各项事业的全面发展。站在临沂看临沂，发展很快、成绩巨大；跳出临沂看临沂，与发达地区比较，各个方面的差距和不足还很大。因此，只有以更高、更快、更强的标准来推动思想的解放和观念的更新，与时俱进、开拓创新，才能实现“后来居上、大有作为”的奋斗目标。

三是沂蒙精神具有开阔的眼界和博大的胸怀。海纳百川，有容乃大；一切历史的、当代的、中国的、外国的，凡是属于优秀的、进步的、先进的文化，都是沂蒙精神不竭的力量源泉。过去人们只知道沂蒙山区“四塞之崮，舟车不通；土货不出，外货不入”的历史，却不了解作为沂蒙山中心城市的临沂市，自古就是南北通货、水陆码头、交通枢纽的重要位置。改革开放以来，临沂作为山东省的南大门，更是具有了得天独厚的区位优势：兖石铁路自西往东将临沂与著名的欧亚大陆桥头堡连接起来，自北向南的胶新铁路全面开通；京沪高速公路纵贯全境，与日东高速公路在这里交汇，临沂又恰恰处在京沪高速公路的中间地带，如今临沂人上北京跑上海，乘坐小车，当天就可以打来回，因而有人自豪地说，我们临沂是北京的南郊，也是上海的北郊，临沂离海很近，从临沂城向南、向东，在100千米的距离内，三个黄金口岸连云港、石臼港和岚山港由南向北呈扇子面排开，临沂机场与许多城市通航，它使临沂与全国和世界的联系更加紧密。由以上分析可以看出，沂蒙精神所具有的开阔眼光和开放意识，不仅源自历史的和区域的因素，更重要的是源于现实的经济全球化和改革开放的大环境。正是由于具备了这种宽广的世界眼光和博大的胸怀，沂蒙人才能立足临沂，放眼世界，充分利用国内国际两种资源，努力开拓国际国内两个市场，让临沂走向世界，让世界了解临沂，不断开创对外开放的新局面。近年来，不仅大量的外商、外资纷至沓来，落户沂蒙，而且祖祖辈辈面朝黄土背朝天的农民，也把目光瞄向大城市和国外，纷纷走出家门、国门，经商、办企业。

第四章

沂蒙精神的时代价值

2013 年 11 月 25 日，习近平总书记来山东临沂视察时，阐述了沂蒙精神曾经对革命胜利的重要价值，强调“沂蒙精神要大力弘扬。”孕育形成于抗日战争烽火中、体现山东党政军民“水乳交融、生死与共”的沂蒙精神，是中国共产党革命精神的重要内容，是中华民族精神的重要组成部分。立于中国特色社会主义新时代，沂蒙精神具有价值导向、精神激励、力量凝聚和润德化人的强大功能，具有跨越时空的伟大历史意义与现实意义。

第一节　沂蒙精神的历史地位

发源于沂蒙革命老区、成长于齐鲁大地的沂蒙精神，是伟大的中华民族精神在革命战争时期的体现和升华，是中国共产党革命精神的重要内容，是我们党和中华民族的宝贵精神财富，是新时代社会主义核心价值观教育的重要载体，是山东精神的集中体现。

一、沂蒙精神是新时期的山东精神

沂蒙精神虽诞生于沂蒙老区，并以“沂蒙”命名，但它不仅仅属于沂蒙。它是在中国共产党领导下，在长期的革命实践中由山东党政军民共同培育起来的“水乳交融、生死与共”的伟大精神，她是齐鲁红色文化的核心和精髓。

全面抗战初期，党中央和毛泽东主席审时度势，决定以沂蒙为中心建立山东抗日根据地。根据这一指示，中共山东省委率领八路军山东主力部队进驻沂蒙。1940 年 8 月，这里建立了中国共产党领导的第一个省级抗日民主政权——山东省临时参议会和山东省战时工作推行委员会。

在长达十几年的抗日战争和解放战争时期，沂蒙成为山东党政军领导机关主要活动地区。在解放战争时期，这里是中共华东局、华东军区、华东野战军的成立之地，还是华东解放区的政治和军事指挥中心，被称为“华东的小延安”。1938 年至 1949 年，八路军山东纵队、115 师司令部、新四军军部、华东野战军总部曾在这里长期驻扎，刘少奇、陈毅、罗荣桓、粟裕、徐向前、谷牧、罗炳辉等许多中共领导人和高级将领在此战斗过、工作过、生活过。

植根于中华民族优秀的文化传统，形成于抗日战争时期、升华于解放战争时期、发展于社会主义建设时期的沂蒙精神，是山东人民在中国共产党领导的革命、建设和改革开放的历史进程中形成的具有浓郁地方色彩的时代精神和民族精神，是新时期的山东精神。

沂蒙精神是我国革命和建设时期的山东革命精神以及“改革创新、开放包容、忠诚守信、务实拼搏、敢为人先”的新时期山东精神的核心内容，它已经成为山东永续发展的强大的精神动力。

“改革创新”是新时期山东人的精神风貌，是山东人民的优秀品格，与沂蒙精神中的“开拓奋进”有着一致的内涵。沂蒙精神之所以能够在社会发展的不同历史阶段，始终保持旺盛的生机和活力，始终成为推动社会进步的强大精神力量，就在于它不安于现状、不墨守成规，而是始终立足于时代发展的前列、把握时代发展的脉搏，不断赋予其新的时代内涵，并随着时代的进步而创新发展、率先发展、科学发展。改革是新时期山东精神的动力之源，创新是新时期山东精神的活力之源。坚持“改革创新”，就要在改革中解放思想，在创新中转换思维。就要冲破一切不合时宜的观念、做法和体制的束缚，让一切创造新生活的活力和源泉竞相迸发、充分涌流。当前，我们正处在一个伟大变革的时代，改革创新已成为时代主题。只有始终坚持改革创新的精神，才能紧跟时代的步伐。科学发展、和谐发展、率先发展，在新起点上实现富民强省新跨越，是一个探索前进的崭新实践，整个过程的每一阶段，都会遇到大量新情况、新问题。只有始终以改革创新的精神研究新问题，以改革创新的思路破解新难题，才能率先探索出新路子，不断开创科学发展的新局面，才能在国家实施东部率先发展战略中，保持强劲势头，始终走在前面。

“开放包容”是新时期山东人的胸怀气魄。它既传承了山东悠久的传统文化，又与新时期改革开放、发展市场经济和全球化发展趋势息息相关。齐鲁文化历史悠久、胸襟博大、气度恢宏，这对于山东人在新世纪走向世界和进一步扩大开放来说，无疑是一种宝贵的文化资源和精神遗产。而在经济全球化和信息化快速发展的今天，能否以开放包容的精神，积极主动地与世界各民族交流合作，取人之长、补己之短，更是赢得发展主动权、抢占发展先机的关键。所以新时期的山东只有采取开放包容的态度，才能引八方之资、聚天下英才，让齐鲁大地再创辉煌。

“忠诚守信”是山东人的道德传统，是山东人民的道德信仰。它与沂蒙精神中的爱党爱军有着共同理想信念和价值取向。“忠诚”，就是赤诚无私、诚信尽力。“守信”，就是信守诺言。“忠诚守信”是和谐的基础、竞争力的基石，是“立人之本、兴业之基、为政之要”的基本准则。它既强调对党、对祖国、对人民、对事业忠贞不渝，勇于奉献；又强调无论做人还是做事，都要始终重规则、守契约、讲信用，言必信、行必果。这就要求我们在政治生活中，要忠于祖国，忠于人民，忠于社会主义事业；在经济生活中，要公平交易，恪守合同，反对假冒欺骗；在日常生活中，要实事求是，言行一致，反对欺上瞒下；在人与人的交往中，要坦诚相见，以诚相待，言必信、行必果，反对坑蒙拐骗，建立和谐的人际关系。而“忠诚看齐”是沂蒙精神最重要的政治品格，“听党话跟党走”是沂蒙人民在对各种政治力量进行反复比较后做出的坚定政治选择。

“务实拼搏”是新时期山东人的实践智慧和精神底色，与党“革命到底”和沂蒙人民“敢于斗争”的精神相一致，体现了沂蒙精神中的自力更生、艰苦奋斗、敢想敢干、勇于担当、务实创新等新的时代内涵。“务实”，就是尊重实际，讲实干、求实效，不尚空谈，不摆花架子，不搞形式主义，做老实人、说老实话、办老实事。“拼搏”，就是面对困难压力不悲观埋怨，身处困境、遭受挫折不失望退缩，始终保持昂扬向上的精神、永不服输的劲头，勇于攻坚克难，敢与强手竞争。“务实拼搏”与沂蒙精神中的艰苦创业本质上相同。它们都是一种干事创业的思想意识，是一种积极进取的精神状态，是一种奉献社会的行为理念。勤劳勇敢、艰苦奋斗、坚忍不拔是山东人一贯的优秀品质。但今天在市场经济条件下，拼搏不是低头蛮干，而是要开阔眼界、把握机遇、讲究策略、注重实效。

“敢为人先”是新时期山东人的思维方式，也是山东人民的精神追求。“敢”，就是果敢。“先”，就是先行一步。从本质上说，“敢为人先”是一面旗帜，一种气魄，一种境界。就是要敢于让思想冲破禁锢，敢于做常人所不敢为之事；就是要领先一步、快人一拍，始终走在历史进程和时代潮流的前面。“敢为人先”必然是一种探索性、创造性的实践。在实现跨越的新阶段，山东要做到在国家实施东部率先发展战略中保持强劲态势，始终走在前面，就必须大力弘扬“敢为人先”的精神。实践证明在挑战与机遇共存、风险与创新并行的今天，只有抓住历史机遇，正确应对挑战，创新发展模式，抢占发展先机，才能走在历史进程和时代潮流的前面。

山东精神与沂蒙精神有着共同的文化渊源。齐鲁大地是中华文明的重要发祥地之一，这里悠久厚重的历史文化积淀既是中华民族精神的重要渊源，也孕育了伟大的沂蒙精神和山东精神。东夷文化好仁尚德的精神品质，儒家文化、鲁文化的“敦厚重礼”“仁爱诚信”，齐文化的开放进取、求真务实，催生了齐鲁儿女忠诚厚道、诚实守信、艰苦奋斗、变革图强的精神品质。

“仁爱”思想是儒家思想的核心。孔子说：“仁者，人也”，孔子认为“仁”是一个人做人的根本。当孔子的学生樊迟向孔子请教什么是“仁”时，孔子回答说：“爱人”。孟子继承孔子“仁爱”的思想，孟子说：“恻隐之心，仁也”。“仁者，爱人。”“恻隐之心”即是同情心、怜爱心。处于“恻隐之心”这“仁爱”，势必要求要将“仁爱”推己及人：“老吾老，以及人之老；幼吾幼，以及人之幼。”“君子之于万物也，爱之而弗仁。于民也，仁之而弗亲。亲亲而仁民，仁民而爱物。”即是说，也要将“仁”推己及物，这是一种博大的情怀和高尚的道德之精神。因此仁者之爱应在满足血缘亲情之后，将爱心由己及人，由近及远地外推。这就是“亲亲而仁民”。在《大学》的三纲“明明德、亲民、止于至善”之中的“明德”和“至善”，讲的是使人天赋的善良美德达到最完善的境界，讲的是“善”，讲的是“仁爱”。在《中庸》中不但用“诚”来代替“仁爱”“善良”，还把“诚”这个范畴提高到了宇宙本体的高度。它说：“唯天下至诚，为能尽其性；能尽其性，则能尽人之性；能尽人之性，则能尽物之性。”天下至诚的人，才能充分发挥自己的本性。人的本性是善的。仁即善。人与人之间相爱是人际和谐、团结、协作的前提，也是社会、团体、组织和谐的前提，是中华人文精神的核心。仁爱是人类共同的价值追求。人是社会化的生物，人不能够孤立地生活，必须与他人相互合作、相互交往、相互联系，人最需要的是人，没有人与人之间的合作与交往简直是不可想象的。山东精神和沂蒙精神中的所包含的“忠诚守信”“开放包容”“爱党爱军”是“仁爱”精神在当代的继承和弘扬。

刚健有为、自强不息的精神。中华民族是一个伟大的民族，是一个生命力和进取心极强的民族。我国最早的经典文献《周易》就有过这样的概括：“天行健，君子以自强不息。”这是对先秦以来，中国文化基本精神的概括。《山海经》《淮南子》等古典文献中所载的“精卫填海”“夸父追日”“女娲补天”“愚公移山”和“大禹治水”等神话传说，突出反映了先民们改造自然、战胜自然的勇气以及百折不挠的艰苦奋斗精神。自强不息涵盖了求真务实、知难而进、勇于创新、一往无前、永不停顿等思想内涵，正是“改革创新”“开拓奋进”“敢为人先”和“艰苦创业”等精神的集中写照。

当今，我们要结合时代的发展，结合党所处的历史地位和历史任务的变化，结合新时代中国特色社会主义实践，弘扬和践行沂蒙精神和山东精神，为实现全面建成小康社会宏伟目标、实现中华民族伟大复兴的“中国梦”提供强大的精神动力。

二、沂蒙精神是社会主义核心价值观的重要载体

社会主义核心价值观是中华民族精神的集中体现，凝结着全体中国人民共同的价值追求。社会主义核心价值观是社会主义核心价值体系的内核，体现了社会主义核心价值体系的根本性质和基本特征，反映了社会主义核心价值体系的丰富内涵和实践要求，是社会主义核心价值体系的高度凝练和集中表达。坚持和发展中国特色社会主义，需要培育和践行社会主义核心价值观，打牢全国各族人民团结奋斗的思想政治基础。

沂蒙精神蕴含着崇高理想和坚定信念，凝结着人们对国家和社会的美好向往，体现着敢于斗争革命到底的意志品质，彰显着无私奉献的崇高品格，是进行社会主义核心价值观教育的宝贵资源。遍布蒙山沂水的革命遗迹、浸润烈士鲜血的每一寸红色土地、历经沧桑岁月的每一件珍贵文物，以及“沂蒙六姐妹”“沂蒙母亲”“沂蒙红嫂”感人至深的故事，都为今天培育和践行社会主义核心价值观提供了生动素材。沂蒙精神具有鲜明的时代特征，每天都在产生新的故事、创造新的闪光点，显示出强大的生命力，为社会主义核心价值观教育的开展提供了鲜活的内容。

崇高的理想是坚定信念、凝聚人心、催人奋进的伟大旗帜，是战胜困难、赢得胜利的精神动力。革命战争年代，敌强我弱，要想坚持斗争，取得胜利，最重要的就是要有强大的精神支柱和坚定的理想信念。沂蒙人民在中国共产党的领导下，看到了光明的前途，怀着崇高的革命理想和坚定的共产主义信念，不畏艰难，英勇奋斗，以简陋的武器，与阵势强大的敌人进行了不屈不挠的斗争。当时，沂蒙根据地420万人口，就有20万人参军，120万人参战支前，10万多沂蒙儿女血洒疆场。他们所展示的崇高品格和博大胸怀正是对共产主义理想信念不懈追求的真实写照。在社会主义建设和改革开放的新时期，沂蒙人民的理想信念更突出地表现为坚持党的基本理论、基本路线不动摇，他们对党无限忠诚，积极响应党的号召，时刻听从党的召唤，自觉与党中央保持高度一致，坚定不移地按照党所指引的方向奋勇前进；他们对共产主义信念无比坚

定，不论国际风云如何变幻，党和国家遇到什么困难，始终坚信只有社会主义才能救中国。涌现出一大批既具有改革开放的时代意识，又深含着矢志不渝的崇高理想的先进典型。沂蒙精神的先进性就在于沂蒙人民在长期的革命和建设中所展现出的崇高的政治理想、火热的政治热情和坚定的政治立场。沂蒙人民对社会主义和共产主义的坚定信念，是沂蒙人民不畏艰难，英勇奋斗，终于战胜内外强敌，取得了抗日战争和解放战争伟大胜利的强大精神动力；是沂蒙人民艰苦创业、知难而进，励精图治、无私奉献，取得社会主义现代化建设伟大成就的根本保证。

沂蒙精神所蕴含的爱党爱军、开拓奋进、改革创新精神，是民族精神和时代精神的生动体现，是社会主义核心价值体系的精髓。民族精神和时代精神是一个民族赖以生存和发展的精神支撑。一个民族，没有振奋的精神和高尚的品格，不可能自立于世界民族之林。以爱国主义为核心的民族精神和以改革创新为核心的时代精神，是中华民族生生不息、发展壮大的强大精神动力，也是中国人民在未来的岁月里薪火相传、继往开来的精神源泉。沂蒙精神就是在中国共产党的领导下，沂蒙军民共同创造的民族精神和时代精神，也是当代中国的民族精神、时代精神。它形成于革命战争年代，成长于社会主义建设和改革开放的新时代。抗日战争时期，沂蒙军民以血肉之躯，创建了沂蒙抗日根据地，数百万优秀的沂蒙儿女，为挽救民族危亡，以高度的爱国主义精神，同侵略者进行了英勇悲壮的斗争。在这里，每一座山头，都燃烧过抗日战争的烈火；每一寸土地，都浸透了抗日军民的鲜血。在残酷的战争中，沂蒙人民用鲜血和生命支持了战争，涌现出了数不清的“沂蒙红嫂”，创造了数不清的“抗日楷模村”。社会主义建设和改革开放的新时期，沂蒙人民凭着自力更生、奋发进取、敢为人先、改革创新的韧性使贫穷落后的临沂成为众多老区中农业先进地区，并通过大力发展市场经济，形成了全国知名的临沂批发城，在革命老区首先崛起了一座比较现代化的城市。正是沂蒙人民所具有的开拓创新精神，才使沂蒙精神完成了由革命战争年代到社会主义建设和改革开放时代的嬗变，保持了沂蒙精神的与时俱进性，实现了沂蒙精神的新飞跃。沂蒙精神能够在社会发展的各个历史阶段永葆生机和活力，就在于沂蒙人民能够始终站在时代前列，不断地开拓创新，不安于现状，不墨守成规，敢闯新路，这也是沂蒙人的重要特点和秉性。正是这种秉性，使沂蒙儿女在翻身求解放、求自由中不停地求索，勇于接受新思想、新文化，敢于冒极大的风险支持革命、参加革命；也正是这种秉性，使沂蒙人民在改革开放中敢于革故鼎新，敢为人先，勇于走在时代潮流的前头。可以说，沂蒙精神的可贵之处就在于它把继承爱国主义传统与发扬时代精神统一起来，把革命进取精神转化为新思想、新观念走出了一条改革创新的成功之路。

沂蒙精神所蕴含的道德价值观念、价值目标和崇高的精神境界，是进行社会主义荣辱观教育的生动教材。荣辱观是人们对荣誉和耻辱的根本看法和态度，是世界观、人生观、价值观的重要内容。社会主义荣辱观是我国现阶段倡导的道德价值导向和价值目标，有着丰富的思想内涵和鲜明的时代特征，涵盖了个人、集体、国家三者之间的关系，涉及人生态度、价值选择、社会风尚等方面。沂蒙精神是沂蒙人民在长期革命和建设实践中培育出来的新型道德规范，其形成、发展与特定的地域、人群和社会历史相联系，与社会主义荣辱观本质同一、内涵一致。沂蒙历史悠久，文化灿烂。孔子 72 贤徒，13 人在沂蒙。宗圣曾子、算圣刘洪、智圣诸葛亮、书圣王羲之，众多历史文化名人，犹如群星璀璨，构成了沂蒙绚丽的历史星空。在漫长的历史进程中，沂蒙人民取儒家文化重道义、崇气节、颂正直、贵信实、求和气之优良精华，并使之不断得到完善和升华，形成了纯朴、善良、诚实、勤劳、智慧、自强不息等优秀品质。革命战争年代，沂蒙人民把最后一个儿子送战场、最后一口粮当军粮、最后一块布做军装，爱国爱军，为了建立新中国，留下了彪炳千秋的英雄事迹。新中国成立后，沂蒙人民自力更生，艰苦奋斗，向贫穷宣战，涌现出了毛泽东亲自批示表扬的厉家寨、王家坊前、高家柳沟等一批艰苦创业的先进典型。在社会主义市场经济条件下，沂蒙人民辛勤劳动，埋头苦干，他们在市场活动中讲究信用、恪守诺言、诚实不欺，始终保持对既有道德承诺的敬重，树立了良好的形象，以至人们把诚实能干作为沂蒙人的代名词。在沂蒙人民看来，追求有价值的人生，就必须做到促进社会发展，奉献劳动果实，团结互助，全心全意地服务人民。集中体现在他们以国家、集体和人民的利益为重，处处从大局出发，先国家，再集体，后个人，公而忘私，勇于自我牺牲、无私奉献的崇高精神境界上。三年困难时期，为了给国家分忧，沂蒙人民节衣缩食、吃糠咽菜，向国家交粮316亿公斤、油820万公斤，并接收了政府统一组织来的6万余名灾民；为根治淮河，解除鲁南苏北水患，沂蒙山区有527个村、27万间房屋被拆迁，28万亩良田、5万亩山林被淹没，40多万库区农民舍弃了自己的家园，生活跌到贫困线以下，但他们却毫无怨言。今天，“无私奉献”的沂蒙精神逐步转化为人们的内心追求和自觉行动。2020年抗“疫”时期，山东人民又对湖北人民倾力相助，以无可辩驳的事实诠释着沂蒙人民热爱祖国、无私奉献的思想道德境界。

沂蒙人民在任何情况下，尤其是在关键时刻，总是以国家和人民利益为重，坚守道义，耿直忠贞，宁愿牺牲小家，也要顾全大家，把困难留给自己，把方便让给别人，以团结互助为荣，以诚实守信为贵，以艰苦奋斗为乐，充分体现了沂蒙人民正确的价值观念和崇高的思想境界。

三、沂蒙精神是中华民族精神的重要组成部分

民族精神，是一个民族在长期共同生活和社会实践基础上形成的优秀文化的结晶，集中体现了一个民族特有的精神品质。民族精神的形成是长期历史积淀的过程，也是随着时代变化并不断发展的过程。在中国共产党领导人民进行革命、建设、改革的实践中，这种民族精神得到继承、丰富和发展。沂蒙精神是革命战争年代中华民族精神在齐鲁大地尤其在沂蒙革命根据地的具体表现形态，与井冈山精神、延安精神、西柏坡精神等革命精神一样，都是中华民族精神的突出表现和重要内容，具有深厚的民族性、鲜明的时代性和先进性。2018年3月20日，中共中央总书记、国家主席、中央军委主席习近平在十三届全国人大一次会议闭幕式上发表重要讲话指出，中国人民是具有伟大创造精神的人民，中国人民是具有伟大奋斗精神的人民，中国人民是具有伟大团结精神的人民，中国人民是具有伟大梦想精神的人民。讲话精辟阐释了伟大民族精神的科学内涵，即伟大创造精神、伟大奋斗精神、伟大团结精神、伟大梦想精神。

在革命战争年代，沂蒙革命根据地的党政军民为实现国家独立、民族解放，“水乳交融、生死与共”铸就的沂蒙精神，所蕴含的忠诚看齐、革命到底、敢于斗争、无私奉献、艰苦奋斗、开拓创新等内容都是对中华民族伟大创造精神、伟大奋斗精神、伟大团结精神、伟大梦想精神的最好诠释，并因此而成为其中的重要篇章。

沂蒙精神是沂蒙人民在中国共产党领导的社会主义革命、建设和改革中形成的先进群体意识，是中国共产党革命精神的重要内容，是以爱国主义为核心的团结统一、爱好和平、勤劳勇敢、自强不息的中华民族精神的重要组成部分。

沂蒙精神是中国共产党革命精神的重要内容。中国共产党在领导中国人民进行的漫长革命实践的过程中，形成了中国共产党革命精神，其表现形态有井冈山精神、长征精神、延安精神、西柏坡精神和沂蒙精神等。这些革命精神成为具有里程碑意义的历史坐标，是我们党在前进道路上战胜各种困难和风险不断夺取新胜利的强大精神力量和宝贵精神财富。习近平总书记 2013 年视察临沂时强调“沂蒙精神与延安精神、井冈山精神、西柏坡精神一样，是党和国家的宝贵精神财富，要不断结合新的时代条件发扬光大。”

中国共产党革命精神是马克思主义中国化的重要成果，这些精神财富主要聚集了崇高而坚定的共产主义理想和革命必胜的信念、不怕牺牲的革命英雄主义气概和百折不挠的革命意志、实事求是的思想路线和敢为人先的创新精神、忠诚为民的宗旨意识和艰苦奋斗的优良传统等。沂蒙精神是山东根据地党政军民在党中央的领导下，在长期革命斗争中共同铸就的具有鲜明的区域性和群众性特征的革命精神，其重要特质表现为山东党政军民的“水乳交融和生死与共”。

沂蒙精神是中国传统精神现代化的产物，它批判继承了中华民族传统文化遗产，赋予中国文化以革命新质，实现了中国文化精神层面的革命性转变，既保持了中华民族精神的浓郁地方特色，又给中华民族精神以新的内涵和意义，是独具地方特色、具有原创意义的民族精神。在新的历史时期，沂蒙精神从以下几个方面诠释了中华民族精神。

自强不息、奋发向上的精神追求。中国自古以来就有“天行健，君子以自强不息”的精神，它体现为“富贵不能淫、贫贱不能移、威武不能屈”的坚贞刚毅精神，体现为“夸父追日”“大禹治水”“愚公移山”“精卫填海”的不屈不挠的精神，体现为“因时而变”“随时而制”“与时偕行”“与日俱新”“苟日新，日日新，又日新”的与时俱进精神。自强不息、奋发向上的精神是中华民族生生不息的力量源泉，也是沂蒙人民永无止境的精神追求。沂蒙精神的原创意义在于，在沂蒙人身上，自强不息、奋发向上的劲头表现的更明显、更自发。革命战争年代，沂蒙山区涌现出“红嫂”“沂蒙六姐妹”等许许多多可歌可泣的英雄模范人物，激励着沂蒙人民抛头颅，洒热血，为中国革命的胜利顽强奋斗。新中国成立以后，又出现了毛泽东同志亲自批示表扬的厉家寨、王家坊前、高家柳沟等一批先进典型，鼓舞着沂蒙人民自力更生，艰苦创业，努力改变贫穷落后面貌。在改革开放和社会主义现代化建设的新时期，沂蒙人民自强不息奋发图强，涌现出王廷江、刘嘉坤、朱崇跃等一大批实践沂蒙精神的先进典型和先进群体。平邑县九间棚村原是一个上山无路走、旱天无水吃，自然条件恶劣的特困山村。党支部书记刘嘉坤等9名党员带领全村群众苦干三年，引水上山，修路架电，五业并举，改变了贫困落后的面貌，被誉为“九柱擎天”。沂蒙人民自强不息、奋发向上的精神追求，带动和促进了临沂各项工作不断向前发展。

平邑县九间棚党支部书记刘嘉坤等9名党员被誉为“九柱擎天”

诚实守信、顾全大局的价值观念。诚实守信、顾全大局既是我国传统文化的精髓，也是沂蒙人民道德的基石。据《商君书·靳令》记载，“诚信”与“礼乐、诗书、修善、孝弟、贞廉、仁义、非兵、羞战”并称“六虱”。我国社会数千年的发展中深受儒家思想的影响，非常注重讲究信用，“自古皆有死，民无信不立”诚实信用的道德伦理观念深受人们所崇尚，诚信成为人的立身之本。人们言必行、行必果，视诚信为生命。沂蒙精神的意义在于，沂蒙人民将诚实守信、顾全大局的价值观念发挥到了极致。诚实守信、顾全大局是沂蒙人民道德的重要基础，他们在市场活动中讲究信用、恪守诺言、诚实不欺，顾全大局，始终保持对既有道德承诺的敬重，在处理竞争与协作、效率与公平、经济效益与社会效益时，始终做到义利兼顾，形成了把国家利益、社会利益放在首位而又充分尊重市场主体合法利益的社会主义义利观。

艰苦奋斗、开拓创新的思想意识。艰苦奋斗、开拓创新是沂蒙精神的灵魂，它贯穿于沂蒙精神形成、发展的全过程，是沂蒙精神发展的不竭动力。新中国成立后，毛泽东同志曾多次要求全党同志和领导干部要坚持艰苦奋斗，要有那么一种拼命精神。“不论我们党取得什么样的成就，都必须长期艰苦奋斗，始终坚持马克思主义政党的本色和宗旨。”在中国传统文化尤其是齐鲁文化长期熏陶下，沂蒙人民形成了不等不靠、艰苦奋斗、开拓创新的思想意识。正如胡锦涛同志所强调的：“艰苦奋斗是凝聚党心民心、激励全党和全体人民为实现国家富强、民族振兴共同奋斗的强大精神力量，是我们党保持同人民群众血肉联系的一个重要法宝。”“创新是一个民族进步的灵魂，是国家兴旺发达的不竭动力。”十八大以来，习近平总书记在不同的场合都强调创新的重要意义。沂蒙精神的意义在于，无论是在革命战争年代还是社会主义现代化建设时期，沂蒙人民靠艰苦奋斗、开拓创新的劲头，取得了一个个令世人瞩目的业绩，一举摘掉了贫困地区的帽子，在全国 18 个连片贫困地区中率先实现整体脱贫。在改革开放和现代化建设的新时期，沂蒙人民继承优良传统，赋予艰苦奋斗以新的时代内涵，将不畏艰难困苦、锐意进取、坚忍不拔、奋发有为的精神状态和为人民利益甘于奉献的思想品德融入沂蒙精神，发扬致富思源、富而思进、与时俱进、开拓创新的精神，为中国特色社会主义建设事业发展提供了强劲的动力之源。

第二节　沂蒙精神的价值功能

马克思在《关于费尔巴哈的提纲》中强调：“哲学家们只是用不同的方式解释世界，问题在于改变世界。”在中国特色社会主义实践中，沂蒙精神的弘扬对社会发展起着重要的作用。沂蒙精神作为推动临沂快速发展的红色精神，对临沂乃至山东经济社会发展“起着灵魂支柱作用、旗帜引领作用、动力源泉作用”，既激励着人民奋发前进，又约束着群众遵章守纪、克己奉献，是区域经济发展与社会和谐的凝聚剂和向心力，助推了沂蒙人民、山东人民乃至全国人民不断取得社会主义现代化事业一个个新胜利。无论革命战争年代、改革开放时期还是中国特色社会主义新时代，沂蒙精神具有强大的政治优势，是推动沂蒙大地改革开放和现代化建设不断前进的强大动力。

沂蒙精神的产生、发展，实际上是沂蒙精神和群众实践相互作用的一个过程，即沂蒙精神的大众化过程。沂蒙精神的发展过程不仅是用沂蒙精神去指导群众的实践，外化为群众实践活动的过程，还是通过不断地总结群众的实践经验，以新的理论观点丰富和发展沂蒙精神的过程。“水乳交融、生死与共”的沂蒙精神是沂蒙人民在中国共产党的坚强领导和精心培育下，以马克思主义理论为指导，历经长期的革命和建设实践，逐步砥砺形成的一种具有鲜明时代特色的革命精神。作为中华民族文化的继承和发展，代表着当代中华民族文化的主流，体现着中华民族的智慧和精神风貌，是培育和陶冶民族精神和民族性格、民族思维方式和民族价值取向的巨大力量，是我们党和国家的宝贵精神财富。更为可贵的是沂蒙精神始终与时俱进，随着时间的推移，社会的发展，沂蒙精神依然在不断地丰富发展，成为社会主义现代化建设的强大精神力量，在祖国的伟大复兴中发挥着重大的价值功能。

一、沂蒙精神的导向功能

沂蒙精神开拓奋进的精髓，为新时代的改革创新指明了方向，对于新时期弘扬以改革创新为核心的时代精神，探索建设中国特色的社会主义道路，激励我们不断解放思想、实事求是、与时俱进具有重要的价值导向功能。

沂蒙精神作为中国革命精神的重要组成部分，体现了坚定的政治立场和政治信念。沂蒙精神昭示人们，作为党的组织和党员，要始终做到对党忠诚，向党中央看齐，一切为了人民，一切依靠人民，克服一切艰难险阻，不断把党和人民的事业推向前进；作为广大人民群众，要从对党的性质宗旨、思想理论的认知中，从对党的历史贡献、现实成就的客观评判中，从对中国发展趋势的理性思考中，从对国际形势的观察和分析中，坚定对党的信任，始终做到听党话跟党走，树牢“四个意识”，坚定“四个自信”，坚决做到“两个维护”，为不断将中国特色社会主义事业推向前进做出积极贡献。

继承爱党爱军的沂蒙精神是新时期改革创新的思想保证。沂蒙爱党爱军的精神来源于实事求是、坚持马克思主义的思想路线，来源于中国共产党密切联系群众的优良作风。当年，就是在这种思想路线、优良作风的指导下，许许多多的仁人志士勇于开拓，找到了在半封建半殖民地的旧中国取得革命胜利的道路。中国近代仁人志士前赴后继的奋斗历程，充分说明：只有共产党才能救中国，中国共产党的领导是实现中华民族伟大复兴的思想保证。只有中国共产党才能洞察中国革命的发展趋势和未来，只有中国共产党能够正确把握社会发展的规律和中国革命的方向。沂蒙精神启迪我们：在当前中国特色的社会主义建设的过程中，在全面深化改革的新时代，我们必须坚持中国共产党的领导，必须全身心地热爱我们的党、热爱我们的军队，否则，我们的社会主义建设，我们的改革就会迷失方向，就会走上歧途。

高扬沂蒙精神凸现的爱国爱军的理想信念是新时代改革创新的精神支柱。爱党爱军的理想信念是沂蒙精神最耀眼的闪光点，也是根据地广大军民艰苦创业、开拓奋进、无私奉献的精神支柱。解放战争年代沂蒙人民推着独轮小车，带着煎饼、大葱支援前线，沂蒙人民为中国革命做出了重大牺牲和贡献。“百万人民拥军支前，10万英烈血洒疆场”。陈毅元帅曾深情慨叹：“我就是躺在棺材里也忘不了沂蒙山人。他们用小米供养了革命，用小车把革命推过了长江！”沂蒙山区十万英烈血洒疆场，乡乡有红嫂，村村有烈士。与日本侵略者血战到底的“全国抗日楷模村”渊子崖，用乳汁救伤员的“沂蒙红嫂”，支前模范“沂蒙六姐妹”等一大批英雄群体至今让人动容。尤其是1947年5月那场闻名中外、震惊环宇的惨烈战争，使沂蒙山的孟良崮变成了一座人民战争的丰碑，足以惊天地，泣鬼神！

当年，沂蒙人民正是在这种爱党爱军思想的感召下，在三年多的解放战争中，在“一切为了前线，一切为了战争胜利”口号的鼓舞下，沂蒙支前民工达到了1018523人，支前小推车达到了314279辆，担架60397付。淮海战役期间，一共出民工560万人，其中来自沂蒙山区的就近百万。这些事例充分说明：爱党爱军思想是沂蒙山区人民开拓奋进的精神支柱和精神动力，沂蒙精神启迪我们：在新时代的改革创新的过程中，我们必须弘扬爱党爱军的理想信念。如今我国的发展必然经历一个漫长的社会主义初级阶段过程，这是一个需要我们不断改革创新、与时俱进，冲破旧体制的束缚，建立和完善市场经济体制的过程。在这艰辛而漫长的探索过程中，只有树立并坚持爱党爱军的沂蒙精神，我们才能团结全国各族人民，集中全国人民的智慧和力量，凝聚全国人民的积极性和创造性，改变我国贫穷落后的面貌，实现我国的社会主义现代化。

弘扬沂蒙精神彰显的艰苦创业、无私奉献的精神是新时期改革创新的锐利武器。艰苦创业、无私奉献是沂蒙精神中最动人的音符和乐章，也是根据地广大军民敢闯新路，开拓创新的锐利武器。八年抗日战争结束不久，国民党就对我山东以及西北解放区实行重点进攻，致使解放区军民的生活条件异常艰苦。为了打破敌人对革命根据地的经济封锁，度过由于经济封锁而造成的严重困难和危机，沂蒙老区人民积极响应毛主席发出的“自力更生、艰苦奋斗”的号召，发展根据地的农业生产，创建根据地的军需工业，开展群众性的熬制硝盐运动，进行艰苦卓绝且卓有成效的生产自救活动。

开拓奋进的沂蒙精神中贯穿着艰苦创业、无私奉献的精神。正是由于这种艰苦创业、无私奉献的精神，使得解放区广大军民团结一心，同仇敌忾，多次粉碎国民党反动派的“围剿”，使解放战争得以顺利开展并推广到中华大地。这充分说明：艰苦创业、无私奉献是中国共产党开拓创新的锐利武器。正是有了艰苦创业和无私奉献的精神，中国共产党才有众志成城，无坚不摧的团结力量，开拓创新才由精神指引的力量转变为改造世界的物质力量。沂蒙精神启迪我们，在新时代的改革创新的过程中，我们必须弘扬艰苦创业和无私奉献的精神。当前，科学技术的发展出现了新的特点，一方面随着人类认识的不断发展，各学科研究领域内部不断分化。由于事物的发展的无限性和个人认识范围的有限性，正确全面认识和把握事物发展的规律是一个艰苦的、长期的探索过程。另一方面各学科研究领域又不断交叉，形成了许多新兴学科和边缘学科。这些新兴学科的研究需要人力、物力和财力的集中投人，需要各方面的人才既各自分工又相互合作，从各自不同的方向，不同的角度围绕既定的目标深入拓展研究。所以，任何科学技术上的突破和创新都不是一个人或几个人能完成的，需要有关人员的长期通力合作，这就需要我们弘扬艰苦创业的精神，“就要敢于奉献，攀登高峰，为祖国、为人民贡献一切智慧和力量，敢于战胜前进道路上的任何困难和艰险，始终勇往直前”。在不懈的努力和奉献中实现创新并取得长足的发展。

临沂人民开山劈岭，整山治水

临沂人民战天斗地，改造自然

临沂人民艰苦奋斗、开拓进取

沂蒙人民关键时刻总是以党和国家利益为重，满腔热情的主动承担义务和责任，宁愿牺牲小家，也要顾全大家，把困难留给自己，把方便让给别人。这种顾全大局、公而忘私、乐于奉献，不计回报的价值取向是沂蒙精神的核心，正是这种正确的价值观念和崇高的思想境界指引着沂蒙人民在不同时期都前赴后继地为中华民族的伟大复兴不断奋斗。

二、沂蒙精神的激励功能

沂蒙精神是在中国革命伟大历史性转折时期，中国共产党带领全国各族人民在实践中培育形成的革命精神，体现着实现中国革命伟大历史转折的时代要求，反映着广大人民群众的根本利益，是继往开来的宝贵精神财富。沂蒙精神是激励中华民族不断进取、攀登人类文明高峰的精神支柱，是激励全国人民全面建成小康社会的强大精神力量。

坚定的爱党爱军信念是激励沂蒙人民不断前进、创造财富的精神动力。理想是人们向往、追求并为之奋斗的目标，信念是指人们确信正确的看法并乐意为之奋斗。在抗日战争后期以及解放战争期间，沂蒙人民为了自身的解放，发扬出敢于斗争、敢于胜利、压倒一切敌人和一切困难、将革命进行到底的革命精神，书写了中国革命史上光辉的篇章。

解放战争期间，在沂蒙这块土地上，进行了决定中国命运的三大战役中规模最大的淮海战役，淮海战役是解放军在兵力装备都不占优势的情况下同国民党重兵集团展开的具有决定性意义的战略决战，能取得如此辉煌的胜利，人民群众的全力支援是重要的原因。沂蒙人民在战争中在粮食、弹药、医疗、救护方面都提供了强有力的保障。没有这种保障，要想取得这次作战的胜利，是无法想象的。人是要有点精神的，崇高的理想和坚定的信念，是鼓舞人们前进的巨大精神力量。沂蒙山区的革命实践雄辩地证明了这一点，孟良崮战役的大决战，就是把崇高理想信念变为社会现实的伟大革命实践。这充分说明，坚定的理想信念是人民解放事业获得胜利的强大精神力量，也是我们开拓未来、不断前进、取得改革和建设新胜利的强大精神支柱。

改革是一场革命，搞现代化建设同样具有革命意义。它引起的社会变革同样具有从未有过的重要性、广泛性和深刻性。正是这样一个包括改革和建设、实现现代化的综合性革命，组成第二次伟大革命的历史潮流。在我们进行第二次伟大革命的进程中，沂蒙精神给我们的最大启示就是：时刻以崇高的理想和坚定的信念武装我们的头脑，这是我们无往而不胜的思想保证和精神动力。在革命战争年代，无论是面对强大凶恶的敌人还是面对艰难困苦的环境，坚定的理想信念始终激励着千千万万的革命志士坚韧不拔、前仆后继的英勇斗争。正如邓小平同志所指出：“为什么我们过去能在非常困难的情况下奋斗出来，战胜千难万险使革命胜利呢？就是因为我们有理想，有马克思主义信念，有共产主义信念。”① 没有这样的信念的激励，就没有战斗力。没有这样的信念的激励，就没有一切。邓小平同志在回顾三年解放战争时指出：“在我的一生中，最高兴的是解放战争的三年，那时我们的装备很差，却都在打胜仗，这些胜利是在以弱对强、以少对多的情况下取得的。”人民能这样一往无前的胜利行进，主要靠的就是信念的激励。

战争时期如此，现在我们建设有中国特色的社会主义同样也是如此。要增强中华民族的凝聚力和向心力，就必须用共产主义的理想与信念去激励人、教育人、团结人。共产党人的最高理想是实现共产主义。而实现这一理想，又是一个很长的历史过程，需要经过一代代人脚踏实地的奋斗，要经过若干个依次发展的阶段。过去进行的战争是革命，现在正在进行的改革开放和现代化建设事业也是深刻的革命，将来通过生产力的高度发展、消灭三大差别、最终使国家消亡的事业同样是革命。无产阶级及其政党从诞生那一天起，历史就赋予了它神圣的使命，这就是按照历史发展的客观规律，彻底革命，不断革命，在破坏旧世界的同时，建设一个新世界，这是一个永不停止的过程。因此，我们要时刻不忘沂蒙精神，在它的激励之下，向着共产主义远大目标奋勇前进，扎扎实实搞好现阶段的社会主义现代化建设事业。

坚定的爱党爱军信念是我们克服和战胜“怀疑论”与“动摇论”、抵制和平演变图谋的锐利思想武器。社会主义代替资本主义、最终实现共产主义是不以人们的意志为转移的客观历史规律，是社会发展的必然。在解放战争时期，毛泽东同志就讲：“反动派总有一天要失败，我们总有一天要胜利。这原因不是别的，就在于反动派代表反动，而我们代表进步。”②

---

① 《邓小平文选》第 3 卷，人民出版社 1993 年版，第 110 页。

② 《毛泽东选集》第 4 卷，人民出版社 1991 年版，第 1195 页。

正是在这样一种坚定必胜信念的激励之下，我党我军发扬一往无前的献身精神，始终以旺盛的革命斗志推翻了旧世界，打倒了国民党反动派。我国是在生产力极不发达的半殖民地、半封建的社会基础上建立起社会主义制度的，而且一经建立，就显示出极大的优越性，特别是近20年来，我国经济增长速度大大高于前30年的平均速度，更高于世界平均水平。这充分说明了我国社会主义制度的优越性，同时也证明了这样一个颠扑不破的真理：只有社会主义才能救中国，只有社会主义才能发展中国。因此，我们不能也没有必要妄自菲薄，更没有理由对社会主义制度产生动摇和怀疑。

我们的革命和建设已经取得了巨大成就，但要真正实现中华民族的振兴还面临着许多困难。那么，如何战胜困难去实现民族振兴呢？最根本的一条就是要坚定共产主义的理想与信念，爱党爱军，坚持走社会主义道路。邓小平同志指出："中国要坚持社会主义制度，要发展社会主义经济，要实现四个现代化，没有理想是不行的。"① 总之，共产主义的理想与信念决定了我们无论面对多么复杂的局势，无论遇到什么样的困难和曲折，都能够坚定不移地走有中国特色的社会主义道路；如果离开了坚定的革命信念，就不可能沿着有中国特色的社会主义道路前进，中华民族的振兴就将化为泡影。

理想和信念要解决的是精神支柱和精神动力的问题。人是要讲精神、讲理想信念的。在解放战争时期，沂蒙人民之所以能够克服重重困难，取得一个又一个胜利，重要的原因就是始终怀着崇高的理想和必胜的信念，敢于斗争和牺牲，勇于开拓和创造。在新的历史时期，我们要取得改革开放和建设事业的新胜利，也离不开沂蒙精神的激励和指引，这是因为广大人民特别是共产党员，只有有了共同理想，才能形成真正的合力，才能克服前进道路上的种种艰难险阻，党的基本路线才能长期坚持，党的事业才能真正发展。邓小平同志说："现在中国提出'四有'，有理想、有道德、有文化、有纪律。其中我们最强调的，是有理想。根据我长期从事政治和军事活动的经验，我认为，最重要的是人的团结，要团结就要有共同的理想和坚定的信念。我们过去几十年艰苦奋

① 《邓小平文选》第3卷，人民出版社1993年版，第124页。

斗，就是靠用坚定的信念把人民团结起来，为人民自己的利益而奋斗。”①

总之，我们比历史上任何时期都更接近、更有信心和能力实现中华民族伟大复兴的目标。沂蒙精神是我们战胜一切艰难险阻的巨大精神财富和政治优势。在战争年代，无论面对强大凶恶的敌人，还是面对艰难困苦的环境，沂蒙人民始终英勇顽强；在社会主义建设时期，不服输的沂蒙人民自力更生、艰苦奋斗，沂蒙大地涌现出许多艰苦创业、改造山河的先进典范；在改革开放时期，沂蒙人民解放思想、敢为人先，与落后的观念和体制做斗争，取得了不凡的成就。新的历史条件下，推进全面从严治党，加快新旧动能转换，生态环保、脱贫攻坚、风险防控等每一项工作都是攻坚战。只要我们充分汲取沂蒙精神的强大精神力量，党群一心，水乳交融，生死与共，就一定能凝聚改革创新的动力，激发干事创业的活力和勇于担当的魄力，把新时代中国特色社会主义伟大事业推向前进。

三、沂蒙精神的凝聚功能

仁、义、礼、智、信与温、良、恭、俭、让是中国传统文化的重要内涵，这也是中华民族千百年来立足世界的标志性文化。沂蒙精神深受传统文化影响，某种意义上讲，沂蒙精神是革命战争年代中国传统文化在沂蒙地区的升华与体现。也是沂蒙人民理想、价值和信念的追求，因此具有强烈的亲和力、感召力和凝聚力。

大忠大信，沂蒙精神以信仰力量感召人。沂蒙精神体现出的大忠是对国家民族的忠，沂蒙精神体现出的大信是对中国共产党及其军队的信。面对民族灾难与国家灾难，沂蒙人民义无反顾，坚定地跟共产党走，勇于牺牲个人的一切利益，表现出感天动地的忠诚、守信、勇猛与果敢。中国共产党没有自己的私利，总是代表中国先进生产力的发展要求，代表中国先进文化的前进方向，代表中国最广大人民的根本利益，也就是代表国家与民族的最高利益。沂蒙人民

① 《邓小平文选》第3卷，人民出版社1993年版，第190页。

认定了共产党，所以才会表现出对党、对国家、对民族、对人民军队的无限忠诚。源于传统文化的忠诚与信仰，永远是一个国家与民族的强大精神力量，这也是沂蒙精神感召人的力量所在，具有重要的现实意义。

大义大爱，沂蒙精神以道德力量凝聚人。正义是人类社会普遍认为的崇高的价值，是指具有公正性、合理性的观点、行为、活动、思想和制度等。正义是一个相对的概念，不同的社会、不同的阶级有不同的正义观。衡量正义的客观标准是这种正义的观点、行为、思想是否促进社会进步，是否符合社会发展的规律，是否满足社会中绝大多数人最大利益的需要。沂蒙精神体现的大义是人间正义。沂蒙人民以国家民族利益为最高取舍，表现出了舍己为公、舍生取义、无私奉献、正气凛然的正义感和道义感，总能感人至深，引发强烈共鸣。大爱是一种超越了人间利益、权利、金钱的无私之爱。大爱的人没有个人利益追求，是在一种至高无上的价值观支配下的最高尚的牺牲和奉献行为。大爱的前提是要有大义。沂蒙人民怀着对国家和民族的忠诚与挚爱之心，看到了中国共产党和人民军队救国救民的真正目的，义无反顾地跟共产党走，为党的事业抛头颅洒热血在所不惜，为人民军队奉献与牺牲甘心情愿。由此可以看出，沂蒙精神蕴含着高尚的道德情操。道德的力量在于其社会规范性和行为的准则性，也是一种巨大社会凝聚力量。

大智大勇，沂蒙精神以精神力量呼唤人。大智是指一种高瞻远瞩，高屋建瓴，顾全大局的理性智慧。有大智的人看问题深刻并且见解独到，超越了俗世难以跨越的东西，在对待生命、身体、金钱、情感等方面会作出不同于常人的行为。沂蒙人民无论是在战争年代还是社会主义建设时期，无论是在改革开放中还是大美临沂建设中，都能从党和国家利益、从民族与社会最高利益出发去思考问题，作出抉择，表现出了近乎“愚”的大智慧。不能深刻理解沂蒙人民的这种大智慧，就很难真正理解沂蒙精神的深刻内涵。大勇是一种非凡的勇气，人只有做到没有世俗的欲望，才能达到大义凛然的境界。因此，大勇产生的基础是大义与大智。当年渊子崖村民与日寇血战到底全村百余人牺牲，新时代沂蒙人民改天换地开拓进取，都表现出了无所畏惧的勇气与豪气。大智大勇也是一种精神气概，是唤起社会集体斗志的巨大力量。

大善大美，沂蒙精神以传统力量亲和人。沂蒙精神是沂蒙人民自古至今不断地追求真、善、美的文化结晶。沂蒙精神包含着大爱无疆的道德美，吃苦耐劳的品格美，勇于开拓的行为美，无私奉献的精神美。这种美体现出了沂蒙人民的真诚与善良，有着强大的亲和力。这种真、善、美包含着沂蒙的历史文化精神以及正在凝结和发展着的城市的内在气质、价值观念、社会心理、思想意识、道德观念、行为准则等丰富内容。因此，沂蒙精神也是体现沂蒙人民独特个性特征的符号系统。沂蒙精神作为临沂区域文化长期实践的精神积淀，成了临沂人民认同的精神纽带、心理依存、行为导向和实践哲学，成了推动临沂城市发展的精神动力，成为临沂人民所共识公认、自觉遵守、引为自豪、自我激励的座右铭，是临沂发展的灵魂和精髓，是全体临沂人民心目中的一面旗帜。它对于塑造临沂的风格、临沂的品位、临沂的形象、临沂的个性、临沂的活力，对于传承临沂的优良传统、开拓临沂的未来具有重要的作用。可以说沂蒙精神凝结着一定社会、一定时代、一定区域的人民所创造的体现先进生产力、先进文化和人民群众根本利益要求的精华，洋溢着沂蒙人民自强不息、厚德载物、和谐相处、追求美好的高尚心灵与完美德行的芬芳，构成了沂蒙红色文化和城市文明竞争力的核心。

沂蒙精神的真正生命力在于万众一心、党政军民“水乳交融、生死与共”。沂蒙精神作为一种区域精神，可以进一步增强当地人民的认同感、归属感和责任感，最大限度地凝聚一个区域的智慧和力量，动员广大人民成为中国特色社会主义建设事业的主力军，成为国家建设和发展的脊梁。

四、沂蒙精神的育人功能

传承红色基因要从娃娃抓起。“人生的扣子从一开始就要扣好。”习近平总书记强调，我们要认真总结这些年来各地在革命传统教育方面的好经验，充分考虑孩子们的认知规律和行为特点，推动红色教育理念、内容、形式、载体各方面创新，激活红色文化资源的生命力。要把红色基因教育融入孩子成长的全过程和日常生活，融入各类节日和社会生活，通过现场讲解、现身说法、专题播放、网络点播、动漫网游、文艺演出等孩子们喜闻乐见的形式，把红色故事、革命传统讲生动讲具体，让孩子们乐意听、乐意学、乐意参与，真正使革命文化成为孩子们的重要精神滋养。

2018 年 3 月 8 日，习近平总书记参加十三届全国人大一次会议山东代表团审议时强调，红色基因就是要传承。中华民族从站起来、富起来到强起来，经历了多少坎坷，创造了多少奇迹，要让后代牢记，我们要不忘初心，永远不可迷失了方向和道路。

社会主义精神文明建设的根本任务是培养有理想、有道德、有文化、有纪律的社会主义新人，提高整个中华民族的思想道德素质、教育科学文化素质和健康素质。而革命时期所培育形成的沂蒙精神，如爱党爱军的坚定信念，不怕困难、开拓奋进的精神，艰苦奋斗的作风和无私奉献的精神等优良传统和作风，都是我们今天精神文明建设的好教材。应该肯定，我们发展社会主义市场经济，一方面有利于全社会树立竞争观念、效率观念、自立观念、开放观念等现代理念和思维方式，推动人们思想观念的解放和转变，推动人们思想觉悟的提高和社会的进步；但是另一方面，在市场经济还不完善的情况下，也容易导致拜金主义、享乐主义和极端个人主义的滋生和蔓延，严重影响人们特别是青少年的思想道德建设。因此，着力建设与完善社会主义市场经济体制相适应，与中华民族传统美德相承接的思想道德体系就显得尤为重要，有针对性地进行理想教育、法制教育、诚信教育尤为必要。在新时代，尤其要注重加强以为人民服务为核心的沂蒙精神教育。通过教育，使广大人民群众，特别是党员干部确立为人民服务的思想，使为人民服务的思想道德体现在工作的各个方面，变为全社会成员的实际行动。自觉抵制和纠正一切有违为人民服务的社会主义道德的错误思想和行为，普遍提高全民族的道德水平，为建设和谐社会，保证社会主义市场经济健康有序进行，推动中国特色社会主义事业全面进步，创造必要的精神支柱和良好的社会氛围。

当代大学生是社会主义的建设者和接班人，他们思维活跃，求知欲望强烈，精力旺盛，面对各种文化的激荡、侵蚀和选择，却良莠难辨。沂蒙精神继承和融合了中国优秀传统文化和革命精神，是中华民族精神的升华，具有强大的生命力、震撼力和感召力。沂蒙精神是当代大学生成长所需的营养及丰富的精神食粮，对于培养当代大学生形成良好的基础素质有很强的现实意义。

首先，以共产主义理想和信念作为政治灵魂的沂蒙精神，有助于我们在新时期，坚持不懈地用邓小平理论、“三个代表”重要思想、科学发展观和习近平新时代中国特色社会主义思想教育当代大学生树立正确的世界观、人生观、价值观。古语云：创业难、守业更难。为了保证老一辈无产阶级革命家所开创的事业后继有人，为了保证坚持党的基本路线一百年不动摇，保证国家长治久安，必须培养和造就千百万社会主义事业的建设者和接班人。高等学校是社会主义精神文明建设的重要阵地，用沂蒙精神教育培养年轻一代，对他们进行革命传统教育，造就一批有理想、有道德、有文化、有纪律的“四有”新人是高等院校应承担的光荣责任。通过对青年大学生进行革命的世界观、人生观、价值观的教育，达到毛泽东同志所要求的那样，做一个高尚的人，一个纯粹的人，一个脱离低级趣味的人，一个有利于人民的人。

其次，以自力更生、艰苦奋斗的创业精神为主要内容和鲜明特征的沂蒙精神，在机遇与挑战并存、优势与困难同在的新形势、新条件下，对加强当代大学生艰苦奋斗的优良传统教育，倡导负重拼搏、迎难而上，反对享乐主义、拜金主义都具有重要的现实意义。自力更生、艰苦奋斗是沂蒙精神的主要内涵。在建立社会主义市场经济的今天，大学生群体中存在着忽视艰苦奋斗、勤俭节约的现象，一些学生害怕艰苦、贪图享受的思想有所滋长，经济开支大手大脚，互相攀比成为时尚。自力更生、艰苦奋斗的沂蒙精神，是对我国人民勤劳、智慧、勇敢等传统美德的继承和弘扬。须知：“忧劳可以兴国，逸豫可以亡身。”“道虽迩，不行不至；事虽小，不为不成。”“历览前贤国与家，成由勤俭败由奢。”自力更生、艰苦奋斗的创业精神能够激励当代大学生励精图治，勤奋学习，克服困难，勇往直前，反对奢侈浪费、华而不实。逐步培养起科学的道德理性，健康的道德情感，坚定的道德意志，并实践高尚的道德行为。

再次，爱党爱军、无私奉献的沂蒙精神，对于当代大学生树立服务社会，报效祖国的意识，努力把自己塑造成中国特色社会主义事业的合格的建设者和接班人，具有强烈的引导、教育作用。对大学生进行热爱党、热爱祖国、热爱社会主义的教育是高校德育工作的重要内容。沂蒙精神是对大学生进行三热爱教育的生动教材。通过在校园大力宣传、学习、弘扬沂蒙精神，可以使青年大学生了解革命先烈对党的无限忠诚，使他们更加热爱党、热爱祖国、热爱社会主义。这种精神对于培育当代大学生追求真理，与时俱进，求真务实，树立科学精神和人文精神，培养德、智、体、美、劳全面发展的高素质人才具有很强的现实意义。

第三节　弘扬沂蒙精神的时代意义

在长期的革命和现代化建设过程中，勤劳勇敢的沂蒙人民在中国共产党的领导下，正确总结党的历史经验教训，充分汲取中华民族的优秀传统精神，形成了以“水乳交融、生死与共”为本质特征的沂蒙精神。2013 年，习近平总书记来临沂视察工作时强调了沂蒙精神的重要历史地位和伟大意义。新中国成立后，临沂人民为改变贫穷落后面貌进行了不懈努力，改革开放以来，把发扬革命传统同弘扬时代精神结合起来，形成了具有时代特征的沂蒙精神。在中国特色社会主义建设的新时代，大力弘扬沂蒙精神，对于加强新时代思想道德建设、推动党的建设和全面建成小康社会，实现中华民族的伟大复兴具有重要的时代意义。

一、沂蒙精神与思想道德建设

思想道德建设是先进文化的重要内容，是全民族素质的集中体现。所谓全民素质，不仅仅是指全体国民的科学文化素质，更重要的是指思想道德素质，是国家文化软实力的重要组成部分。今天，世界文明已发展到较高的程度，衡量一个国家和地区是否进步，其标准不只是看其经济的发展，还要看思想道德、文明意识是否健康向上。事实证明，一个思想道德素质低下的民族不可能很快地发展起来，即使发展起来也很难维持长久。建设具有中国特色的社会主义现代化国家，迫切需要把全国人民团结起来，用一种健康的精神把人民的力量凝聚起来，鼓励一切有利于国家统一、民族团结、经济发展、社会进步的思想道德，使广大干部和群众不仅具有共同的理想和奋斗目标，而且要保持强大的凝聚力和丰富的创造力。切实加强思想道德建设，对于全面建设小康社会、推动我国社会全面进步意义重大。

思想道德建设体现着社会主义精神文明建设的性质和方向，集中反映着社会主义制度的本质要求。在新时代，我们所进行的思想道德建设，是与社会主义市场经济相适应、与社会主义法律规范相协调、与中华民族传统美德相承接的社会主义思想道德体系，引导人们在遵守基本行为准则的基础上，追求更高的思想道德目标。而作为社会主义精神文明建设核心的思想道德建设，集中体现着精神文明建设的性质和方向。只有全面加强社会主义思想道德建设，才能为经济建设和社会进步创造健康优雅的环境，使两个文明相互促进、协调发展，真正做到“两手抓，两手都要硬”；才能在深化改革、逐步建设和完善社会主义市场经济体制的条件下，形成建设中国特色社会主义共同理想、价值观念和道德规范，防止和遏制腐朽没落的思想及生活方式、丑恶现象的滋长蔓延；才能在扩大开放、融入经济全球化的新形势下，吸收外国优秀文化成果，弘扬中华民族传统文化精华，粉碎西方敌对势力反华、“西化”图谋，为社会主义现代化建设提供强有力的精神动力和智力支持。

思想道德建设是我们党和国家的政治特色和政治优势。早在延安时期，中国共产党就高度重视思想道德建设，认为“掌握思想教育，是团结全党进行伟大政治斗争的中心环节，如果这个任务不解决，党的一切政治任务是不能完成的”①。革命战争年代，毛泽东同志为全党树立了白求恩、张思德等道德标兵，号召全党和全国人民“做一个高尚的人、一个纯粹的人、一个有道德的人、一个脱离了低级趣味的人、一个有益于人民的人”，要“为人民服务”。社会主义建设时期，邓小平强调要教育全党坚持共产主义思想、共产主义道

① 《毛泽东选集》第3卷，人民出版社1991年版，第1094页。

德、共产主义精神；要教育人民成为“四有”人民，教育干部成为“四有”干部；要向青年进行有理想，有纪律的教育。2001年9月，中共中央印发了《公民道德建设实施纲要》，号召全社会“大力宣传和弘扬解放思想、实事求是，与时俱进、勇于创新，知难而进、一往无前，艰苦奋斗、务求实效，淡泊名利、无私奉献的时代精神，使公民道德建设既体现优良传统，又反映时代特点”，成为指导新时期公民道德建设的纲领性文件。《纲要》着眼于促进人与人、人与社会、人与自然相和谐，致力于在全社会形成共同的理想信念、道德规范和价值取向，坚持贴近实际、贴近生活、贴近群众，为加强思想道德建设注入了新的动力，丰富了新时期思想道德建设的内涵。

新时代，国际局势风云变幻，世界范围内的政治、思想、道德、文化的交流、碰撞、交锋日益激烈，思想道德建设面临新的挑战。

一是经济全球化的挑战。在经济全球化趋势下，尤其是我国入世后，全方位的国际经济交流与合作更加频繁，随之而来的西方文化思潮的影响日益增大。在这种国际经济及政治、文化氛围下，使一些人尤其是年轻人的国家意识淡化，民族身份消解，失去了对传统文化的认同感。

二是科学技术的挑战。科技作为第一生产力，极大地推动着经济发展和社会进步。但同时应看到它给人类造成的负面影响。信息多元化时代，信息横流可能会带来物欲横流和人欲横流，克隆技术的发展，带来许多伦理道德及法律问题，高科技产品，如针孔摄像机、007“窃听器”等可能给各类犯罪分子提供作案工具，还有网络犯罪现象时有发生。这里给人们提出一个严肃课题，即人们在不断掌握运用科技成果的同时，如何不断提高自身的思想道德素质，正视和抵制它可能造成的负效应，树立自律意识，提高道德约束力，增强对人类、对社会的道德责任感。

三是市场经济的挑战。社会主义市场经济，极大地促进了社会生产力的发展和社会的进步，其利益原则，在激发人们的进取意识和创新热情的同时，也使一些人的私欲膨胀，产生了消极负面的影响。在市场利益多元化的背景下，怎样加强社会主义道德建设，坚定共产主义理想和建设中国特色社会主义共同理想，坚持和弘扬社会主义道德规范，反对拜金主义、享乐主义和个人主义，是思想道德建设所要解决的重要任务。

沂蒙精神是一种先进的群体意识，是中华民族优秀文化的重要组成部分，所蕴含的理想信念、道德价值观念、价值目标和崇高的精神境界，是进行思想道德建设的生动教材。弘扬沂蒙精神，是社会主义核心价值观教育的重要途径，能够促进社会主义核心价值观教育的完善和发展，对于新时期的思想道德建设具有深远的价值导向意义。

第一，弘扬沂蒙精神，有利于在全社会树立正确的世界观、人生观和价值观。思想道德建设，必须高度重视社会主义和共产主义的理想教育，重视马克思主义的崇高信仰和中国共产党的领导。对党忠诚是沂蒙精神的灵魂，是对党的无限忠诚和对党领导下的社会主义事业的无限热爱，是沂蒙精神最耀眼的闪光点，是沂蒙人民政治本色的根本体现。沂蒙人民战争年代坚信中国共产党是人民的政党，人民军队是自己的军队，因此，沂蒙人心中存有一份特殊情感，也正是因为这份情感，沂蒙人民才会对党和人民军队有着崇高的敬意和发自内心的热爱。弘扬沂蒙精神，始终不渝地支持拥护党的领导，坚定不移地贯彻党的路线方针政策，旗帜鲜明地开展爱国主义、集体主义和社会主义思想教育，对于加强全民族政治思想道德建设，具有重大和深远的现实意义。

第二，弘扬沂蒙精神，有利于在全社会形成正确的幸福观。艰苦创业，是沂蒙人民的特殊品格，也是沂蒙精神丰富内涵的重要组成部分，体现了沂蒙人民自力更生、艰苦奋斗、坚韧不拔、顽强拼搏的良好精神风貌。沂蒙山区自古以来“四塞之崮，舟车不通，土货不出，外货不入”，然而不服输的沂蒙人民从来没有放弃过改造自然界的努力。新中国建立后，人民当家作主人，劳动人民的积极性和创造性得到了最大程度的发挥，沂蒙大地涌现出一批又一批艰苦创业、改造山河的先进典范。从20世纪50年代社会主义建设高潮时期被毛泽东同志批示为“愚公移山，改造中国，厉家寨是一个好例”的厉家寨，到20世纪90年代成为新时期全国农业战线艰苦创业先进典范的九间棚；从中华人民共和国成立初“千库万塘”的治淮工程到新世纪大美临沂的生态水城，沂蒙人民不等、不靠、不要，用自己的双手创造属于自己的幸福生活。时代在发展，但沂蒙人民靠艰苦奋斗追求幸福新生活的初衷从不曾改变。弘扬沂蒙精神，发扬“艰苦创业、吃苦耐劳”的优良品格，有利于抵制不劳而获、好逸恶劳的思想，从而形成劳动创造幸福的正确幸福观。

第三，沂蒙精神所体现的“无私奉献”的道德观，有利于形成正确的权利义务观念。艰苦创业离不开无私奉献。“无私奉献”概括了沂蒙人民顾全大局、公而忘私、自我牺牲、勇于奉献的价值取向，是沂蒙精神的核心。革命战争年代，沂蒙人民倾其所有支持中国革命：参军将士们用自己的血肉之躯筑起抗击侵略者的钢铁长城；红嫂们用自己的乳汁救护伤员、养育革命后代；普通老百姓用滚滚独轮车推动了解放战争的胜利。社会主义建设时期，沂蒙人民继续默默地为国家富强和民族强盛做着奉献：以王传喜为代表的大批村领导，带领家乡人民脱贫致富，谱写了人生绚丽的华章；抗击非典期间，沂蒙人民捐血、捐钱、捐物，其中全国最大的一笔捐款（物）就来自临沂；2020 年的抗“疫”战争中，沂蒙人民又走在前列。沂蒙人民在任何情况下，总是以党和国家的利益为重，主动地承担义务和责任，以自觉奉献为荣，以长期奉献为贵，以竭力奉献为乐，展示出崇高的思想境界和优秀的道德品质，生动地诠释和践行了公民应具有的思想道德素质。新时期深入弘扬无私奉献的沂蒙精神，牢固树立吃苦在前、享乐在后，奉献为荣、索取为耻，先人后己、克己奉公的高尚道德情操，对于提高广大公民的思想道德素质，形成正确的权利义务观念，具有强大的示范和引领作用。

沂蒙精神与社会主义核心价值观教育内涵是一致的，是进行社会主义核心价值观教育的生动教材和现实参照。抗战时期，沂蒙军民以血肉之躯，创建了沂蒙抗日根据地，数百万优秀的沂蒙儿女，为挽救民族危亡，以高度的爱国主义精神，同侵略者进行了英勇悲壮的斗争；新中国成立以来，在国家建设的各个时期，无论在多么困难条件下，沂蒙人民都能够坚持自力更生、坚韧不拔，同时为国分忧，节衣缩食、吃糠咽菜支援国家建设，处处从大局出发，宁愿牺牲小家，也要帮助大家，把困难留给自己，把方便让给别人，公而忘私，勇于自我牺牲、无私奉献；在市场经济的大潮中，沂蒙人民靠着朴实、勤劳、淳厚、善良、诚实的精神本色，靠着吃苦耐劳的劲头，实现了历史性的跨越，取得了举世瞩目的辉煌成就，成为众多革命老区中经济发展的佼佼者，体现了在新的历史条件下沂蒙人民高尚的社会主义的义利观。在当前建设社会主义核心价值体系的过程中，大力弘扬沂蒙精神，继承和发扬沂蒙人民的优良传统和作风，学习沂蒙人民的高尚情操，就能在全社会真正树立起社会主义荣辱观，确立起全社会普遍奉行的道德规范，营造起和谐的人际关系和新型的社会风尚，从而在实现中华民族伟大复兴的宏伟目标中发挥巨大作用。

当前，我们应当结合思想道德建设这一重要政治任务，充分挖掘沂蒙精神的内涵和实质，充分发挥沂蒙精神的力量凝聚人心、振奋人心、统一思想、凝聚力量，同时要以大力弘扬沂蒙精神为主要途径，推动社会主义思想道德建设深入、持久地开展下去，引导人们正确判断行为得失、善恶美丑，把中华民族共有精神家园建设得更加美好。

二、沂蒙精神与党的建设

中国共产党历来重视自身建设，这是它所担负的历史责任所决定的。勇于自我革命，从严管党治党，是党最鲜明的品格。党的十八大以来，中国共产党直面问题，以顽强意志品质正风肃纪、反腐惩恶，全面从严治党，成效卓著。我们党面临的执政环境是复杂的，影响党的先进性、弱化党的纯洁性的因素也是多方面的，党内存在的思想不纯、组织不纯、作风不纯等突出问题尚未得到根本解决，全面从严治党依然任重道远，全面从严治党永远在路上。

革命战争年代，山东革命根据地就十分注重党的建设。按照党中央的要求，根据地全面加强党的政治建设、思想建设、组织建设、纪律建设和作风建设。政治上，实行党的一元化领导，在山东建立了统一的军事领导中心，解决了武装部队统一指挥的问题，山东的抗战局面也随之发生了明显的变化；思想上，注重思想宣传工作，唤醒革命意识；组织上，审查干部，开展对基层党支部的全面整顿工作；纪律和作风上，严明纪律，对人民群众秋毫无犯。根据地通过加强党的建设，增强了党组织的战斗力，促进了党组织的健康成长和不断壮大，也进一步树立了党在群众中的威信，更加坚定了人民群众跟党走的决心。

保持和发展党的先进性，是中国共产党自身建设的根本任务和永恒课题。当前日益复杂的国际形势和日新月异的国内环境，给党员队伍和党的自身建设带来深刻的影响。大力加强党的执政能力建设和先进性建设，进一步提高党的领导水平和执政水平，进一步增强拒腐防变和抵御风险的能力迫在眉睫。加强党的建设就要努力把党建设成为全心全意为人民服务、思想上政治上组织上完全巩固、能够经受住各种风险、始终走在时代前列、领导全国人民建设中国特色社会主义的马克思主义政党。人民性是衡量一个政党先进性的核心标准。马克思主义的历史观认为，人民，只有人民才是推动历史前进的主体。中国共产党的宗旨是全心全意为人民服务。不论社会发展到什么程度，只有代表最广大人民群众的根本利益，一个政党才能有牢固的群众根基和思想根基，才能在纵横捭阖的社会发展浪潮中永远立于不败之地。

沂蒙精神是在党的领导下形成和发展起来的，体现了党群、干群、军民之间的鱼水深情，代表了党的先进性要求，体现了我们党的优良传统和最大政治优势。在改革开放和社会主义现代化建设的新时代，大力弘扬沂蒙精神，对于密切党同人民群众的血肉联系，发扬党在新时期的群众观，加强和改进党的作风建设，增强党的阶级基础和扩大党的群众基础，不断推进党的建设新的伟大工程，开创中国特色社会主义事业新局面具有重要意义。

根基在人民群众之中的沂蒙精神，其产生到发展的全部过程，都体现了我们党始终坚持“一切为了人民，一切依靠人民”的群众路线，体现了全心全意为人民服务的宗旨。沂蒙精神之所有能够产生的重要原因就是我们党及其领导的军队在艰苦的革命斗争中，始终把为人民谋利益、求解放作为行动的出发点和落脚点，一切为了群众，一切依靠群众，把人民当成亲人，干群、军民形成了血肉相连、水乳交融的密切关系。人民群众深刻认识到，中国共产党是他们根本利益的忠实代表，只有中国共产党才能使他们翻身解放做主人，过上幸福生活，他们才对党高度信任，把自己的全部希望自然地寄托在了中国共产党身上。在党的正确领导下，在党的先进思想理论教育下，在人民军队的影响和感召下，沂蒙人民紧跟共产党干革命、拥军支前。

如果说井冈山精神的创造主体是党和人民军队，集中体现了以毛泽东为代表的革命领袖的革命实践和思想总结；而沂蒙精神的创造主体是沂蒙人民，沂蒙精神是沂蒙人民创造的群众精神、平民精神，更多地体现了沂蒙人民的主体价值、主体理念和主人翁意识，其内涵来源于沂蒙人民的革命和建设实践，依托沂蒙大地孕育、生成和发展，集中反映了沂蒙人民的意志和思想。沂蒙精神诞生于战火纷飞的战争年代，发展于社会主义建设时期，完善于改革开放时期，升华于新时代中国特色社会主义建设时期。沂蒙精神发展的四个时期，其主题始终围绕党和人民群众的关系。前三个时期集中反映了人民群众的主体地位，人民创造了历史，就像电视剧《沂蒙》所体现的没有人民群众的支持就没有新中国。大美临沂建设时期的党群关系则充分展现了沂蒙精神在新时代的内涵，体现了新时期的群众观，那就是党的执政为民、人民利益高于一切的思想。

大力弘扬沂蒙精神，实践新时期的党群观，有利于党的先进性建设。习近平总书记多次强调“不忘初心，牢记使命”教育对广大党员干部的重要意义。他强调坚持以人民为中心的理念，加强党的先进性建设，必须把最广大人民的根本利益作为党全部工作的出发点和落脚点，保证党始终与人民群众共命运。任何一种政党，其伟大精神的保持和发展，只有始终坚持以人为本，一切依靠人民，一切为了人民，体现鲜明的人民性，才能具有强大的创造力和长久的生命力。沂蒙精神在本质上统一于党的伟大精神的人民性。沂蒙精神的人民性决定了人民群众在党群关系中的根本性。一个政党如果不能保持同人民群众的血肉联系，如果得不到人民群众的支持和拥护，就会失去生命力，更谈不上先进性。我们党的根基在人民、血脉在人民、力量在人民，保持党同人民群众的血肉联系，是我们党无往而不胜的法宝，也是我们党始终保持先进性的法宝。

大力弘扬沂蒙精神，实践新时代的党群观，有利于提高党的领导水平和执政能力。人民群众是智慧的源泉，相信和依靠群众，尊重群众的首创精神，善于集中群众的智慧和创造，始终坚持党的群众路线，是加强党的执政能力建设，提高党的领导水平和执政能力的根本途径。弘扬沂蒙精神，贯彻执政为民的理念，坚持人民利益高于一切的思想，牢记全心全意为人民服务的宗旨，才能像战争年代那样，深深扎根于人民群众中间，紧紧依靠群众，从人民群众中汲取智慧和力量，始终与人民群众同呼吸、共命运、心连心。

大力弘扬沂蒙精神，实践新时代的党群观，有利于提高拒腐防变、抵御风险的能力。面对新的挑战，广大党员干部尤其是各级领导干部要牢固树立科学的世界观、人生观、价值观和正确的权力观、地位观、利益观，坚持权为民所用、情为民所系、利为民所谋，才能增强自身抵御外界风险的能力。历史和现实都表明，党群血肉联系，党是关键。只有把我们的党建设好，才能建立起人民群众对党的信心和信任，党群血肉联系才能得到巩固。

沂蒙精神体现了党群、干群、军民之间血肉相连、水乳交融的密切关系，是党的群众路线的生动实践，是党的性质和宗旨的生动写照，体现了我们党的优良传统和最大政治优势。今天，要保持党的先进性、提高党的领导水平和执政能力，需要弘扬沂蒙精神，学习山东革命根据地党政军民的价值观、方法论、政治立场、意志品格、作风纪律，把握执政规律，巩固执政基础，实现执政使命。

三、沂蒙精神与全面建成小康社会

马克思主义认为精神对物质具有强大的反作用。毛泽东也说过，人总是要有一点精神的。人与动物的区别之一就在于人有精神。一个人是这样，一个国家是这样，一个地区也是如此。对于一个民族来说，如果没有强大的民族精神作支撑，不可能自立于世界民族之林，对于一个地方来讲，精神是竞争力、是生产力，是推动物质文明、精神文明、政治文明、社会文明和生态文明建设的强大力量。

纳蒙山之魂魄，汲沂水之膏泽。在临沂这片历史悠久、文化灿烂的土地上诞生的沂蒙精神，是沂蒙优秀历史文化积累的结果，是马克思主义基本原理与沂蒙地区发展实际相结合的思想结晶，是沂蒙人民在长期的革命和建设实践中形成的先进的群体意识。沂蒙精神是早已融入沂蒙人民血脉之中的思想种子，一旦遇到合适的土壤和生长环境，立刻便会扎根、发芽、开花、结果，焕发出生命的跃动力。在中国共产党的领导下，沂蒙精神成为沂蒙人民改造社会、推动社会发展的有力思想武器。

自1989年首次提出“沂蒙精神”以来，党和国家领导人先后对沂蒙精神的学习、宣传、弘扬做出多次重要指示。1992年，中共中央总书记江泽民同志来临沂视察，挥笔写下了“弘扬沂蒙精神，振兴临沂经济”的题词。1999年，胡锦涛同志到临沂视察时指出：“在长期的革命斗争中，临沂人民为中国革命事业的胜利创立了光辉的业绩，做出了巨大贡献。解放后，临沂人民为改变贫穷落后面貌进行了不懈的努力。改革开放以来，把发扬革命传统同弘扬时代精神结合起来，形成了具有时代特征的沂蒙精神。”李长春2011年来临沂调研，对沂蒙精神的强大力量做了科学的总结：“临沂作为革命老区，巨大的变化让我感到出乎意料，这说明临沂人民有着这样一种精神，这种精神，用在抗日战争，我们能够赢得民族的独立；用在解放战争，能够使人民当家作主人；用在脱贫致富，能够很快地改变贫穷落后面貌，这个精神就是沂蒙精神。在新的历史时期，临沂人民大力弘扬伟大沂蒙精神，实现了脱贫致富。现在我们全面建设小康社会更需要沂蒙精神。”2013年11月，习近平总书记在临沂考察时指出，“沂蒙精神与延安精神、井冈山精神、西柏坡精神一样，是党和国家的宝贵精神财富，要不断结合新的时代条件发扬光大”，“山东是革命老区，有着光荣传统，军民水乳交融、生死与共铸就的沂蒙精神，对我们今天抓党的建设仍然具有十分重要的启示作用”。党和国家领导人深刻揭示了沂蒙精神的实质与弘扬沂蒙精神的重大意义。

新中国成立后，沂蒙人民积极响应党的号召，不等不靠不要，自力更生，以实际行动与巨大成就，诠释了开拓奋进、艰苦创业的精神，以厉家寨为代表的农村艰苦创业的事迹轰动全国，1957年10月9日，毛主席亲笔写下“愚公移山，改造中国，厉家寨是一个好例”的批示，全国掀起了农业运动的新高潮。改革开放以来，沂蒙人民把沂蒙精神与改革创新意识有机结合起来，高举邓小平理论、“三个代表”重要思想、科学发展观和习近平新时代中国特色社会主义思想的伟大旗帜，解放思想、开拓奋进、锐意进取、干事创业、加快发展，以敢为人先的气魄、以不畏艰苦的干劲，于1995年率先在全国18个连片扶贫地区中率先整体脱贫，走出了一条发展社会主义市场经济的新路子，涌现出了九间棚、沈泉庄、代村等一大批改革开放的先进典型和刘嘉坤、王廷江、王传喜等一批英模人物，实现了经济和社会各项事业发展的新跨越，迎来了经济社会文化发展又好又快的历史新时期。沂蒙精神是夺取革命胜利的法宝，也是创造改革发展辉煌成就的宝贵精神财富。沂蒙精神增强了沂蒙人民的认同感、归属感、自豪感，起到了凝聚人心、凝聚力量、凝聚防线，树立了自信心、唤起责任心、激发进取心。没有锐意进取的激情，很难干成干好一项事业，没有勇往直前的进取精神和攻坚克难的拼搏精神，就没有今天革命老区的成就，今天的沂蒙老区取得的成就在很大程度上得益于沂蒙精神的引导力量。

而今，全国人民正在鼓足干劲，高举中国特色社会主义伟大旗帜，为夺取全面建成小康社会新胜利而奋斗着。伟大的事业需要崇高的精神，崇高的精神支撑和推动伟大的事业。新世纪新阶段，大力弘扬沂蒙精神，是全面建成小康社会的强大精神动力，更是全面建成小康社会的内在要求。为此，我们就要充分培育和发挥沂蒙精神的引领、激励和教育作用，让沂蒙精神继续迸发璀璨的光芒，谱写全面建成小康社会的新篇章。

全面建成小康社会，必须坚定社会主义信念，始终坚持党的领导，保持正确的政治方向。以“爱党爱军”为灵魂的沂蒙精神，体现了沂蒙人民立场坚定、方向明确、追求执着的崇高政治信仰。从革命战争年代到现代化建设的实践，让沂蒙人民充分认识到中国共产党的伟大。只有中国共产党才是人民的政党，才是全心全意为人民谋利益的政党，从而坚定了跟党走的决心。永远跟着中国共产党坚定地走社会主义道路，在党的领导下用自己的双手和智慧开拓自己美好的明天，是沂蒙人们在历史的沉浮中自主做出的选择，也表达了沂蒙人民最淳朴的内心。中国共产党正在带领全国人民努力实现全面建成小康社会的宏伟目标，在这个进程中，我们将面临各种严峻的困难和挑战，为此我们必须牢固树立共产主义理想和中国特色社会主义信念，只有这样，才能坚定对马克思列宁主义、毛泽东思想、邓小平理论、“三个代表”重要思想、科学发展观和习近平新时代中国特色社会主义思想的信仰，才能不至于在各种社会思潮中迷失方向，才能正确认识党内存在的某些消极腐败现象，坚定对党的忠诚和信仰，从而把个人的奋斗融入小康社会的建设实践中去。大力宣传和弘扬沂蒙精神，用崇高的精神武装人们的心灵，使坚定的政治方向成为人们自觉地价值观念和行为规范，才能在全面建成小康社会的进程中牢牢把握正确的政治方向。

全面建成小康社会，必须要坚持和发扬艰苦奋斗、敢闯敢干的精神。艰苦奋斗是我们党的优良传统，过去干革命需要艰苦奋斗，今天面对社会主义现代化建设的长期性和艰巨性，更需要发扬艰苦奋斗的优良作风。全面建成小康社会是一项涵盖经济、政治、文化、社会、生态等全方位的重大而艰巨的任务，不怕困难、吃苦耐劳、艰苦奋斗、敢闯敢干是沂蒙人民长期以来形成的特殊品质。要克服前进道路上的困难和挫折，就要大力弘扬知难而进、坚忍不拔的艰苦奋斗精神和积极探索、勇于创新的敢闯敢干精神，进一步凝聚和鼓励沂蒙人民乃至山东人民、全国人民同心同德、同心同力，克服艰难险阻，把中国特色社会主义伟大事业不断推向前进。

全面建成小康社会，必须充分依靠人民群众。要实现全面建成小康社会的宏伟目标，必须相信群众、依靠群众，要诚心实意地服务群众，为群众办实事。历史发展经验证明，人民群众的支持和无私奉献，是我党我军取之不尽用之不竭的力量源泉。任何时候、任何条件下，只要我们真正能够做到密切联系群众，处处关心群众疾苦，做群众的贴心人，就没有克服不了的困难，反之，如果脱离了人民群众，中国革命和建设将一事无成。沂蒙精神的本质特征是人民性，在和平建设时期，沂蒙人民发扬革命战争年代形成的优良传统，按照党的要求，积极投身于社会主义改造和社会主义建设事业。面对战争留下的巨大创伤和贫困的自然条件，沂蒙人民积极响应新中国的召唤，继承发扬光荣传统，奋勇冲上了向愚昧、贫穷宣战的战场，掀起了发展生产的热潮。改革开放以来，沂蒙人民在中国共产党的领导下，凝聚在艰苦创业的旗帜下，自力更生、艰苦奋斗，荒岭变绿荫，天堑变通途，谱写了一曲创业奉献的人生华章。

全面建成小康社会，必须充分发扬无私奉献精神。无私奉献是共产主义思想体系的瑰宝，是全面建成小康社会、构建社会主义和谐社会的强大精神力量。无私奉献是沂蒙精神的核心，概括了沂蒙人民顾全大局、热爱集体、公而忘私、自我牺牲、勇于奉献的价值取向。在革命战争年代，沂蒙人民用小车推动了历史，用乳汁养育了革命，用血肉之躯构建了共和国的大厦。在社会主义建设和改革开放新时期，无私奉献精神更需要继续发扬。特别是在全面建成小康社会的改革过程中，我们会面对各种复杂的利益关系和矛盾冲突，在处理国家、集体和个人利益时，我们必须充分发扬沂蒙精神，坚持以大局为重，以党和国家的利益为重，发扬集体主义思想，发扬公而忘私精神，主动承担义务和责任，形成关爱社会、尊重他人、我为人人、人人为我的良好氛围，从而构建一个民主法治、公平正义、诚信友爱、充满活力、安定有序、人与自然和谐相处的社会主义和谐社会。

全面建成小康社会，就要实现物质文明和精神文明双丰收。小康社会的建成，不仅需要高度的物质文明，更需要高度的精神文明。贫穷不是社会主义，精神空虚也不是社会主义。任何时代、任何社会都需要精神力量鼓舞人们前进。沂蒙精神作为一种先进的思想意识和高尚的道德情操，其弘扬和发展是建成小康社会的自身要求。沂蒙精神形成和发展的历史，就是一部实践爱国、团结、诚信、奉献的历史。因此，沂蒙精神本身就是一部思想道德教育的生动教材。弘扬沂蒙精神是建设沂蒙特色文化、发展社会主义先进文化的重要内容。弘扬沂蒙精神，充分发挥其教育和榜样作用，可以浸润干部群众崇德尚文的心灵，培育和提升道德凝聚力，提高整个社会的文明程度，促进社会的和谐。大力弘扬沂蒙精神，就是要用沂蒙精神教育群众、引导群众，使沂蒙精神成为引导广大群众干部的一面旗帜，成为临沂人勇攀新高的精神支柱，成为新时代临沂人的“精气神”，把沂蒙人民的心聚得更紧，劲鼓得更足，对于凝聚和鼓励沂蒙人民为全面建成小康社会而努力奋斗具有重要意义。

第五章

沂蒙精神的宣传与弘扬

沂蒙精神底蕴深厚，内涵丰富，无论是在战争年代，还是在社会主义建设与改革开放新时期，都发挥了重要作用，而且其影响力早已超出了地域范围，在山东乃至全国都产生了积极作用。作为一种积极向上的、战胜任何艰难困苦、无坚不摧的强大力量，沂蒙精神是革命精神，也是建设精神、改革精神，它既是时代发展的产物，又是推动时代发展，随时代前行的巨大精神力量。沂蒙精神所具有的先进的理论品质和鲜明的实践品格，使她能够穿越时空隧道，跨越地域疆界，成为全党全国各族人民的共同精神财富和强大精神支柱，是需要大力传承和弘扬的宝贵精神财富。

第一节　宣传与弘扬沂蒙精神的方法和途径

多年来，山东省和临沂市借助老区的政治优势，充分发挥沂蒙精神的导向、教育、激励功能，利用革命老区丰富的革命传统教育素材，大力宣传和弘扬沂蒙精神，在弘扬中培育，在培育中弘扬，不断扩展弘扬沂蒙精神的广度和深度。

一、宣传与弘扬沂蒙精神的方法

第一，进一步巩固马克思主义理论作为沂蒙精神的指导地位。伟大的事业，必须有伟大的理论来指导，以科学的理论作为支撑。沂蒙精神是在社会主义革命与建设实践过程中逐步发展起来的，是在马克思主义的指导下逐步成长起来的。马克思主义理论为我们提供了正确的世界观和方法论，提供了正确的认识世界和改造世界的强大思想武器。只有用马克思主义的立场、观点、方法来正确认识经济社会发展形势，正确认识社会思想意识中的主流与支流，才能在错综复杂的社会现象中看清本质、明确方向。

沂蒙精神是中国劳动阶级的革命精神，反映的是劳动人民在党的领导下建立人民民主专政，建设社会主义的过程中展现的精神风貌，这种革命精神是在马克思主义理论指导下逐渐形成、发展和逐渐完善的。早在20世纪20年代初，山东地区党的早期组织者、领导者王尽美就在家乡沂蒙地区传播革命真理，对沂蒙人民进行革命思想的启蒙教育。革命战争年代，沂蒙地区的党组织非常重视从思想上建设党，积极学习宣传马克思主义和中国共产党的政治主张。刘晓浦、刘一梦、刘之言、孙善师等沂蒙进步青年纷纷加入中国共产党，中共沂水支部、中共鲁南第一支部等基层党组织的成立进一步成为沂蒙革命的领航者。抗日战争爆发后，受党中央委派，黎玉、徐向前、罗荣桓、朱瑞、刘少奇、陈毅、粟裕等革命前辈先后来到了沂蒙。他们十分重视思想政治教育，宣传马克思主义，解释党的路线、方针、政策，加强党的思想政治工作。沂蒙党政军严格遵守党内、军队纪律，党员领导干部自觉树立廉政意识，党风纯朴清正。马克思主义理论的武装，让沂蒙人民思想认识上也有了质的飞跃，为沂蒙精神的产生、发展和成熟提供了思想理论支撑。沂蒙人民在革命斗争中所表现出来的对中国共产党、对人民军队的大力支援和无私奉献，正是党长期宣传革命理论，用马克思主义教育人民群众的结果。在马克思主义理论的指导下，沂蒙人民固有的优秀思想道德和朴素的阶级感情转化成为共产主义理想而奋斗的高度政治热情，沂蒙人民怀着对党的赤诚之心、对人民军队的无比热爱，用自己的双手、鲜血和生命谱写了一曲曲拥军支前的壮丽赞歌，熔铸了党和沂蒙人民血浓于水的感情。

在社会主义和平建设时期，沂蒙人民在党的领导下继续发扬革命战争年代形成的优良传统和作风，高举中国特色社会主义伟大旗帜，以马克思列宁主义、毛泽东思想、邓小平理论、“三个代表”重要思想、科学发展观、习近平新时代中国特色社会主义思想为指导，积极投身于“两个一百年”的伟大奋斗目标中，解放思想、艰苦创业，改革开放、敢为人先，运用马克思主义立场、观点和方法研究新情况、解决新问题，使沂蒙人民的思想觉悟不断提高、精神境界不断升华。弘扬沂蒙精神，必须看到马克思主义理论的教育指导地位，加强马克思主义理论的宣传教育，用马克思主义中国化的最新理论成果指导我们不断前进，唯有如此才能充分发挥沂蒙精神在社会主义现代化建设过程中的重要作用。

第二，准确把握沂蒙精神的精神内核，进一步坚定中国特色社会主义理想信念。顺应时代适时而生，适时而变，与时俱进是一切先进思想理论的本质特征，也是先进思想保持强大生命力的根本原因。沂蒙精神是时代的产物，其内涵随着时代的发展而不断发展，在不同时期表现出不同的时代特征，具有很强的时代性。在革命与建设年代成长起来的沂蒙精神如何在改革开放时期更好地发挥作用，在相对贫穷落后条件下成长起来的沂蒙精神如何在实现社会主义现代化的进程中更好地发挥作用，在农业大区成长起来的沂蒙精神在当代经济社会发展过程中如何展现风采，如何在逐步实现工业化、城市化、现代化的进程中更好地发挥作用，这些都是沂蒙人民需要面对、需要研究、需要解决的课题。只有准确把握时代特征，赋予沂蒙精神新的时代内涵，才能使沂蒙精神历久弥新，始终保持旺盛的生命力。

40 多年改革开放的成功实践所取得的辉煌成就，充分证明了我国的改革开放和现代化建设道路的正确性。但这项伟业是一项前无古人的伟大历史壮举，马克思没有讲过，我们的前人没有做过，其他社会主义国家也没有干过。这项伟业要在一个人口众多、经济和科学文化落后的东方大国实现社会主义现代化，在社会主义的发展基础上实现中华民族的伟大复兴中国梦，因此，在前进的道路上，必然要经历种种艰难险阻。但是，党的坚强领导，广大人民群众的拥护支持，以高涨的主动性和积极性投身社会主义现代化建设的伟大实践，这是我们对伟大事业前途充满信心的源泉和动力所在，也是沂蒙精神所展现的希望和信心所在。沂蒙精神虽然在不同发展时期表现出不同的特点，但它从来没有离开社会主义的本质要求，沂蒙人民始终保持追求美好幸福生活的希望和信心。

沂蒙精神“内核”所展示的就是对党和对党所领导的伟大事业无比坚定的信念。沂蒙精神，是进一步增强广大干部群众的政治坚定性，坚定不移地走社会主义道路的思想保证，是我们坚定社会主义信念的强大精神支柱。新时期弘扬沂蒙精神，要求全党全国各族人民必须进一步凝聚起社会主义信念的伟大力量，用中国特色社会主义共同理想凝聚力量，着力克服精神懈怠的危险，牢固确立和不断强化共产主义理想信念，坚定党和人民事业必胜的信念。无论遇到什么样的艰难困苦，都要满怀豪情的始终朝着既定的目标奋进，积极推动党的伟大事业向前发展，创造出新时代一个又一个奇迹。中国特色社会主义进入新时代，沂蒙精神可以帮助我们更好地摆正政治信仰与物质利益之间的关系，有利于我们在拥有日益富裕的物质生活的同时，形成良好的道德风尚、丰富健康的精神生活和稳定的社会秩序，防止和克服社会主义市场经济中出现的一些消极因素，引导人们形成正确的思维方式和价值观念，从而促进社会风气根本好转，推动社会走向和谐文明进步。今天弘扬沂蒙精神，要在全党全民族中加强沂蒙精神的宣传和教育，加强中国特色社会主义理想信念教育，不断增强对改革开放和社会主义现代化建设的信心，正确应对实现中国特色社会主义共同理想中所遇到的困难，正确处理社会主义现代化建设过程中存在的各种矛盾和问题，积极为实现共同理想创造有利的社会条件，鼓舞人们为实现国家富强、民族振兴、人民幸福、社会和谐的共同理想而不懈奋斗。

第三，深入理解沂蒙的党群关系，切实践行马克思主义群众观。马克思主义群众观是我们党一切理论和实践的基石，为我们党的一切理论和实践提供了价值定位，为党群干群关系定位，为规范党组织和党员的行为定位，为正确把握社会发展方向定位，是我们党的最基本的执政观点之一。沂蒙精神反映了党与人民群众之间的血肉

沂蒙六姐妹之一的尹淑英大妈深情叮嘱

关系，中国共产党坚信“只有我们把群众放在心上，群众才会把我们放在心上”。“党离不开群众，群众也离不开党”，更重要的是“党离不开群众”，因为群众是党执政的基础。1955 年 7 月，毛泽东同志曾经说过：“我们应当相信群众，我们应当相信党，这是两条根本的原理，如果怀疑这两条原理，那就什么事情也做不成了。”沂蒙精神是建立在共同的信仰和良好的党群干群关系相互信任的基础之上的，是我们党的性质宗旨和优良传统作风的集中反映。根植于沂蒙大地的沂蒙精神是带有鲜明地域特色的先进性群体意识，反映了党与人民群众之间的血肉关系，其核心体现了“群众－政党”的结构，是执政党与社会良性互动的合作型关系的重要体现。

沂蒙精神贯穿着马克思主义群众观，本质内涵是军民水乳交融、党群血肉相连。1944 年 4 月，黎玉同志在军区政工会议上的报告中指出：“爱护群众利益像爱护自己眼睛一样，要尽我们的可能的力量，处处为了群众打算。”革命战争年代，沂蒙革命根据地党组织坚持党的群众路线，始终把人民群众的利益放在首位，领导人民开展革命斗争，建立民主政权，在政治、经济、文化等方面，使劳苦大众得到了翻身解放，真正享受到了当家作主的权利。老区党员干部和人民军队为了群众利益出生入死、流血牺牲，拯救民众于水火，始终坚持人民的利益高于一切，用自己的实际行动和英勇行为感染教育了沂蒙人民，使党的先进理论、路线纲领和方针政策深入人心。沂蒙人民从切身感受中做出了选择，义无反顾地跟党走，舍生忘死支援革命。正是党的正确领导和共产党人的模范行为，赢得了沂蒙人民的信赖和支持，所以才建立起了党群之间、军民之间、干群之间生死与共、血肉相连的密切关系，升华提炼了伟大的沂蒙精神。

社会主义新时期，党积极践行群众路线，把实现好、维护好、发展好人民群众的根本利益作为一切工作的出发点和落脚点。在党的正确指引下，在沂蒙精神的激励与感召下，沂蒙人民艰苦创业，奋力开拓，沂蒙大地发生了翻天覆地的变化。沂蒙精神体现了我们党全心全意为人民服务的根本宗旨，为人民服务，执政为民，这是沂蒙精神在推动中国革命和社会主义现代化建设过程中的价值源头，也是我们党的政治优势之所在，其执政地位与执政权力是人民群众选择的结果。

因此弘扬沂蒙精神，就要进一步贯彻马克思主义群众观、贯彻党的群众工作路线，始终坚持“人民是真正的英雄”，“把人民放在心中最高位置”，牢记“密切联系群众是我们党的最大政治优势，脱离群众是我们党执政后的最大危险”，始终坚持以人为本，把人民利益放在第一位，做到权为民所用、情为民所系、利为民所谋，使党各项工作获得最广泛最可靠最牢固的群众基础和力量源泉，赢得人民群众的信任，赢得民心。在新的历史条件下，要深刻把握沂蒙精神的精神实质，不断弘扬与践行沂蒙精神的时代价值，加强党的执政能力建设，使沂蒙精神在建设中国特色社会主义事业中起到积极的理论与价值引导作用。

第四，要注重继承和发扬沂蒙人民特有的价值理念。沂蒙人民的伟大实践产生了沂蒙精神，中国革命、建设和改革的实践又不断提升着沂蒙精神。沂蒙精神具有强大的精神支撑价值和精神动力价值，除了立场坚定、方向明确、追求执着的政治信念，沂蒙精神中最本质、最具特色、最应当传承的价值理念可以概括为三点：一是顾全大局、公而忘私、勇于奉献的价值取向。在沂蒙人民看来，追求有价值的人生，就必须做到促进社会发展，奉献劳动果实，全心全意为人民服务，反映在沂蒙人民身上，集中体现在他们以国家、集体和人民的利益为重，处处从大局出发，先国家，再集体，后个人，先公后私，甚至公而忘私，勇于自我牺牲、无私奉献的崇高精神境界上。沂蒙人民以自觉奉献为荣，以长期奉献为贵，为当前弘扬与践行社会主义核心价值观起到了示范作用。二是自力更生、坚韧不拔、艰苦奋斗的精神风貌。沂蒙人民长期生活在“四塞之崮，舟车不通，土货不出，外货不入”的恶劣自然环境之中，又深受帝国主义、封建主义、官僚资本主义的残酷压迫，生活在水深火热之中，在长期与大自然和各种敌人的顽强斗争中，形成了独特的精神风貌。他们勤劳勇敢、不畏艰难、战天斗地、整山治水，使贫瘠的沂蒙旧貌换新颜；他们克勤克俭、埋头苦干，勤俭办一切事业，他们所具有的自力更生、坚韧不拔、艰苦奋斗的宝贵精神，正是当前社会发展过程中最需要的品质。三是改革创新、奋发进取、敢为人先的思想意识。沂蒙精神是一种永远不安于现状的奋进精神。面对改革开放和市场经济的新形势，沂蒙人民处处敢为人先、心存长远、永不满足、敢闯敢超。沂蒙人民把继承优良传统与发扬时代精神统一起来，把革命进取精神转化为新思想、新观念，走出了一条改革创新的成功之路。因而，要弘扬沂蒙精神，我们应该始终不渝继承和发扬沂蒙人民特有的价值理念。

二、宣传与弘扬沂蒙精神的途径

在新的历史条件下，要结合新的实践，围绕沂蒙精神实质，构建沂蒙精神的践行途径，使沂蒙精神的时代要求逐步转变为人民群众的自觉实践行为。

第一，弘扬沂蒙精神，构建思想教育引导机制。教育和引导在人的社会化过程中起到了重要的作用，沂蒙精神的宣传与教育需要在社会主体不断的认识与实践过程中，在公民教育与精神文明建设过程中去实现。通过沂蒙精神的导向、教育、激励功能来引领社会发展的新风尚，使民众在此过程中自觉、主动的认同并接受沂蒙精神所传递出来的价值观念，并做到身体力行。同时，还要充分利用革命老区丰富的传统教育素材，持续开展多种形式的革命传统教育，使沂蒙精神的宣传教育常态化、长效化。

高校应结合地域特色，充分利用革命传统教育资源，从历史与现实的结合上找到开展沂蒙精神教育的最佳切入点，提升大学生核心价值观教育的实效性。高校还应将沂蒙精神与大学生的思想政治教育相结合，不断弘扬与践行沂蒙精神，在教育实践过程中让大学生受到感染、熏陶，从而更深切地体会和领悟革命精神与时代精神的内涵，增强自身的使命感和责任感。

随着信息传播方式的现代化，应充分利用现代传媒手段和技术，将沂蒙精神有机融入大学生理想信念教育之中，使互联网成为政治思想传播和学习的主阵地，营造健康向上、丰富多彩的网络学习环境，真正建立起一个覆盖范围广、影响力大的沂蒙精神网络传播阵地。在校园文化建设中，可以打造沂蒙精神宣传网站，从而丰富大学生思想政治教育的内容，并提供生动、鲜活的学习形式，形成鲜明特色和教育优势。在相关宣传沂蒙精神的网站中，用厚重的沂蒙红色教育资源充实网站建设，通过丰富的革命史料、生动的革命故事、动人的红色歌曲等内容向学生揭示革命真理，让学生感受革命情怀，赋予理想信念教育阵地强大的生命力、吸引力和震撼力。如通过开设沂蒙革命根据地建设史教育、沂蒙革命先烈事迹等栏目，邀请沂蒙精神研究领域的专家学者、革命烈士后代与沂蒙红色人物的后代做客网站，通过录制节目、网络对话、开设红色网络论坛等方式，使沂蒙精神的宣传和教育更加具有信服力。在这个过程中，充分调动学生的参与程度，把学生对革命精神学习的积极性和对网络使用的兴趣有机结合起来，充分发挥信息传播的优势，不断赋予理想信念教育以新的时代特色。

此外，在校园文化建设中，可以开展一系列沂蒙精神主题教育活动。沂蒙精神中蕴含着丰富的红色经典文化，题材广泛、形式多样、内容丰富，可以通过红色文艺演出、红色故事、红色歌谣、红色文学作品等形式表现出来。将蕴含革命乐观主义和革命英雄主义特色的革命文化用这些富有时代性、民族性的形式表现出来，进一步丰富大学生的业余生活，充实校园文化。通过相关沂蒙红色文化主题教育活动，使大学生的思想境界得到升华，从而筑牢大学生理想信念教育的文化基础。

与此同时高校要结合社会实践活动，利用革命老区丰富的传统教育素材，推动形成形式多样的群众性教育活动，把弘扬沂蒙精神与各种教育形式融为一体，不断扩展弘扬沂蒙精神的广度和深度，使沂蒙精神的宣传与弘扬更具有针对性与实效性。

第二，弘扬沂蒙精神，构建党性教育机制。习近平总书记指出：“坚定理想信念，坚守共产党人精神追求，始终是共产党人安身立命的根本。对马克思主义的信仰，对社会主义和共产主义的信念，是共产党人的政治灵魂，是共产党人经受住任何考验的精神支柱。”沂蒙精神体现了坚定的理想信念、坚实的宗旨意识、坚强的党性修养、严格的组织观念、深切的为民情怀、坚韧的责任担当、高尚的道德情操和无私的奉献精神。

革命年代，李清漪、刘晓浦、刘一梦、辛锐、陈若克等，这些沂蒙先烈用生命和热血诠释了共产党人的崇高理念与信仰；从党和军队的高级领导干部罗荣桓、黎玉到庄户县长王东年、普通战士何万祥，都用自己的切身行动践行着全心全意为人民服务的宗旨。沂蒙精神作为红色文化教育资源，是新时代加强党员干部党性教育、理想信念教育的重要素材，具有独特的优势和重要的价值。将沂蒙精神融入党员理想信念教育中，就是为了使广大党员干部继承革命前辈的优良传统和作风，牢记党的工作宗旨，保持艰苦奋斗的作风、养成无私奉献的精神、培育高尚的道德情操，加强党性修养和组织观念、强化宗旨和责任担当意识。通过沂蒙精神的有效宣传与教育，使党员干部树立崇高的政治信仰，把执政为民的思想体现在实际工作的各个方面，这对推动党的思想政治建设具有重要的现实意义。因此要大力发挥沂蒙精神的育人价值，把沂蒙精神融入党的建设、党的群众路线、全面从严治党等各个具体领域，建立健全党员理想信念教育的长效机制，不断强化沂蒙精神在党员理想信念教育中的影响力和感染力。

同时，党政领导干部和广大党员应率先垂范，积极引领。革命战争年代，各级领导干部和广大党员以身作则、勇于吃苦、敢于牺牲，为了人民的利益能够做到舍生取义，因此党的革命事业才能获得沂蒙人民的全力支持。今天，面对党执政过程中出现的群众反映强烈的形式主义、官僚主义、享乐主义和奢靡之风，党必须严明党纪党风，强化执政道德，提升执政形象。加强沂蒙精神的宣传与教育力度，对树立民主法治观念、严防特权思想和官僚作风会起到成功示范作用，进而有效构建党内和谐关系和新型人际关系，达到引领文明社会新风尚的目的。为此，新形势下广大党员应传承沂蒙精神中执政为民的精神内核，坚决抵制和消除“四风”问题，努力推进作风建设常态化、长效化，保持党的纯洁性，做到知行合一。党员干部应讲党性、重品行、做表率，扎扎实实地把各项工作落到实处，提高执行力；廉洁奉公，严格遵守党纪国法，坚持高尚的精神追求，切实做到拒腐防蚀。教育引导党员和干部认真学习沂蒙精神，就是要引导他们坚持不忘初心、继续前进，坚持正确的政治方向，从政治觉悟和政治能力上不断加强党的先进性和纯洁性建设，永葆共产党人的政治本色，做共产主义远大理想和中国特色社会主义共同理想的坚定信仰者和忠实执行者。

第三，弘扬沂蒙精神，构建道德评价监督机制。“道德的基础是人类精神的自律”，沂蒙精神道德实践的价值，在于它将道德规范和准则转化为每一个社会成员的道德认识、道德情感、道德意志和道德信念，体现为沂蒙人民的崇高意志，在实践中转化为推动社会主义现代化建设、构建和谐社会的强大精神力量。沂蒙精神为人们提供了基本的价值判断和行为指导，具有激励、鞭策、教化、监督等功能。弘扬沂蒙精神，就是要通过构建社会评价监督机制引导人们自觉履行法定义务、社会责任、家庭责任，使人民群众自觉地在思想上、政治上、行动上与沂蒙精神的内在要求保持一致，从而扶正祛邪，弘扬社会正气。

构建道德评价与监督机制对于沂蒙精神的践行是一种强大的牵引力和推动力。离开社会的评价和监督，单纯的道德教育往往缺乏说服力，其效果也不明显，道德效力在很大程度上取决于道德评价监督机制是否完善。社会道德评价通过社会性的干预来改变各种可能的行为，以引导人们按照社会组织所要求的方向行事，去维护或建立一定的社会秩序的常见调控方式，反映了评价体系中社会性、群众性的善恶判断，因而具备广泛性。因此相关社会组织可广泛开展群众性的评价监督活动，如民主评议基础上的奖惩活动，组织民意调查、评选活动、评议会，设置意见箱、投诉站等。各行业、各部门要设立相应的评价奖惩机构，根据弘扬沂蒙精神的具体要求制定出科学、合理、具有可操作性的评价标准，并根据实际执行情况进行判断和评定。对弘扬社会正气的行为应给予倡导性、赞扬性评价，对能够主动承担社会责任和义务，甘于奉献、舍己为人等积极践行沂蒙精神的社会成员，评议监督机构应大力褒奖，并通过媒介给予广泛性赞誉。大力总结、推广、表彰各类先进典型，通过报告会、参观交流和开展比、学、赶、帮、超活动，充分发挥典型的榜样示范作用，使弘扬沂蒙精神具体化。对于公职人员利用自身权力侵害国家和人民利益的行为、生活作风腐朽堕落且破坏党风廉政建设和腐败的行为及社会成员违反社会道德、损人利己的行为，进行揭露、批评、谴责性评价。通过以上措施，在全社会形成自觉践行沂蒙精神的有效道德监督机制。

第四，弘扬沂蒙精神，畅通群众利益表达机制。人民群众是历史的主体，是权力的主体，是利益的主体，是推动社会历史发展的决定性力量，这是马克思主义群众观的重要内容。作为执政党而言，要始终坚持以群众的根本利益为最高标准，处理好不同利益群体的关系，解决好民众所关心的社会民生问题，真正做到“利为民所谋”。习近平总书记说：“检验我们一切工作的成效，最终都要看人民是否真正得到了实惠，人民生活是否真正得到了改善，这是坚持立党为公、执政为民的本质要求，是党和人民事业不断发展的重要保证。”在历史发展的新形势下，要始终服务群众，改善民生，切实解决群众切身的利益问题。

沂蒙精神是中国革命精神的重要组成部分，是党爱军、军爱民的重要体现，是党的群众路线的重要载体。当前我们弘扬与践行沂蒙精神，要以实际的行动造福群众，赢得百姓。要坚持问政于民，真心实意倾听群众呼声，反映群众愿望，关心群众疾苦，依法保障群众权益。通过畅通群众利益表达机制，真正使党的先进性、党的宗旨和目标落在实处。针对基层群众反映的问题和症结所在，各级党组织应积极落实政策，解决影响民生发展的突出矛盾。加强议事协商，强化权力监督，充分发挥人民群众参与社会管理的基础作用。积极推进民主政治建设，进一步建立和健全各种形式的信息公开、民意调查、听证会、调解、协商和谈判等具体制度，保障群众的知情权、参与权、表达权与监督权，拓宽群众利益表达渠道，保障群众具有参与和其利益有关的各项决策的权利，使群众能够合理表达和维护自身权益。

第二节　沂蒙精神代代传

沂蒙精神是沂蒙人民在长期的革命和建设实践中，形成的优秀思想、高尚品格和坚定志向，是集革命传统、政治优势和时代精神于一体的先进群体意识。新中国成立以来，特别是改革开放以来，沂蒙人民继承和发扬光荣的革命传统，大力弘扬沂蒙精神，改革创新，锐意进取，使沂蒙精神不断得到发扬光大。

一、培育和宣传弘扬沂蒙精神的先进典型

楷模是旗帜和方向。无论是革命战争年代，还是社会主义建设和改革开放的新时期，沂蒙老区都涌现出了一批又一批弘扬沂蒙精神的先进典型，在他们身上集中体现了沂蒙精神的内在价值，通过对先进典型的宣传能够进一步丰富沂蒙精神的时代内涵。

20 世纪 50 年代，沂蒙老区农业战线涌现了王家坊前新建农业合作社、高家柳沟青年团支部创办记工学习班、厉家寨改山治水创丰收的先进典型，受到了毛泽东同志的重视，并先后予以批示，在全国产生了巨大的影响，促进了社会主义改造和社会主义建设，也展现了沂蒙人民开拓进取、勇于创新、艰苦创业、顽强拼搏的精神风貌。莒南县吕家庄全国劳动模范吕鸿宾创办了山东省第一个农业互助合作社，实现了经济的大发展。1952 年 3 月 16 日，农业部颁布命令，奖励 1951 年农业爱国丰产模范，授予吕鸿宾互助组“爱国丰产”奖一份、资金 500 万元（旧币），这是新中国成立以后第一次授予的国家级农业最高奖项。60 年代，临沂地区“稻改”成功，成为山东省治涝的典型，1965 年 1 月 15 日，《人民日报》发表了《思想不断革命，生产不断发展》的长篇通讯，介绍了临沂“稻改”经验；同时还发表了题为《从胜利跨向更大的胜利》的社论，对临沂地区的“稻改”工作给予了充分肯定与褒扬。

改革开放以后，临沂根据形势任务发展变化的新要求，不断发现和推出体现时代特点、弘扬沂蒙精神的新典型。20 世纪 80 年代，临沂地区涌现出了九间棚、宁家沟等一批顽强创业的先进集体；20 世纪 90 年代沈泉庄、刘家团林村、郭圪墩村等一大批小康村脱颖而出，成为共同富裕路上的领头雁。刘嘉坤、王廷江、王传喜等一批党员干部成了践行沂蒙精神的先进典型，成为推进社会主义现代化建设中的时代楷模。

刘嘉坤是山东平邑县九间棚村的党总支书记。自 1984 年秋起，他带领全村 9 名共产党员和群众，靠着“不怕吃苦、不甘受气”的精神，架电、修路、引水、植树，实现了高山水利化，山涧变通途，彻底改变了贫困恶劣的自然面

貌。作为全国人大代表的刘嘉坤又带领村民下山进城发展特色经济，先后办起了金银花中药材深加工基地，新上了花岗石厂、农业生态园和房地产开发等多个项目，成为远近闻名的“富裕村”。许多党的领导同志，都先后来到九间棚视察工作，对九间棚人艰苦创业的精神给予了充分肯定和高度评价。在带动大家脱贫奋斗的日子里，刘嘉坤曾经扯着嗓子说过一句话：“大家踏实干、好好干、干出好成绩，总有一天总书记、总理都会过来瞧上一瞧。”就是这样一句在当时看似天方夜谭的豪言壮语，却让他在2013年11月真的站到了总书记面前。那一年习近平总书记视察临沂时接见了刘嘉坤，对他在扶贫开发方面的工作予以肯定的同时，称九间棚村“虽地处偏远，但风景这边独好”，并且要求他们在新时期大力发扬“团结奋斗、顽强拼搏、坚韧不拔、艰苦创业”的“九间棚精神”。

王传喜是新时期涌现出来的弘扬与践行沂蒙精神的典型模范。王传喜是山东省临沂市兰陵县卞庄街道代村社区党委书记、村委会主任，党的十九大代表。王传喜始终牢记共产党员的初心使命，干事创业、服务群众，赢得了干部群众的广泛赞誉，曾先后获得全国劳动模范、全国优秀共产党员等荣誉称号。

王传喜31岁当上村支书那年，顶着巨大压力，决心以重整土地为突破口，破解代村发展难题。王传喜深知，发展产业，方向须对路。他上任不久，便带队去华西村等地取经，坚信带领农民增收致富，必须走发展壮大集体经济、实现共同富裕的路子。2007年，王传喜从周边5个村庄流转了7000多亩地，请中国农科院的专家规划了万亩农业示范园。由于具备了良好的现代农业基础，2012年，“国家农业公园”得以批复，总投资10亿元，从此代村步入“双园共建”的轨

“时代楷模”王传喜

道。仅管理服务岗位就安置村民300多人，此外还有经营户170多家。

“公生明，廉生威”，在班子建设中，王传喜注重把那些品德过硬、能力又强的党员吸收进村委会，现任班子成员几乎都是致富带头的能人。光个人富起来不行，还要先富带后富，他制定了党员帮带联系户制度，带领群众共同富裕。在调整土地、旧村拆迁、文明治安等工作中，党员干部冲在前，起了很好的模范带头作用。通过土地调整、治安整治、环境提升、村风治理等，在“领头雁”王传喜的带领下，到2019年，代村变成了总产值26亿元、村集体纯收入1.3亿元、村民人均纯收入高达6.9万元的“模范村”。20年的时间，王传喜把一个集体资产负债380万的落后村，发展成为集体产业总产值26亿元的模范村，在王传喜这样的带头人带领下，代村群众日子越过越有奔头。

在这些沂蒙党员干部身上体现出了一心为民的思想境界，勇于担当的英雄气魄、大义忠诚的优秀品质和敢为人先的拼搏意志。正是有了党一心为民的意识，才会有沂蒙人民的大义忠诚与无私奉献，才能够发挥沂蒙精神的凝聚、导向与激励的社会功能。

二、发扬新时期的沂蒙红嫂精神

在和平建设时期，沂蒙人民续写着爱国拥军的新篇章，先后涌现出“全国爱国拥军模范”胡玉萍、“沂蒙新红嫂”戚洪桂、朱呈镕、于爱梅等一大批拥军典型，临沂市所属12个县（区）全部被表彰为“全国爱心献功臣行动先进单位”。

胡玉萍

“全国拥军模范”胡玉萍，作为一名普通的共产党员、农村妇女，没有惊天动地的壮举，却奉献着朴实无华、感人至深的爱国拥军之情。胡玉萍1922年出生于沂南县和庄村，年轻时就与人民子弟兵结下了不解之缘。孟良崮战役打响后，她把16岁的弟弟送到部队，又把丈夫送上前线抬担架，自己带领村里的妇女烙煎饼、缝棉衣、做军鞋和护理伤员，成了当地有名的支前模范。新中国成立后，胡玉萍积极参加生产劳动和文化学习，把村里十多户烈军属的生活包下来，给他们多方面的帮助。在抗美援朝中，胡玉萍把家里多年攒下的500斤大豆捐献出来，又动员兄弟姐妹凑足1500斤粮食，捐献给国家购买飞机大炮。她把子弟兵当成亲人，把部队当作自己的家，不顾年老多病，尽力为部队奉献爱心。她将自己养的猪和养猪钱，大部分献给了部队，一部分送给了烈军属以及她所在的西葛联社。胡玉萍每年都到抚顺市驻军单位作革命传统报告，就连海拔1000多米的205高山哨所，她也去过多次。胡玉萍将无私的爱洒向了蒙山辽水，用炽热的情谱写出爱党爱军的感人篇章，先后获得了“全国拥军模范”“爱国拥军好妈妈”等荣誉称号。

“沂蒙新红嫂”戚洪桂，用自己点点滴滴的平凡小事续写着感人的“红嫂”故事，彰显着新时期沂蒙女性宽厚、博大的拥军情怀。戚洪桂是费县南张庄乡龙岗村一位普通的农家妇女，党的教育和沂蒙淳朴民风的熏染，造就了她勤劳善良、坚忍不拔的品格。年轻时担任过村团支部书记，婚后又担任村妇女主任。1991年10月，她毅然把18岁的小儿子送到西藏边防部队服役。小儿子走后的第二年，她的丈夫不幸因病突然离世。戚洪桂悲痛欲绝，却没有把这个不幸的消息告诉部队的儿子，为的是让儿子安心服役、保卫边疆。在丈夫去世后的3年间，她经常给儿子写信报平安，又把儿子的来信拿到坟前眼含泪水念给九泉之下的丈夫听。3年后，儿子才得知父亲早已去世的消息。戚洪桂数次缝制鞋垫并寄往驻边疆部队，把沂蒙母亲对人民子弟兵的深情厚谊倾注于带有“精忠报国”“建设边疆”等字样的鞋垫缝制中。并于1995亲自到达雪域高原，看望边疆卫士，受到部队官兵的热烈欢迎。在部队期间，她义务服务50多天，为战士们洗、缝、补衣160多件，做事迹报告6场，听报告的官兵有6000余人次。为庆祝建军80周年，戚洪桂不顾年老体弱，经过近一年的日夜操劳，赶制了800双鞋垫，将绣有“军民一家”“精忠报国”“建设边疆”等字样的鞋垫亲手交到首都国旗班子弟兵手中。戚洪桂平凡而又感人的事迹在国家、省、市多家新闻媒体上进行了广泛报道，戚洪桂也荣获了“沂蒙新红嫂”“义务兵的好母亲”“十佳兵妈妈”等光荣称号。1995年，时任中央军委副主席、国防部长的迟浩田上将为戚洪桂亲笔题词："沂蒙红嫂情谊长，洪桂同志是榜样"。

被原全国妇联主席顾秀莲称为"当代红嫂"的朱呈镕，以坚定的信念与博大的情怀，实践着爱国拥军的追求；以似水的母爱，演绎出关爱军人的至真亲情，把"沂蒙红嫂"的精神在新时期发扬光大。朱呈镕曾先后在白瓷厂、毛毯厂工作，1997 年下岗。她没有灰心，顶住巨大压力，用房产作抵押，购进 50 辆人力三轮车，办起运达人力车出租公司，毅然开始了艰苦创业之路。后来，她又创办水饺企业，经过几年发展，她的水饺已覆盖了全国大中型知名超市，并开起了"朱老大"饺子村，成了餐饮业的知名品牌。朱呈镕创业成功以后，她不遗余力地从事公益事业。作为新时期的沂蒙红嫂，她无私奉献，回报社会。近二十年来，朱呈镕坚持不懈地开展拥军优属活动，把"爱党爱军"的沂蒙精神落实在行动上，她行程几十万公里，送鞋垫 10 多万双，水饺数百吨，作报告 400 余场，累计捐款捐物上千万元。大江南北，上百座军营里都留下她拥军的身影。2003 年"非典"疫情发生后，朱呈镕第一时间奔赴小汤山医院慰问医护人员，她是"非典"时期到小汤山医院现场捐赠的第一人。每年春节，朱呈镕都到临沂武警训练基地和战士们过年，煮水饺，拉家常，让远离家乡的年轻战士们像在家里一样，感受到妈妈的温暖。现在，朱呈镕已经认了 2000 多个兵儿子，像母亲一样关心他们，鼓舞他们安心服役、报效祖国。2017 年朱呈镕筹资 1800 余万元，建设沂蒙红嫂文化博物馆，成为宣传沂蒙红嫂精神的生动窗口。2020 年，新冠肺炎疫情突袭武汉，朱呈镕时刻牵挂奋战在抗疫第一线的部队官兵，2 月 1 日她带着 20 吨水饺，前往抗疫一线武汉火神山医院，把老区人民的满满深情送到了子弟兵手中。朱呈镕从一个下岗职工到创办自己公司的企业家，让一大批下岗职工重新捧上了饭碗，她无私奉献社会而又不求回报，一个热心人温暖了千千万万的人，从她身上我们看到了当年"沂蒙六姐妹"的影子。朱呈镕是新时期的沂蒙红嫂，更是伟大的沂蒙母亲，她用沂蒙女性伟大的母爱，在默默地无私奉献着，她拥军爱民，艰苦创业，展现了新时期沂蒙红嫂崭新的英姿与风采。

于爱梅同志是"沂蒙母亲"王换于的孙女，现任"沂蒙精神传承促进会"

会长。长期的家庭熏陶和影响，使她对党和人民军队有着特殊的感情，对沂蒙精神有着深刻的理解和认识。自 2004 年，从教师岗位离岗后，她不但自觉、自费走上拥军优属的道路，还把全部精力投入到沂蒙精神的弘扬、践行上。努力宣传沂蒙精神，是于爱梅的志向，努力把中国共产党的这一宝贵精神财富传承下去，使其更好地发挥时代作用，也就成为她锲而不舍的追求。2010 年，沂南县委宣传部成立沂蒙精神宣讲团，于爱梅被聘为宣讲团成员，经常到机关、学校等作义务报告。2011 年，山东省党员领导干部党性教育基地沂南教学点成立，于爱梅主动去做义务讲解员。她的宣讲报告《沂蒙母亲和她的儿女们》，成为党性教育的必修课，是红嫂纪念馆的突出亮点。2013 年，于爱梅荣幸地受到了习近平总书记的接见。习近平总书记有关沂蒙精神的指示，使她更加深刻地认识到了沂蒙精神的时代作用，增强了她的使命感、责任感，同时也更加坚定了他要把沂蒙精神传承下去的决心。为扩大沂蒙精神宣传覆盖面，她在全国各地开展宣讲活动，足迹遍布大江南北。她报告过的单位数不胜数，对象涵盖社会各界，包括政府、机关、学校、部队、企业、社区、团体等等。此外，于爱梅还致力于拥军优属活动。这些年来，她省吃俭用，从工资收入中挤出 20 多万元用于拥军优属。她带领爱心人士已慰问了 40 多支部队，续写了军民鱼水情，促进了军民融合。她还发动民营企业家联合拥军，组织成立了沂蒙红嫂拥军协会、沂蒙精神传承促进会。于爱梅把自己的全部精力都投入到沂蒙精神的宣传、弘扬之中，用自己的实际行动，诠释了一个共产党员的优秀品格。

2011 年，于爱梅被评为十佳大义临沂人；2012 年，被临沂市委授予优秀共产党员、沂蒙新红嫂等荣誉，并荣登中国好人榜；2013 年，被评为山东省劳动模范，临沂市道德模范；2014 年，被临沂市机关工委评为五好五老志愿者；2015 年，其家庭被评为全国最美家庭；2016 年，被评为山东省三八红旗手；2017 年，被评为全国最美拥军人物、山东省优秀退休干部等。

胡玉萍、戚洪桂、朱呈镕、于爱梅等只是沂蒙人民拥军爱军的典型代表，像她们一样拥军爱军的人物和事迹在沂蒙山区不胜枚举、比比皆是。沂蒙人民用自己淳朴而又真挚的情感，发扬着在革命战争年代形成的爱党爱军的优良传统，继续谱写着拥军爱军的感人篇章。新时期的沂蒙女性以坚定的信念与博大的情怀，以似水的母爱，演绎出关爱军人的至真亲情，把“沂蒙红嫂”的精神在新时代继续发扬光大。

三、建立沂蒙精神教育基地

建立沂蒙精神教育基地，深入开展爱国主义和沂蒙精神教育。沂蒙老区是沂蒙精神的发源地，开展爱国主义教育的素材十分丰富。为发挥好这一优势，在党中央、国务院和山东省委、省政府的支持下，近几年，全市各级先后投入巨额资金，修复扩建了八路军115师司令部暨山东省政府旧址，新四军军部旧址暨华东军区、华东野战军诞生地纪念馆，孟良崮战役纪念馆，山东分局旧址，大众日报创刊地旧址，新华社山东分社旧址；建设了红嫂广场、沂蒙红色雕塑群和沂蒙红色影视拍摄基地；规划建设了山东红色抗日根据地纪念馆、沂蒙六姐妹纪念馆、滨海红色文化纪念园、大青山纪念馆等教育基地。目前，全市共有市级以上爱国主义教育基地56处。其中，国家级爱国主义教育基地5处，省级爱国主义教育基地10处，市级爱国主义教育基地41处。

这些爱国主义和沂蒙精神教育基地，是进行爱国主义和革命传统教育的重要课堂，是开展思想政治工作的重要载体和有效途径，也是加强未成年人思想道德建设的重要阵地。如2013年落成的沂蒙革命纪念馆，以弘扬沂蒙精神为载体，对全市广大干部群众进行爱国主义教育活动，取得了良好成效。沂蒙革命纪念馆按照国内一流展馆的标准定位，融合传统与现代元素，凸显沂蒙特色和时代特征，通过图片陈列、实物展示、影视播放、文字讲解等多种形式，真实记录了过去革命斗争的历史，生动展现了革命军民英勇奋斗的壮丽篇章，把伟大的沂蒙精神生动、具体、形象地再现出来，使人们从中汲取丰富的精神养分，得到强烈的精神震撼，获取深刻的精神启迪。通过沂蒙革命精神展示、红色影视教育、党史陈列、沂蒙革命精神研究、群众路线展示等，进一步丰富了爱国主义教育基地的教育内容。这些年来，临沂市各级党委、政府高度重视这些教育基地的规划建设和管理使用，充分发挥其在革命传统、爱国主义和沂蒙精神等方面的教育功能，利用建党、建军、建国等重要节庆日和纪念日，组织党员、干部、群众和青少年学生到爱国主义教育基地开展纪念、瞻仰和教育活动，组织党员、团员、少先队员开展入党、入团、入队宣誓以及过党日、团日、队日等活动，进行党的基本理论、基本路线、基本纲领和基本经验教育，进行爱国主义、集体主义、社会主义教育，进行社会公德、职业道德、家庭美德和个人品德教育。这些教育活动的开展对于培育广大干部、群众和青少年学生的爱国主义情感，激励他们在全面建成小康社会和实现中华民族伟大复兴的进程中始终保持昂扬的精神状态，发挥了重要的作用。

第三节　沂蒙精神打造临沂品牌

几十年来，临沂市不断加大宣传和弘扬沂蒙精神的力度，沂蒙精神由齐鲁大地逐步走向全国，成为与井冈山精神、延安精神、西柏坡精神等革命精神齐名的政治品牌。在大美临沂建设、全国文明城市、国家卫生城市等创建过程中，沂蒙精神被赋予了科学精神、理性精神等新的价值意蕴，并在实践中得到了进一步弘扬和传承。2011 年 5 月，中国社科院财经战略研究院发布《2011 年中国城市竞争力蓝皮书》对 294 个城市进行了幸福感调查，临沂市民幸福感名列全国第二。由中央文明办组织的 2011 年度全国城市公共文明指数测评中，临沂市从 117 个参选地市中脱颖而出，位居全国第一。如今，临沂市拥有多项荣誉称号，成功创建全国文明城市和国家卫生城市、国家森林城市、国家环保模范城市、国家园林城市、中国优秀旅游城市、全国双拥模范城，先后被评为中国物流之都、板材之都、全国科技进步先进市、首批生态文明先行示范区。毫无疑问，宣传和弘扬沂蒙精神是凝心聚力，推动大临沂、新临沂建设的重要举措；是塑造临沂新形象，扩大临沂对外影响力的重要举措；是提高市民素质、培育道德凝聚力的重要举措；是提高市民荣誉感、自豪感和幸福指数的重要举措；是建设沂蒙特色文化、发展社会主义先进文化的重要内容。

一、沂蒙精神促进经济建设发展

临沂市位于山东省东南部，面积1.72万平方千米，人口1000多万，占山东省总人口的十分之一。长期以来，由于临沂市人口基数大，与省内发达城市和全省平均水平相比，人均经济水平偏低，这也是临沂经济发展中存在的最突出问题。因此，要想真正改善民生，提高老百姓的生活水平，就必须打造与人口大市相匹配的经济大市，做大经济总量，全面提升城市综合实力，完善基础设施，实现民富市强，让经济总量平均分配到每个人身上时都能是一个沉甸甸的数字。广大干部群众在沂蒙精神的感召下，面对经济发展的大好机遇，更加激发起建设美好家园的信心和热情，他们渴望继续奋进，渴望为建设富裕美丽的“大临沂、新临沂”继续贡献自己的力量。近年来，全市人民积极弘扬沂蒙精神，真抓实干、开拓进取，抓重点、找亮点、培植着力点，通过推进社会主义新农村建设、打造先进制造业强市、培育服务业发展新优势、加快城市现代化进程，形成了产业结构合理、协调发展、相互促进和城乡统筹发展的良好局面，临沂市经济实现了快速发展。2019年全市实现生产总值4600.25亿元，比上年增长3%。全市居民人均可支配收入27619元、增长8.1%；其中，城镇居民人均可支配收入37912元、增长6.1%，农村居民人均可支配收入14979元、增长9.8%。全市居民人均消费支出14483元、增长9.5%；其中，城镇居民人均消费支出18495元、增长8.2%，农村居民人均消费支出9557元、增长9.9%。这些鲜活的数字充分显示出临沂人民在沂蒙精神感召与鼓舞下坚持不懈、艰苦创业、自强不息、开拓奋进，创造美好生活的精神风貌。

临沂经济发展的一大特色就是要打造“物流天下”的商贸强市，建立全国一流的商贸物流中心，从而长久地形成“南有义乌、北有临沂”的格局。对临沂“大商城”辉煌前景的不懈追求，成为千万老区人民自信、开放和弘扬沂蒙精神的象征。回顾临沂商城的发展历史，其雏形最早可以追溯到1981年，那时改革开放的春潮刚刚涌起，素有经商传统的临沂城郊部分农民在西郊汽车总站附近自发摆起地摊，并逐渐扩大影响，形成了临沂第一代集贸式市场。1982 年，临沂工商部门筹资27 万元，征地60 亩，垒造水泥台摊位，盖起玻璃钢瓦大棚，建成了临沂第二代大棚式商贸市场。1986—1992 年，随着建成第一家专业批发市场——纺织品专业批发市场开始，截止到 1992 年，临沂大型专业批发市场已经发展到 36 处，从而形成了以专业批发为特征的临沂第三代市场，并成为江北最大的商品集散地。1992 年到 21 世纪初，临沂专业批发市场已经增至 56 处，集仓储、交易和配送为一体的层楼式商城逐渐构成了临沂第四代市场。2002 年，临沂市把商城的整体改造提升列入经济工作的重要议程，努力打造全国领先且与国际接轨的现代商贸城，由此临沂商城又进入第五代市场。2007 年，临沂市正式提出把“建设物流天下的商贸强市”作为临沂打造城市新名片四大战略之一，由此再次迎来了更加美好的发展前景。

临沂北城新区

2019 年临沂商城实现市场交易额 4830. 52 亿元，物流总额 7671. 55 亿元，网络零售额 210. 79 亿元；举办展会及会议论坛 179 场次，展出面积 200. 81 万平方米，实现展会成交额 166. 7 亿元；实现市场采购贸易方式出口 186. 2 亿元。临沂港、综合保税区运行良好。为响应国家“一带一路”建设战略，临沂相继开行了至广州、乌鲁木齐、西宁等国内和至德国汉堡、巴基斯坦瓜达尔港的国际货物班列。此外，海外临沂商城建设进展顺利，分别在巴基斯坦、尼日利亚和匈牙利等国开展商贸物流合作。近年来，临沂市把电子商务产业作为推动新旧动能转换重大工程“8＋8”产业之一，强化措施、统筹推进，实现了电商产业的蓬勃发展，电子商务在推进传统产业转型升级、推动县域经济发展、促进社会就业、带动精准扶贫等方面发挥着日益重要的作用。2019年上半年，全市累计实现网络零售额145.93亿元、商家数突破18万家，列全省第3位，同比增长17.7%；累计实现网络零售量16.47亿件。在沂蒙精神强大有力的支撑下，商贸强市已成为临沂城市的一块金字招牌和一个沉甸甸的城市品牌。

二、沂蒙精神促进文化产业发展

临沂市打造古今文化相辉映的文化名市，其内涵是指站在“文化立市”的高度，大力保护、挖掘、整合文化资源，积极推进一批与“文化立市”相称的重点文化设施建设，打造一流的历史文化名城，使临沂市尽快从文化资源大市走向文化强市。文化是城市竞争力的根本，是区域决胜的关键，也是一个国家和地区走向世界的重要媒介。打造古今文化相辉映的文化名市，“商兴水胜、荟萃人文”的临沂无疑有着坚实的基础和无可比拟的优势。首先，这种优势来自临沂厚重的文化积淀。临沂市有着丰富的历史文化资源，书法文化、兵学文化、孝文化、商贸文化在这里根深叶茂。曾子、荀子、王祥、匡衡、刘洪、诸葛亮、王羲之、颜真卿、左宝贵等文化名人闪耀在历史的天空，成为临沂传递给世界的“亮丽名片”。其次，这种优势来自临沂市委领导对文化的高度重视和高瞻远瞩的筹划。从致力于繁荣文化事业、发展文化产业，到把文化产业作为临沂的支柱产业来培植，再到鲜明地提出“文化立市”战略和争创全国文明城市战略，临沂市充分认识到文化在区域发展中的巨大力量，文化不仅是一种资源，同时更是一种重要的生产力。第三，这种优势还来自文化事业的繁荣发展和对文化产业的科学规划。基于对文化的高度重视，临沂市制定出台了发展文化产业的若干政策，编制了文化产业发展规划，确立了文化产业发展重点，推进实施了一系列繁荣文化事业的政策措施，建设了一大批惠及于民的文化事业工程，大型图书馆、广播电视塔、市民文化广场相继投入使用，形成了重视文化的浓厚氛围。各级各部门都把文化事业和文化产业列入了重要议事日程和发展规划。

当前，打造古今文化相辉映的文化名市，已经在全市上下形成共识，临沂市广大干部群众解放思想、干事创业，积极弘扬沂蒙精神，努力实现创新发展，各级政府更是站在“文化立市”的高度，围绕建设文化名市这一战略目标，大力保护、挖掘、整合文化资源，积极推进一批与文化名市相称的重点文化设施建设，打造一流的历史文化名城，建设与历史资源和政治优势相匹配的文化大市，打造以红色文化为城市精神的临沂文化品牌。2011 年 5 月，时任中共中央政治局常委李长春来临沂调研时，对临沂市文化改革发展工作给予了充分肯定，对我市大力弘扬沂蒙精神、积极推进文化体制改革和文化惠民工程，建设公益性文化基础设施、大力实施精品工程以及创建文明城市的做法给予高度评价。10 年来，临沂市大力弘扬“开拓创新”的沂蒙精神，牢牢把握文化发展的重要机遇，坚持关键领域和重点环节并重，积极探索，大胆实践，深入推进文化体制改革，发挥文化底蕴深厚、文化资源丰富的优势，大力发展文化产业，加快构建公共文化服务体系，走出了一条以思想观念转变推进机制体制创新、加快文化发展的新路子，推动了文化事业、文化产业又好又快的发展，为山东省的经济文化强省建设做出了突出的贡献。

1. 文化体制改革创造“临沂模式”

临沂市高度重视沂蒙文化特别是红色文化的传承与弘扬，不断深化文化体制改革，着力打造文艺品牌、文化产业品牌、文化事业品牌，取得了丰硕的成果，形成了有利于文化产业发展的体制优势，创造了文化体制改革的“临沂模式”。文化体制改革是一项具有复杂性和广泛性的系统工程。为促进全市文化产业发展和文化事业繁荣，临沂市在全省率先进行了文化体制改革，构建起全新的文化管理运行框架。2008 年，临沂市创造的以综合执法为重点，改革宏观文化管理体制的模式，被中宣部推广到全国。临沂市近些年先后荣获“全国文化体制改革先进地区”“全省文化体制改革先进市”等称号。临沂市作为全国、全省文化体制改革的先行者，改革催生了文艺精品创作的大繁荣大发展。通过文化体制改革，临沂文化的“声音”越来越强，文化生产力得到深度激活。

2. 文艺精品轰动全国

近年来，临沂市充分发挥沂蒙精神品牌优势，大力推行文艺精品工程建设，重点打造具有沂蒙精神基因的红色文艺精品。2013 年，市委宣传部先后出台下发了《关于进一步加强文艺精品创作的意见》《临沂市“文艺精品工程”重点作品创作生产扶持办法》《临沂市文艺精品工程评选奖励办法》等文件；2015 年，市文广新局制定了五年艺术创作总体规划、年度文艺创作规划，并联合市财政局设立市级艺术创作和文化活动专项资金。在健全政策保障体制，完善财政投入机制，加大扶持投入力度的同时，整合利用省委宣传部、省文化厅等上级部门的有关扶持项目，实行“资金跟着项目走”，促进各类资源向红色文艺精品创作集聚。广大文艺工作者将沂蒙精神艺术化地进行诠释，连续不断地把红色文化和历史文化搬上银幕、搬上电视、搬上舞台，创作和推出了一系列思想性、艺术性和观赏性相统一，广受人民群众欢迎的文艺精品。

1990 年，广大文艺工作者创作出歌颂沂蒙精神的《沂蒙魂》《九间棚子孙》等 19 部剧目和一批快书、歌曲等文艺作品及近百篇报告文学，反映九间棚创业事迹的《沂蒙脊梁》在全国引起很大反响。2004 年，340 余万字的《沂蒙颂歌》系列丛书编纂完成，成为弘扬新时期沂蒙精神的开篇之作。2009 年，大型水上实景演出《蒙山沂水》以沂蒙红色文化为核心，突出展现了独具特色的沂蒙文化，以艺术的形式完美演绎了伟大的沂蒙精神，成为山东省第一部大型实景演出，国内唯一的“水上红色芭蕾”、全国首部水上红色大典。2009 年 12 月，《蒙山

电影《沂蒙六姐妹》剧照

电影《沂蒙六姐妹》是一部向新中国成立 60 周年献礼的重点影片，由迟浩田同志题写片名。影片博得了社会各界的高度赞誉，被誉为“中国版的《这里的黎明静悄悄》”。

《沂蒙六姐妹》荣获全国“五个一”精品工程奖、第 13 届电影华表奖优秀故事片奖、大学生电影节优秀故事片奖、泰山文艺奖一等奖。

沂水》荣获中国舞蹈界最高奖“荷花奖特别奖”。2009 年 12 月，电视剧《沂蒙》在第四届 CCTV 电视剧群英汇颁奖晚会上获得了“首播优秀剧奖”“最高收视率奖”；2011 年 8 月，《沂蒙》荣获第 28 届中国电视剧“飞天奖长篇电视剧一等奖第一名”。2009 年 8 月，在第十三届中国广播影视大奖“电影华表奖”的评选中，电影《沂蒙六姐妹》在近千部影片中脱颖而出，获得了“华表奖”优秀故事片奖、优秀编剧奖。同期，现代柳琴戏《沂蒙情》获得全国大奖。2014 年，现代柳琴戏《又是一年桃花开》、电视剧《中国骑兵》、广播剧《追梦》、歌曲《沂蒙女儿》和长篇小说《白雪英雄祭》获省第十一届精品工程奖。2015 年创作推出红色沂蒙爱国主义情景组歌《沂蒙红崖》。2016 年，创作推出《沂蒙组歌》。2017 年，以“时代楷模”赵志全的先进事迹为原型创作推出话剧《赵志全》，以“渊子崖保卫战”为题材创作推出舞台剧《巍巍大青山》。2018 年，现代柳琴戏《崔家沟》入选第十一届山东文化艺术节新创作优秀剧目评比展演和 2018 年全国优秀现实题材舞台艺术作品展演。

这些红色文艺精品意蕴深邃、震撼人心，编创、运作这些艺术精品背后的故事，更是发人深思、感人至深，真正体现出用沂蒙精神打造艺术精品，用艺术精品弘扬沂蒙精神，谱写了临沂历史上文艺空前繁荣的辉煌篇章。

3. 公共文化服务体系覆盖城乡

多年来，临沂市认真贯彻党和国家关于加强公共文化服务体系建设的有关方针政策，以沂蒙精神为动力，以弘扬沂蒙精神为核心，大力加强全市公共文化服务体系建设，保障人民群众的文化权益，满足人民群众多层次、多方面的精神文化需求。通过加强公共文化设施建设，综合利用基层文化资源，鼓励社会力量参与文化服务，构建覆盖城乡、发展均衡的现代公共文化服务体系，让沂蒙文化基因代代传承、文化魅力人人称颂、文化品牌口口相传。如今，四级公共文化服务体系逐步完善，中心城市五大文化工程和农村五大文化惠民工程提升了城乡人民群众的文化生活质量。

在中心城市，临沂市图书馆、临沂市博物馆新馆、临沂市文化中心、沂蒙革命纪念馆、临沂大剧院等基础文化工程相继投入使用，其中，临沂市图书馆、市文化馆创建了国家一级馆，市博物馆创建了国家二级馆。从而全面展示了沂蒙精神的深厚内涵，凸显了沂蒙红色文化的时代特征。沂蒙革命纪念馆建成后，成为传承沂蒙老区光荣传统的重要载体，成为开展爱国主义教育的重要阵地，成为红色旅游的重要窗口，为市民接受沂蒙精神教育、丰富精神文化生活提供了一个十分重要的场所。与国际接轨的临沂大剧院从投入使用起，为观众打造了一场场精彩的艺术盛宴，英国、美国、澳大利亚、俄罗斯、德国、意大利、西班牙等国际名家名团，以及国内著名的大师和演奏家，轮番上阵，精彩不断，临沂大剧院成为全市文化产业发展“排头兵”，成为跻身全国一流的临沂文化新名片。同时临沂市文化遗产保护传承成效显著。其中，1972 年出土的银雀山《孙子兵法》《孙膑兵法》竹简，入选“新中国 30 年十大考古发现”“中国 20 世纪 100 项考古大发现”、中国文物九大“镇国之宝”。临沂市的国家、省级、市级文物保护单位分别有 12 处、126 处、158 处；国家、省级、市级非遗项目分别有 4 项、41 项、210 项；建成各类博物馆 48 个、乡镇历史纪念室 111 个、村情民俗展示室 246 个。

文化惠民工程是针对基层、农村开展的公共文化服务体系建设工程。自临沂市确立了“政府主导、政府主抓、政府主投入”的发展思路，全市即开始全面实施广播电视村村通、文化信息资源共享、乡镇综合文化站和基层文化阵地建设、农村公益电影放映、农家书屋建设等文化惠民工程。在临沂市各级党委、政府的大力推动下，文化和旅游公共服务体系不断健全，市、县、乡、村四级公共文化服务体系网络初步建成，开创了经济欠发达地区基础文化设施建设新模式。临沂市已实现“县县有图书馆、文化馆”，全部达到国家二级馆以上标准，全市 156 个乡镇全部建成综合文化站，建设、提升、改造社区综合性文化服务中心 312 个。惠民工程的实施，对丰富农村居民的精神文化生活、促进文化事业的发展发挥了重要作用。

4. 文化产业突飞猛进

临沂历史悠久，建城已有 2500 多年，有着丰富、深厚的历史文化资源。在革命战争年代，临沂是全国著名的革命老区，沂蒙人民培育了伟大的沂蒙精神，红色文化资源极为丰富。当前，临沂市充分发挥党的群众路线教育基地功能，创建国家红色文化教育培训示范区，发挥书圣文化节、诸葛亮文化旅游节等具有传统文化特色的节会活动的带动效应，大力发展文化产业，彰显历史文化、红色文化、山水文化特色，为临沂文化产业的发展奠定了坚实的基础。

临沂市始终把文化和旅游产业作为加快新旧动能转换、培育支柱性产业的重大战略来抓。临沂把大力发展文化产业作为调整经济结构的重要内容，积极推动文化资源优势向文化产业优势转化，借助于文化体制改革和公共文化服务体系的完善，文化产业获得了突飞猛进的发展，成为临沂经济社会发展的支柱产业。同时，临沂市积极引导社会资本以多种形式投资文化产业，加快推进重点文化产业项目建设，培育一批核心竞争力强的骨干文化企业，不断增强文化产业的创新力和竞争力。临沂市目前已建成具有一定规模的各类文化产业项目600余个，其中投资过千万元的项目200多个、过五千万的100余个、过亿元的70余个。创建国家级版权示范基地1家、省级重点文化产业园区4家、省级文化产业示范园区2家、省级文化产业示范基地8家。在资源整合的基础上，临沂市重点规划了十三大文化产业园区、十一大文化产业基地、七大文化产业集团和“一个中心、八个组团”的全省红色文化聚集区，促进了文化产业的集约化、规模化发展。同时，以重大节会为载体，大力开发历史文化资源，形成了书法、兵学、商旅、民俗文化等特色文化大格局。

三、沂蒙精神促进旅游业发展

秉承沂蒙精神，临沂市把旅游业作为加快转变发展方式的工作重点来抓，作为经济发展的重要支柱产业来培植，坚持文旅一体化发展思路，以文兴旅、以旅促文，将红色旅游与丰富的历史文化、民俗文化、商贸文化、生态文化结合起来，构建了以“绿色沂蒙、红色风情、文韬武略、地质奇观、水城商都、温泉养生、乡村休闲、研学旅游”等八大板块为代表的精品旅游体系，拓展形成了涵盖省内、苏豫皖、京津冀、长三角四大区域的600公里范围客源市场圈。成功创建“中国优秀旅游城市”，被评为“全国重点红色旅游城市”“中国红色研学旅行目的地城市”“山东省乡村旅游示范市”，被确定为首批国家全域旅游示范区创建单位、第四批全国旅游标准化试点单位。

1. 红色风情旅游

红色旅游是以中国共产党领导人民在革命战争时期建树丰功伟绩所形成的纪念地、标志物为载体，以其承载的革命历史、革命事迹和革命精神为内涵，通过组织接待旅游者开展缅怀学习、参观游览的主题性旅游活动。发展红色旅游，是党中央、国务院加强公民思想道德建设重大部署中的一项重要举措。挖掘、保护和利用革命历史文化遗产，开展红色旅游，将革命历史文化资源与经济资源、旅游资源整合起来，寓思想教育于文化娱乐、观光旅游之中，既有利于在广大群众特别是青少年中进行爱国主义和革命传统教育，弘扬和培育民族精神，又有利于把革命历史文化资源优势转化为经济优势，推动革命老区的经济发展。为进一步加强爱国主义和革命传统教育，弘扬伟大的民族精神，开发和利用好沂蒙精神教育资源，临沂市在全国率先启动了红色旅游线路，将华东革命烈士陵园、八路军第 115 师司令部旧址暨山东省政府成立纪念地、孟良崮战役遗址、新四军军部暨华东野战军司令部旧址、中共中央山东分局旧址、大众日报社旧址、新华社山东分社纪念地、山东新华书店旧址、山东画报社旧址、渊子崖村民自卫战遗址、苍山暴动旧址、大青山战斗遗址、《沂蒙山小调》诞生纪念地、沂蒙母亲王换于纪念馆、沂蒙“红嫂”纪念馆、抗大一分校旧址、山东“战工会”成立纪念地等 40 余处红色旅游景点，开辟为红色旅游专线。临沂市被列入全国 30 条红色旅游精品线路、100 个红色旅游经典景区、全国 8 大红色旅游重点城市。

红色文化旅游成为临沂市文化旅游的亮点和品牌，以红色名城临沂为中心，“一个中心、八个组团”的红色文化聚集区充分整合了临沂市丰富的红色文化资源，已形成规模，互为补充，相互照应，更加全面、集中展示了革命战争年代沂蒙根据地党政军民浴血奋战的光辉历史和沂蒙人民“爱党爱军、开拓奋进、艰苦创业，无

私奉献”为主要内容的沂蒙精神。红色文化旅游成为临沂新的经济增长点，实现了经济效益和社会效益的双丰收。作为临沂文化产业发展的主导产业之一，沂蒙红色旅游进一步提升了临沂的知名度和沂蒙精神的政治品位，进一步扩大了临沂和沂蒙精神在全国的影响。

2. 绿色沂蒙旅游

临沂市以绿色沂蒙为主题已经建设了山岳休闲观光类和农业生态观光类两大旅游产品。其中，山岳休闲观光类主要有蒙山、莒南天马岛、临沭苍马山、费县云瀑洞天等；农业生态观光类主要有平邑九间棚、沂南竹泉旅游区、兰陵现代农业示范园等。

蒙山山脉自西北向东南，绵延150余里，横跨平邑、蒙阴、费县、沂南四县。蒙山旅游区分为龟蒙（平邑境内，为养生旅游区）、云蒙（蒙阴境内，为生态旅游区）、天蒙（费县境内，为天险观光区）、彩蒙（沂南境内，为山林休闲区）四个部分。其中，龟蒙旅游区占蒙山总面积的60%，占山峰和景点的80%。蒙山的风景名胜众多，主要有六大景区（水帘洞、雨王庙、云蒙峰、百花峪、老龙潭、望海楼）和八大自然景观（蒙山叠翠、蒙山花潮、蒙山飞瀑、蒙山云海、蒙山日出、蒙山听涛、蒙山秋色、雪峰玉谷）。蒙山既有泰山之雄浑，又有黄山之灵秀。蒙山的历史文化底蕴也极为丰厚，它是道教文化圣地，曾是鬼谷子王禅老祖修炼的地方。自孔子至李白、杜甫、苏轼，历代都有文人墨客游历蒙山，留下许多不朽的诗篇。自唐玄宗至康熙、乾隆，许多帝王都曾率群臣登临，留下对此山颂扬备至的佳作。蒙山国家森林公园位于蒙阴县南部，于1994年由原国家林业部批准设立，1995年被山东省人民政府列为“省级风景名胜区”，现为国家AAAAA级旅游区。公园总面积5.5万亩，森林覆盖率达96%以上。景区内空气负氧离子含量每立方厘米达854167个，为全国之最，被誉为“天然氧吧”“超洁净地区”“森林浴场”“中国最佳绿色健身旅游胜地”。景区奇峰耸立，自古有“九十九峪、七十二峰、三十六洞天”之胜景，其中鹰窝峰是标志性山峰。

九间棚旅游区位于平邑县地方镇九间棚村。该景区以“沂蒙精神教育基地”为特色，以“梨乡、奇崮、石棚、龙形”为背景，是远近闻名的“全国农业旅游示范点”“国家AAAA级景区”“山东省十佳旅游特色村”“中国县域旅游品牌景区200强”“临沂市红色旅游景区”“沂蒙精神教育基地”。景区的主要景点有以艰苦创业闻名全国的九间棚村旧址、北海银行鲁南印钞厂旧址、天宝山战斗遗址、龙顶山天池等。除了这些人文景观之外，还有独特的自然景观：挂心橛子、双乳峰、母子山、张郎背姜婆等山峰。这里有连成一片的5万亩果园，春华秋实，四季宜人。特别是春季梨花盛开之时，漫山遍野，铺雪堆玉，间以桃红、柳绿，置身其间如在画中，被中外游人誉为“中国最大的天然花园”。景区内山势雄奇，沟谷深邃，山泉清澈，森林茂密，花果芬芳，民风淳朴，让人流连忘返。除了独特的天然美景和乡村风情之外，九间棚人顽强拼搏、艰苦创业的奉献精神也在全国产生了巨大影响，具有极强的感染力。

3. 文韬武略旅游

以文韬武略为主题，临沂市主要建设了书法旅游和兵学旅游两类旅游产品。书法旅游类主要有王羲之故居、中国书法城等；兵学类旅游类主要有银雀山汉墓竹简博物馆、郯城马陵之战遗址、中国兵学城等。做精书法文化和兵学文化品牌，建设书法之城和兵学之城，是临沂市打造城市文化品牌的两大任务。

王羲之故居位于临沂市兰山区洗砚池街东段，总体规划占地面积80余亩。传说他幼年练字十分刻苦，常到池中洗刷砚台，池水因而呈墨色，人们名曰“洗砚池”。经过刻苦学习和钻研，王羲之创造了妍美流变的新体，被誉为“书圣”。他的作品以行书《兰亭序》、楷书《黄庭经》《乐毅论》以及草书《十七帖》等最为有名。为纪念这位书圣，临沂市于1989年依其旧址修复了王羲之故居。在王羲之诞辰1700周年之际，市委、市政府又对王羲之故居进行大规模整修扩建，除原有的洗砚池、晒书台、琅琊书院、书法碑廊等景点外，又修复了普照寺、右军祠、五贤祠等景点。扩建整修中，发掘了洗砚池晋墓，被评为2003年度全国十大考古新发现。2003年10月17日，整修工程全面竣工，同时对外开放。修缮一新的洗砚池、晒书台、鹅池、禊亭等遗迹，可一窥当时王宅的模样。新建的晋墨斋、书法展室和百米长的书法碑廊，可欣赏到书圣的手迹、碑帖以及当代书法大家不同风格的书法作品。故居四周青墙环绕，故居之内亭台参差，白鹅绿水，柳绿花红，天光云影，环境清幽。

银雀山汉墓竹简博物馆位于临沂市兰山区东南部银雀山上，系遗址性专题博物馆，地下有规模较大的汉代墓群。1972 年，《孙子兵法》《孙膑兵法》等多部竹简兵书在此出土，是中国 20 世纪 70 年代十大考古发现之一、新中国 30 年十大考古发现之一、新中国 50 年影响最大的考古发现之一。该馆为古典宫廷式建筑，占地面积约 1 万平方米，建筑面积 2400 平方米，1981 年破土动工，1989 年竣工对外开放，是我国第一座汉墓竹简博物馆，现为山东省重点文物保护单位。该馆共有三个展厅：银雀山汉墓厅、竹简陈列厅、文物陈列厅。银雀山汉墓厅居于博物馆院内南侧，厅中央是复原的一、二号西汉墓穴，所有随葬品复制后，按原状摆放在棺椁内。竹简陈列厅在银雀山汉墓厅的北面，二层仿古建筑的一楼，放置玻璃展柜，柜内摆放兵书竹简。文物陈列厅设在竹简陈列厅的二楼。展出百余座墓葬中出土的部分文物精品，其中金雀山九号墓出土的西汉帛画，是继马王堆出土帛画之后又一重大发现，是我国长江以北出土的唯一西汉帛画。特别值得一提的是，《孙子兵法》和《孙膑兵法》竹简的同时出土，彻底解决了孙武和孙膑之间的关系和他们各自著有兵书传世的千古纷争悬案。本来，《孙子兵法》是我国著名的军事著作，历来有“兵经”之称，倍受国内外军事家的推崇。其作者是春秋末期齐国人孙武。而《孙膑兵法》是我国的另一部著名的军事著作，作者是孙武的后世子孙孙膑，历史记载非常清楚。但东汉末年，著名军事家曹操为《孙子兵法》注释时，没有提到《孙膑兵法》。其后，于唐贞观十年（636）修成的《隋书·经籍志》和北宋元丰三年（1080）宋神宗下诏校订的《武经七书》中也都没有收录《孙膑兵法》。于是，有关孙武、孙膑其人其书的问题开始出现争论，讹误频出。如出现了历史上并无孙武其人，《孙子兵法》系后人伪作，孙武、孙膑实际上是一个人，《孙子兵法》为孙膑所著，以及孙武、孙膑各有其人，也各有著作等说法。令人欣慰的是，在临沂银雀山汉墓中同时发现了《孙子兵法》和《孙膑兵法》竹简，彻底解决了以上争论，使历史真相大白于天下，恢复了历史的本来面目。

诸葛亮故里纪念馆位于沂南县砖埠镇诸葛村。占地面积4200平方米，为仿古式建筑。大殿高7米，宽9米，长12.4米，建筑面积111.6平方米。大殿正中安放着诸葛亮塑像，四周是14幅壁画，全面反映了诸葛亮一生壮丽辉煌的业绩。纪念馆左侧竖立的穿孔汉画像石碑，是汉代遗物，院内有千年银杏树一株，高23米，树围3.6米，树冠覆盖达360多平方米。沂南县人民政府还在县城西山坡修建了“卧龙公园”（亦称诸葛亮公园），公园有全国体量最大的诸葛亮铜像一尊（总重7000公斤），并建有50米长的浮雕，记载着诸葛亮的辉煌业绩。除此之外，还有武侯双阙、汉街、诸葛宗祠等。

临沂自古就有“鲁南古城秀、琅琊圣贤多”的美誉，除了智圣诸葛亮、书圣王羲之，还有算圣刘洪、书法家颜真卿、民族英雄左宝贵等等，“文韬武略”的旅游资源十分丰富和深厚，有待进一步开发利用。

4. 地质奇观旅游

以地质奇观为主题，临沂市主要建设了沂水地下大峡谷、地下画廊、地下荧光湖、平邑天宇自然博物馆、费县中华奇石城等旅游区。

沂水地下大峡谷位于沂水县院东头乡的龙岗山下，是一座风貌奇特的溶洞，洞体长度6.1千米，目前开发3.1千米，是江北第一长洞，中国特大型著名溶洞，也是沂蒙地下奇观的核心景区。景区规划占地32平方千米，是集休闲、娱乐、度假、溶洞漂流为一体的旅游项目，国家AAAA级旅游区。沂水地下大峡谷由巨大的喀斯特裂隙发育而成，形成于约0.65亿至2.3亿年前。谷深近百米、两壁如削，宽处百余米、窄处仅可容身，洞内有一河、九泉、九宫、十二瀑、十二峡等景观100余处，构成了一幅气势恢宏的雄奇画卷。沂水地下大峡谷不仅气势雄浑，而且地下暗河四季长流，地下瀑布十分壮观，在我国北方溶洞内实属罕见。目前利用暗河开发的1千米漂流项目，被上海大世界吉尼斯记录总部认证为“中国最长的溶洞漂流”。洞内常年温度在17—18摄氏度，冬暖夏凉，四季宜人，被誉为“中国地下河漂流第一洞”。

平邑天宇自然博物馆位于平邑县城。该馆建筑面积3.2万平方米，陈列面积2.8万平方米。博物馆内设科研馆1处、4D动感影院1处、展厅28个，馆藏展品39万余件。2004年9月建成开放。先后被命名为“山东省科普教育基地”“山东省关心下一代科普教育基地”和“中国古生物科普教育基地”等，是目前世界上最大的自然地质博物馆，国家AAAA级旅游景区。天宇自然博物馆的展品主要以矿物标本和古生物化石为主。9个矿物标本展厅内，收藏有世界各地的珍奇标本上万件。馆内保存有1106件较完整的恐龙化石，被吉尼斯世界纪录总公司认定为“世界上最大的恐龙博物馆”。此馆已有6项藏品获“世界吉尼斯奖”，被誉为“一部描绘自然生命的万卷书”。

四、沂蒙精神促进城市建设发展

在山东省临沂市，一张宏伟发展的蓝图在徐徐展开。“文明幸福”，是这张蓝图的主题，也是千万临沂人的一个梦想。走进临沂，整洁的公共环境，良好的交通秩序，优质的窗口服务，城市的每一个角落里，都有文明的印记；热情的笑脸，温馨的话语，和谐的社会环境，每一个临沂人的心中，都有幸福的花儿绽放。围绕建设富强美丽的“大临沂、新临沂”，打造鲁南苏北区域中心城市，临沂市委、市政府2004年做出决定，在全市组织开展“一创六建”活动。深入持久的文明城市创建工作，使全市的政治、经济、文化和社会各项事业获得长足发展，城市竞争力明显增强，城乡面貌发生了“梦幻般的变化”，市民幸福指数明显提升。

2004年，临沂市正式提出把创建全国文明城市及其他各项先进城市作为提升城市管理水平，提高市民文明素质，建设大临沂、新临沂的重要推动力。2008年，临沂市荣获全国创建文明城市工作先进城市，2009年获得全国城市公共文明指数测评地级市第7名，2010年在全国城市公共文明指数测评中首次跃升到地级市第1名的好成绩。2011年又以地级城市测评总分第1名的优异成绩成功创建全国文明城市。2012年，临沂市获得未成年人思想道德建设工作全国地级城市第1名、城市文明程度指数第5名。直至2013年，临沂市在创城两项工作中均获全国地级城市第1名，创建文明城市达到新的高度。十余年来，历届市委、市政府始终坚持“创建为民、共建共享”的工作理念，带领全市人民发扬和传承沂蒙精神，把创建文明城市作为改善民生，提高市民幸福指数的重要平台，持续深化文明城市创建工作，整个城市汇聚的精神文明力量将幸福的梦想变成现实。临沂市相继荣获全国双拥模范城市、中国优秀旅游城市、国家卫生城市、国家园林城市、国家森林城市、国家环保模范城市、黑臭水体治理示范城市等多项荣誉。

沂蒙精神具有与时俱进的时代特征，是发展经济、改善民生、提高城市可持续发展的强大精神动力。把弘扬沂蒙精神与打造临沂城市新名片、建设临沂城市品牌进一步融会贯通、相互结合起来，促使全市上下以更加饱满的热情抢抓机遇、艰苦创业、团结协作、开拓奋进，在沂蒙精神这一强大精神动力的鼓舞下，走上谱写临沂新篇章的美好征程。在创建过程中，临沂城市整体呈现出跨越式的发展，今天的临沂，已成为全国革命老区中的一张崭新名片。

今后，临沂将立足建设实力城市、宜居城市、魅力城市、活力城市、幸福城市，打造“一带一路”国际商贸物流双节点城市、国家创新型城市、全省开放型经济特色城市、西部经济隆起带龙头城市和全国革命老区科学发展示范区、国家生态文明先行示范区，全方位建成鲁南苏北区域性中心城市。届时，临沂将在沂蒙精神的带领与感召下呈现出更加迷人的城市魅力。临沂，将进入一个城市发展新时代。

第六章

沂蒙精神与当代大学生

“精神是一个民族赖以长久生存的灵魂，唯有精神上达到一定的高度，这个民族才能在历史的洪流中屹立不倒、奋勇向前。”中华民族之所以能够生生不息、薪火相传，根本就在于中华民族有一脉相承的精神追求、精神特质和精神脉络。中国社会百年以来的历史发展也告诉我们，在一盘散沙、各自为战的状况下是实现不了中国梦的。因此，在中华民族伟大复兴的追梦路上，必须用中国精神铸就民族之魂，凝聚中国力量。大学生作为“祖国的未来、民族的希望”，理应肩负起实现中国梦的历史使命和传承弘扬民族精神的时代责任。正如习近平总书记对青年的深情寄语：“青年最富有朝气、最富有梦想”；“青年兴则国家兴，青年强则国家强”；“历史和现实都告诉我们，青年一代有理想、有担当，国家就有前途，民族就有希望，实现我们的发展目标就有源源不断的强大力量。”①

第一节　沂蒙精神对大学生的意义

作为中华民族精神的重要组成部分，沂蒙精神是当代青年大学生放飞青春梦想的重要价值支撑和强大精神动力。习近平总书记指出：“中国梦是历史的、现实的，也是未来的；中国梦是国家的、民族的，也是每一个中国人的；

① 习近平：《在同各界优秀青年代表座谈时的讲话》，《人民日报》，2013 年 5 月 5 日。

中国梦是我们的，更是青年一代的。”他还进一步勉励广大青年要“在实现中国梦的生动实践中放飞青春梦想，在为人民利益的不懈奋斗中书写人生华章”。放飞梦想需要精神动力，书写华章贵在实践。可以预见，大学生的圆梦之旅会因传承沂蒙精神而独具风景，人生华章也因践行沂蒙精神别样精彩。

一、大学生的历史使命和时代责任

青年是祖国的未来、民族的希望。无论烽火硝烟笼罩的艰苦岁月，还是和平阳光沐浴的历史新时期，历代党和国家领导人总是把青年和青年工作，置于事关国家和民族前途命运的高度来强调，把国家独立和民族复兴的希望寄托在青年身上。传承民族精神，共筑伟大中国梦，当代青年大学生肩负着历史的使命和时代的责任，又承载着历代党和国家领导人的殷切期盼和深情厚望。

1. 历代党和国家领导人对青年人的深情厚望

“问苍茫大地，谁主沉浮”唯有青年，“到中流击水，浪遏飞舟”还是青年。毛泽东主席当初的诗意豪情曾划破黑暗苍穹：“恰同学少年，风华正茂，书生意气，挥斥方遒。指点江山，激扬文字，粪土当年万户侯。”从救国救民于水火的民主革命到轰轰烈烈的社会主义革命和建设时期，他一直对青年寄予厚望和充满期待。1955 年，在为《中山县新平乡第九农业生产合作社的青年突击队》一文撰写的按语中，他热情讴歌：“青年是整个社会力量中的一部分最积极最有生气的力量。他们最肯学习，最少保守思想，在社会主义时代尤其是这样。”1957 年，他在莫斯科大学对留学生们的讲话中对青年更是不惜溢美之词：“世界是你们的，也是我们的，但是归根结底是你们的。你们青年人朝气蓬勃，正在兴旺时期，好像早晨八九点钟的太阳。希望寄托在你们身上。”直到如今，依然能在亿万中国青年心间引发强烈共鸣和激起巨大回响。

1978 年，为加速培养年轻一代科技人才，邓小平在全国科学大会上疾呼：“青年一代的成长，正是我们事业必定要兴旺发达的希望所在。”他还满怀信心地指出“我们可以预见，一个人才辈出、群星灿烂的新时代必将很快到来。科学的未来在于青年。青年一代的成长，正是我们事业必定要兴旺发达的希望所在。”2001年，江泽民在庆祝中国共产党成立80周年大会上指出：“全国各族青年，代表着我们祖国和民族的未来，代表着我们事业兴旺发达的希望。社会主义现代化的宏伟事业需要你们去建设，中华民族的伟大复兴将在你们手中实现。党和人民对你们寄托着殷切的期望。希望你们热爱祖国，热爱人民，志存高远，胸怀宽广，要在改革开放和现代化建设的广阔舞台上，充分发挥自己的聪明才智，展现自己的人生价值，努力创造无愧于时代和人民的业绩。”2012，胡锦涛在纪念中国共产主义青年团成立90周年大会上讲话时强调：“当代青年是无比幸运的一代，又是责任重大的一代。祖国发展的巨大成就为青年成长进步创造了良好条件，祖国建设的艰巨任务为青年大展身手提供了广阔舞台。”他希望广大青年能够坚持远大理想、刻苦学习、艰苦奋斗、开拓创新、高尚品行。伟大的时代召唤着青年，辉煌的事业期待着青年。党和人民坚信，我国各族青年一定会不负重托、不辱使命，在全面建设小康社会、坚持和发展中国特色社会主义、实现中华民族伟大复兴中国梦的征程上创造更加壮美的青春业绩。

2013年5月4日，习近平在同各界优秀青年代表座谈时告诫青年同志：要把理想信念建立在对科学理论的理性认同上，建立在对历史规律的正确认识上，建立在对基本国情的准确把握上。青年人正处于学习的黄金时期，应该把学习作为首要任务，作为一种责任、一种精神追求、一种生活方式，树立梦想从学习开始、事业靠本领成就的观念，让勤奋学习成为青春远航的动力，让增长本领成为青春搏击的能量。2014年5月4日，习近平在北京大学向全国广大教育工作者和青年工作者致以崇高敬意，他强调指出：“青年是标志时代的最灵敏的晴雨表，时代的责任赋予青年，时代的光荣属于青年。”习近平对青年人寄予无限期望。

老一辈无产阶级革命家的谆谆教诲还言犹在耳，新一代党和国家领导人的殷切期望催人奋进。这既是时代赋予青年的无限荣光，也是国家和民族的历史重托。

2. 做优秀文化和民族精神的传承者

青年是社会发展进程中最为活跃、最富理想和追求、也最有希望的社会群体，相比于对知识的需求，社会对于青年的期待更在于他们能够成为社会文化道义的担当和主流价值的承载，青年群体理应担负起传承中华优秀传统文化和弘扬民族精神的历史使命和时代责任。

传承优秀文化和民族精神是实现中国梦的必然要求。逐梦路上攻城拔寨的关键时刻，急需注入实现中国梦的强大精神动力。习近平总书记强调：“精神的力量是无穷的，道德的力量也是无穷的。中华文明源远流长，孕育了中华民族的宝贵精神品格，培育了中国人民的崇高价值追求。自强不息、厚德载物的思想，支撑着中华民族生生不息、薪火相传，今天依然是我们推进改革开放和社会主义现代化建设的强大精神力量。”① 他还进一步指出：“中国传统文化博大精深，学习和掌握其中的各种思想精华，对树立正确的世界观、人生观、价值观很有益处。古人所说的‘先天下之忧而忧，后天下之乐而乐’的政治抱负，‘位卑未敢忘忧国’‘苟利国家生死以，岂因祸福避趋之’的报国情怀，‘富贵不能淫，贫贱不能移，威武不能屈’的浩然正气，‘人生自古谁无死，留取丹心照汗青’‘鞠躬尽瘁，死而后已’的献身精神等，都体现了中华民族的优秀传统文化和民族精神，我们都应该继承和发扬。”② 当前，国家在经济下行压力下，正坚定不移地推进改革深化、经济转型，更需要提振信心增强动力。作为凝魂聚气和强基固本的基础性工程，传承优秀传统文化和弘扬伟大民族精神的中坚力量是青年，更应该发挥其中流砥柱的作用。青年兴则国家兴，青年强则国家强，在一个创新和改革紧密相连的时代，最具创新活力的青年或将成为中国经济和社会发展的新引擎。这是青年的力量，也是中国的未来。③ 马克思曾说：“一个时代的精神，是青年代表的精神；一个时代的性格，是青春代表的性格。”不同时代的青年演绎着不同的精彩故事。今天，实现中国梦的鸿篇巨制中，故事的主角依然是青年。正如习近平总书记所说，我们处于一个伟大的时代，有着伟大的目标，年轻人“生逢其时、责任重大”。

---

① 习近平:《在会见第四届全国道德模范及提名奖获得者时的讲话》,《人民日报》,2013 年 9 月 26 日。

② 习近平:《在中央党校建校 80 周年庆祝大会暨 2013 年春季学期开学典礼上的讲话》,《人民日报》,2013 年 3 月 1 日。

③ 李泓冰:《青年,创新时代的晴雨表》,《人民日报》,2015 年 5 月 4 日。

传承优秀文化和民族精神是净化文化生态的客观需要。外来文化对文化生态的剧烈冲击，导致文化基因的异化，呼唤优秀传统文化特别是民族精神的回归。以“五四”新文化运动为开端，外来的各种文化思潮轮番冲击。特别是改革开放之后，精神饥渴的国人热情拥抱了良莠杂陈的域外之风，不少青年人对我国的传统文化不屑一顾，瞧不起传统文化，包括传统文化中的精华部分，否定一切似乎才够“时尚”。可以说，当今的文化生态呈现出前所未有的纷繁芜杂，传统与现代、优秀与落后、东方与西方、官方与民间、主流与非主流等不同性质和不同形式的文化并存。文化是民族的灵魂和血脉，是人民的精神家园，是民族的集体记忆。民族的复兴不仅仅表现为经济的强大，更在于软实力的提高，也就是文化的复兴。而文化复兴必须传承优秀的民族传统文化，弘扬伟大的民族精神。鲁迅说过：“唯有民魂是值得宝贵的，唯有他发扬起来，中国才有真进步。”这一民魂就是优秀的传统文化和伟大的民族精神。越是文化思潮激荡，越需要主流文化价值支撑；越是文化选择多元，越需要主心骨和正能量。唯有如此，才能净化文化生态，捍卫我们中华民族的精神基因，而能够承担起这一历史使命的主力军唯有青年。

传承优秀文化和民族精神是大学教育的重要内容。大学传统文化和民族精神教育的软肋，导致文化传承的使命弱化，迫切需要还原大学教育的本色。大学本质上是传承人文精神、延续民族血脉的，文化传承创新是现代大学的固有职能。可以说，中国大学在保存中华民族优秀文化传统和建设现代新文化方面，始终扮演着不可替代的角色。但令人遗憾的是现今大学传统文化教育先天不足，后天失养，成为现在中国大学教育的缺憾。“人文素养决定一个人在专业上能走多远”，著名科学家任继周院士的名言可谓醍醐灌顶。一个真正意义上的现代化大学，不仅要培养出大批的科学家、工程师、律师、会计师和计算机专家，更应该塑造出睿智的灵魂，培育出具有深厚的人文素养和崇高的道德情怀的健全人格。换言之，大学不仅要培养专业人才，更应该培育人、造就人。在任何时候，对于大学来说，陶冶情操是比造就专家更为重要的事情。因为大学的首要之义就是要发掘和弘扬人性中的那些神圣而潜在的基质，而不是批量生产模式化的专业人才，这正是大学不同于工厂的关键所在。[①] 这就要求深刻转变我国大学数10年来早已形成的传统本科教育模式，亦即从以往那种只注重专业教育而缺乏通识教育的本科培养模式，转向“以通识教育为基础的专业发展”的本科教育模式。当然，这种改变需要勇气和胆魄，有时甚至需要作出某种牺牲，但意义是深远的。而今，大学负有文化传承创新的神圣使命，已是社会各界的共识，并成为党和国家对大学的新要求和新期待。[②] 必须指出的是，还原大学教育的本色，不仅仅是教育体制和理念的转变，更重要的是知行统一的实践，是广大青年大学生的身体力行，从而自觉做优秀文化和民族精神的传承者和实践者。

沂蒙精神植根于中华民族优秀传统文化的沃土中，是沂蒙红色文化的支撑和精神标识，也是中华民族精神的重要组成部分和具体表现。“它既有中国优秀传统文化底蕴的积淀，也是中国特色社会主义先进文化的具象和承载。它所蕴含的价值观念与理想追求为我们提供了价值遵循。沂蒙精神构筑的是一种至高至善至纯至美的价值理念，它需要我们像仰望历史星空一样的虔诚，这一点必须坚持。但承载起这一价值取向的不应该是抽象的理论符号，而应是一个个鲜活的接‘地气’的群体，特别是改革开放以来涌现出来的艰苦创业无私奉献的成功的事例和身边的典范等。因而，沂蒙精神融入教育中贴近现实性的内容选择尤其重要。比如，新时期倡导的‘大义临沂’其基本内涵在沂蒙精神基础上赋予了更多的历史文化传承元素，这也是新时期沂蒙精神在内涵与外延上的不断拓展。再比如，诠释‘临沂模式’的‘商城精神’作为沂蒙精神的重要组成部分，由此蕴含及衍生出的奉献、开拓、敢为人先和信念坚定等朴素却弥足珍贵的精神品格，这些当代大学生必备的重要素质的相关教育更能引发共鸣。”[③] 因此，传承和弘扬沂蒙精神，就是传承优秀传统文化，就是弘扬民族精神。这是沂蒙学子实现人生价值和追求全面发展的必要途径，也是时代赋

① 赵林:《大学人文教育的意义》,《中国科学报》, 2014 年 6 月 13 日。

② 周茂兴:《高校在文化传承创新中大有作为》,《中国教育报》,2011 年 11 月 28 日。

③ 孙海英:《沂蒙精神融入大学生文化自信教育的路径选择》,《临沂大学学报》,2018 年第 5 期,第 51 页。

予的使命和责任。

二、沂蒙精神价值取向的引导作用

我们从一般意义上理解，价值取向是个人或群体持有的基本价值立场、价值态度以及所表现出来的基本取向。价值取向决定、支配价值选择。当代大学生“朝气蓬勃、好学上进、视野宽广、开放自信，是可爱、可信、可为的一代。对当代高校学生，党和人民充分信任、寄予厚望。”① 同时，当代大学生是一个特殊的社会群体，面临着价值取向多元化的影响和价值选择多样性的考验。

一方面，伴随着经济、政治和社会关系的调整和变化，传统与现代观念的碰撞和冲突，东西方文化的交融和对抗，社会呈现出价值观念多元化和价值选择多样性的特点。现实生活的五彩斑斓，必然伴随价值诉求的多样化和价值选择的多样性。而文化越是多元化越需要弘扬主旋律，价值选择越是多样性越需要彰显积极的价值取向。另一方面，当代大学生多为独生子女，作为一个特殊的社会群体，大学生群体意识特点鲜明。他们既有崇尚个性和独立，求新、求异、求变，带点叛逆和愤世嫉俗这些本来就是青年人的特点，又存在依赖感强，抗压能力弱，自我意识过于强烈，过于关注自我价值的实现的不足。以上种种导致部分大学生在价值取向上存在严重困扰和挑战，有调查显示：部分大学生在享受国家经济社会发展的成果时，却因社会负面影响而信仰弱化；因发展不顺而人生理想缺失；更有部分享受科技发展便利时却沉迷暴力色情等虚拟世界而不能自拔等。②

当代大学生如何在多元的文化激荡中不迷失双眼？又如何在色彩斑斓的文化生活中作出理性选择？自身的需求怎样契合时代的脉搏？又怎样让张扬的个

---

① 习近平:《在全国高校思想政治工作会议上的讲话》,《人民日报》,2016 年 12 月 7 日。

② 孙海英:《论沂蒙精神的价值取向与当代大学生的价值选择》,《临沂大学学报》,2016 年第 1 期,第 8 页。

性和上主旋律的节拍？面对价值选择的两难境地，沂蒙精神既确立了明确的价值取向，又立足于当代大学生的现实诉求，为他们破解迷茫和困惑指明方向。我们知道，人的行为是在思想意识的支配下发生的，价值观决定人的思想境界、道德情操和行为准则，对一个人的人生道路和生活方式的选择具有重要的导向作用，而积极的主流的价值取向是符合社会发展规律和人民根本利益的。沂蒙精神是与我国主流价值观一脉相承的先进文化。一方面，沂蒙精神符合主流意识形态的趋势，是中华民族精神的经典；另一方面，沂蒙精神又有着强大的教育作用，是立德树人的精神指导。其积极的价值取向有利于培育社会主义核心价值观，引导当代大学生作出正确的价值选择。

同时，沂蒙精神是历史的又是时代的。沂蒙精神的内在价值，不仅仅在于膜拜失去的英魂和敬畏那个辉煌的时代，更重要的是透过与时俱进的沂蒙精神所折射出的价值取向，去矫正或确立自己的价值观念，从而作出正确的价值选择。特别是这种价值取向凭借着其丰富的内涵和感人的事迹故事，有利于当代大学生在正确的价值观、学习观和事业观的支配下进行正确的价值选择。

1. 倡导沂蒙精神的价值取向有助于培育青年学生社会主义核心价值观

党的十九大报告对培育和践行社会主义核心价值观提出新要求，即：“培育和践行社会主义核心价值观，要以培养担当民族复兴大任的时代新人为着眼点，强化教育引导、实践养成、制度保障，发挥社会主义核心价值观对国民教育、精神文明创建、精神文化产品创作生产传播的引领作用，把社会主义核心价值观融入社会发展各方面，转化为人们的情感认同和行为习惯。”

人的行为是在思想意识的支配下发生的，价值观对一个人的人生道路和生活方式的选择具有重要的导向作用。大学生是特殊而重要的社会群体，大学生的价值观向来是社会价值观念发展的“晴雨表”“风向标”。[①] 只有积极的主流的价值取向才能既符合社会发展规律和人民根本利益的，又能够引领当代大学生价值观念的健康发展。在当代中国，能够承担这一使命的必然是社会主义核心价值观。沂蒙精神作为中华民族精神的一个重要组成部分，是社会主义核心

① 李纪岩：《当代大学生社会主义核心价值观培育研究》，山东人民出版社2013年版，第1页。

价值体系的生动体现，具有丰富的价值意蕴。大力弘扬沂蒙精神，引导当代大学生树立科学的、进步的价值观，是社会主义核心价值体系建设的根本要求，也是培养具有沂蒙精神特质的大学生的需要。沂蒙精神是与我国主流价值观一脉相承的先进文化。一方面，沂蒙精神符合主流意识形态的发展趋势，是中华民族精神的经典；另一方面。沂蒙精神又有着强大的教育作用，是立德树人的精神指引。其积极的价值取向有利于培育社会主义核心价值观，引导当代大学生作出正确的价值选择。

习近平总书记强调："核心价值观，其实就是一种德，既是个人的德，也是一种大德，就是国家的德、社会的德，国无德不兴，人无德不立。"社会主义核心价值体系包涵马克思主义指导思想、中国特色社会主义共同理想、以爱国主义为核心的民族精神和以改革创新为核心的时代精神、社会主义荣辱观四个方面的基本内容，这四个方面的内容既相互联系、相互贯通，又各有侧重，各自发挥着不可替代的重要作用。其中马克思主义指导思想是灵魂，中国特色社会主义共同理想是主题，以爱国主义为核心的民族精神和以改革创新为核心的时代精神是精髓，社会主义荣辱观是基础。社会主义核心价值体系是一个内涵丰富、逻辑严谨的科学的价值观念体系。既然从大学生价值观念发展的基本状况看，需要以科学的价值观来引导；而社会主义核心价值体系又是科学的价值观念体系，那么，在当代大学生中培育社会主义核心价值体系，以社会主义核心价值体系引导当代大学生价值观念的发展就成为必然。社会主义核心价值体系在不同的地域有各具特色的体现形式。在地处沂蒙老区临沂大学，以"培养具有沂蒙精神特质和国际视野的高素质应用型人才"为办学理念，其体现形式主要是"沂蒙精神"。沂蒙精神与社会主义核心价值体系本质同一，内涵一致，是社会主义核心价值体系的生动体现，有着丰富的价值意蕴。①

2. 倡导沂蒙精神的价值取向有助于青年学生形成正确的学习观

一个人的学习观涉及他学什么和怎样学的问题。学习观对大学生的学习成

① 苑朋欣:《沂蒙精神与社会主义核心价值体系建设》,《井冈山大学学报》,2010 年第 3 期,第 14 页。

绩、认知过程及策略、自我调节以及学习动机具有一定的影响，特别在复杂和结构不良的情境中，学习观影响学生对任务性质的理解与策略的选用。[①]“大学生要树立面向现代化的博才学习观、不断学习的终身学习观、全面发展的学习观、自主学习的学习观和勇于创新的学习观。”[②]一方面，正确学习观的形成需要内在的动力驱动。沂蒙精神以其丰富的内容、深刻的内涵，能够成为这一精神动力。其中的沂蒙识字班是“沂蒙红嫂”产生的催化剂，是沂蒙精神不可分割的重要组成部分。而从艰苦卓绝的革命战争年代传承下来的“识字班”精神，为当代大学生树立正确的学习观提供了精神动力与榜样示范。

另一方面，正确学习观的形成需要外在的环境塑造。建构主义认为，知识不是通过教师传授得到，而是学习者在一定的情境即社会文化背景下，借助他人（包括教师和学习伙伴）的帮助，利用必要的学习资料，通过意义建构的方式而获得。鲁迅先生也曾说过：“久浴文化，则渐悟文化之尊严”。正确学习观的形成离不开良好环境和氛围的创设。校园文化是一所学校生存与发展的文化基石，是高校保持可持续发展的精神动力。临沂大学立足自身的区域环境和人文优势，提出了沂蒙精神育人工程，在大学校园里营造了一种浓厚的红色文化氛围，让学生亲身实践，直观地感受和体验到了沂蒙精神的魅力。因此，校园文化是倡导沂蒙精神价值取向的重要载体，它对学生的影响虽不能立竿见影，但一定是稳定、渐进和有效的。

3. 倡导沂蒙精神的价值取向有助于青年学生形成正确的事业观

《易·坤》曰“畅于四支，发于事业，美之至也。”《疏》亦云：“所营谓之事，事成谓之业。”事业观是在人生观的基础上形成的对于事业目的和意义的根本看法和态度。当前，大学教育与市场需求的部分脱节，不良的社会负面影响，部分大学生就业上的误区，导致部分大学生的事业观的错位和扭曲。另外，我国的就业形势依然不容乐观，面临着经济放缓、毕业生总量

① 刘儒德：《大学生的学习观》，《高等教育研究》，2002 年第 4 期，第 74 页。

② 徐东升、费聿辉：《沂蒙精神研究》，中央文献出版社 2013 年版，第 294 页。

持续增加、结构性矛盾突出的三重压力。一方面，在总的劳动力供过于求的背景下，当前国内外经济的不确定性和产业结构调整的双重影响导致部分行业就业需求下降，用人单位“不招人、少招人”的趋势使得大学生就业面临不少困难。而另一方面，高校毕业生就业数量逐年增多，且这种情形有可能在较长一段时期内存在。我国进入高等教育大众化阶段之后，大学毕业生的数量一直持续增长。目前，高等教育毛入学率已达30%，而根据国家发展规划，到2020年将提高到40%。不仅如此，高校人才培养与社会需求间的结构性矛盾问题也长期存在，毕业生就业期望与市场需求也还有差距。在此情况下，树立正确的就业观和事业观尤其重要。而沂蒙人民都胸怀崇高的事业观干事创业。其艰苦奋斗的历程，为当代大学生树立正确的事业观留下了重要的启示。

沂蒙精神是中华民族精神的生动体现，也是沂蒙人民崇高事业观的集中反映。这种事业观与沂蒙精神高度统一，集中表现为“爱党爱军、开拓奋进、艰苦创业、无私奉献”的事业追求。沂蒙人民的崇高事业观是对历史的总结，也是对未来的昭示，是年轻一代应当传递的精神火把。作为沂蒙精神培育的当代大学生，应该自觉地向沂蒙人民学习，爱党爱军、开拓奋进、艰苦创业、无私奉献，树立崇高的事业观。①

沂蒙精神的价值取向就是在社会上竖立起一个标杆，建构起一种主流价值理念。但承载起这一价值取向的不再是一座座冰冷的雕像，不再是抽象的理论符号，而是一个个鲜活的接“地气”的群体。特别是改革开放以来涌现出来的艰苦创业、无私奉献的典型事迹和典型人物更容易打动人心，更容易产生良好的激励作用。这些价值取向对当代大学生的事业观的形成具有重要的借鉴意义和导向作用，是引导大学生作出正确的价值判断和价值选择的重要参照标准。

① 徐东升、费聿辉:《沂蒙精神研究》,中央文献出版社2013年版,第303页。

第二节　做具有沂蒙精神特质的合格大学生

沂蒙精神根植于沂蒙大地，哺育着沂蒙人民，也滋养了沂蒙人民的精神世界。今天，沂蒙这片沃土上的高校学子们，沐红色文化之光华，得沂蒙精神之滋润，应倍加珍惜在大学就读时光。要用沂蒙精神塑造自我，自觉做具有沂蒙精神特质的合格大学生，为今后的人生出彩助力，为将来的事业成功奠基。

一、沂蒙精神的特质解读

毛泽东有词曰："东方欲晓，莫道君行早。踏遍青山人未老，风景这边独好。"无论名山大川还是寻常巷陌，能引人驻足甚至让人流连忘返的必然是其不一样的风景；无论思想文化还是精神理念，能时空穿越历久弥新必定有其独特的内涵和气质。

从字面意义上，特质就是特有的内在素质。文化即人性，人性存在差异性，文化必然存在差异性，文化的差异是通过文化特质体现出来的。有学者认为，中国传统文化的特质是重价值理念，重感性直觉；而西方文化的特质重科学思维，重理性。中国文化重视向内超越，征服自己；而西方文化是重视向外超越，征服自然支配自然，进而具有征服世界的倾向。更有学者甚至认为东方文化更适合造就圣人，西方文化更适合塑造英雄。我们也无意去争论东西方文化的差异，但有一点是肯定的，那就是从深层意义上看，不同的文化是由不同的理念和信仰等构成的世界观、价值观和人生观的基本内核，形成了不同文化的各自特质，也构造了不同文化的别样风景。

沂蒙精神是中华民族伟大精神和中国共产党伟大精神在革命战争时期的展现和升华，是山东党政军和沂蒙人民共同培育的山东精神的核心所在，也是新时期山东经济社会发展呈现良好局面的真谛所在，集中体现了中国共产党人对崇高的马克思主义信仰矢志不渝的追求，充分展示了人民群众信任党、热爱党、紧跟党的坚定不移的理想信念。共同的信仰锻造和铸就了沂蒙精神先进的理论品质和鲜明的实践品格，使她能够穿越时空隧道，跨越地域疆界，成为全党、全国各族人民的共同精神财富和强大精神支柱。

无论思想文化还是精神理念，能时空穿越历久弥新必定有其独特的内涵和气质。沂蒙精神作为伟大民族精神的重要组成部分，植根于中华优秀传统文化的沃土中，具备中华民族共同的理想信念和价值追求。尽管沂蒙精神的价值已超越时空限制和区域界线，但由于受各自文化背景、历史条件和社会基础等因素影响，必然从纵向上具有阶段性、发展性的特征，从横向上又呈现出区域性、独特性的特点，因而表现出了自身的精神特质。临沂大学致力于通过沂蒙精神的融入使临大学子逐渐形成了坚韧不拔的意志品质、与时俱进的创新精神、勇于担当的使命意识、大义忠诚的价值追求，体现出“能吃苦、善创新、敢担当、乐奉献”的“临大特质”。这实际上就是沂蒙精神特质的具体化。

目前，沂蒙精神研究领域对沂蒙精神特质的概括，大都采用了较为普遍的说法，也是一种基本的共识。

首先，沂蒙精神具有先进的理论品质。这就是“敢为人先、艰苦奋斗”与时俱进的理论品质，这表现为其强大的实践功能。基于对于这一精神特质的认同，才能既为先辈的辉煌岁月自豪，又对不同时代的奋斗历程敬佩。任何一种伟大精神的产生、形成和发展，固然与其不同的时代背景、文化底蕴和人文地理环境密切关联，有其自身的特质，但只有与先进的思想文化相融合，在精神内涵深处注入共同信仰的伟大力量，彰显鲜明的民族性、时代性和开放性，铸就其先进的理论品质，才能成就其崇高伟大，才能历久弥新，长盛不衰。沂蒙精神是革命战争时期中华民族精神、中国共产党革命精神在沂蒙老区的一种具体承载、展现和升华。特别是其一开始生长就带有鲜明的党的精神的红色烙印和革命老区的红色文化特质，集中展现出与党的伟大精神信仰的先进性、实践性、人民性的高度统一，是我们党的优良传统和作风的集中反映。正是中国共产党伟大精神所体现的先进性，特别是中国共产党人优良传统和作风，滋养和培育了沂蒙精神，支撑和铸就了沂蒙精神率先垂范、联系群众、爱党爱军、开拓进取、艰苦创业、无私奉献、以人为本等体现我们党的优良传统和作风的思想内涵和内在特质。这些内在特质，具有彰显党的性质宗旨、反映民族精神、体现时代精神、凝聚各方力量的先进理论品质。

其次，沂蒙精神具有鲜明的实践品格。沂蒙精神形成的基础是党领导沂蒙人民在革命战争时期的创造性实践，植根于党领导沂蒙人民在社会主义建设和改革时期的创新性实践中，其先进理论品质最终由实践检验，并在实践中不断丰富、完善和发展，不断内化为一种党领导人民改造自然、改造社会的强大推动力量。沂蒙精神是理论的，更是实践的，其真正价值在于其所蕴含的先进思想内涵的实践意义，在于弘扬和发挥这种精神的现实作用。沂蒙精神的提炼、总结、概括和升华并非一次完成，而是一个随着实践的发展而不断发展的长期的动态过程。譬如，对沂蒙精神的具体表述，就是一个随着实践的不断深入而不断深化和提升的过程。随着实践的不断深入发展，沂蒙精神的思想内涵会不断丰富，其内容和形式也会不断拓展，并逐步由地域性特殊含义的相对初级的实践形态，发展为具有全党全民族精神意志的更高一级的实践形态，同新时期山东精神、中华民族精神、党的伟大精神融为一体，升华为具有普遍意义的山东精神、民族精神和党的伟大精神，成为推动山东全面建成小康社会、实现富民强省新目标的强大精神动力，成为推进中国特色社会主义伟大事业和党的建设新的伟大工程的强大精神动力。

再次，沂蒙精神具有强大的实践功能。这种精神，用在抗日战争，能够赢得民族的独立；用在解放战争，能够使人民当家作主人；用在改革开放新的历史时期，能够迅速脱贫致富，很快地改变贫穷落后面貌，不断向着共同富裕的幸福生活迈进。依靠沂蒙精神的强大实践功能，无论是在烽火连天的战争岁月，还是安居乐业的和平年代，无论是在平稳发展的建设时期，还是在重大灾难的危急关头，山东人民坚定不移地团结在党的周围，始终坚定不移地执行党的路线、方针、政策，不断跨过革命和建设道路上的一个个艰难险阻，从一个胜利走向另一个胜利，经过40余年的改革开放，过上了小康生活，迎来了富民强省的光辉前景，在不同历史时期谱写了一曲曲惊天地、泣鬼神的精神壮歌。

第四，沂蒙精神的实践主体是人民群众，服务对象是人民群众。以实现人民群众的根本利益为最高价值取向，既是我们党崇高信仰的具体实践，也是我们党始终坚持“一切为了人民群众，一切依靠人民群众，始终保持与人民群众的血肉联系”的群众工作路线和传统优良作风的根本体现。正是具有崇高信仰的中国共产党人及其所领导的人民军队，为民族独立和人民解放抛头颅、洒热血的英勇模范行为，使人民群众看到了出路和希望，产生了跟共产党走的坚定信念，增强了过上好日子和幸福生活的坚定信心，充满了对党和政府的高度信任，才会义无反顾、心甘情愿地把满腔热情和干劲倾注到支援中国革命、建设社会主义美好生活、建设全面小康社会的伟大进程中，使沂蒙精神放射出巨大的实践价值。在新的历史时期，每每遇到重大自然灾害，或是在社会发展的危急关头，深明大义的沂蒙人民总是团结在党高扬的信仰旗帜下，顾全大局、勇于担当、无私奉献、和舟共济、共克时艰、风雨前行。诞生在沂蒙山腹地的沂南县孙祖镇东高庄村的著名歌曲《跟着共产党走》和诞生在费县白石屋村的《沂蒙山小调》至今唱遍全国、家喻户晓，就是沂蒙精神巨大实践价值的最有力的展示和升华。

第五，沂蒙精神的本质特征在于人民性，其核心是大义。表现就是“水乳交融、生死与共”的精神本质的一以贯之，以及人民性和党性的高度统一。这一本质特质是沂蒙精神的灵魂和精髓。丰厚的文化积淀和长期的人文浸染，造就了沂蒙人民尚道义、重气节、朴实善良的优秀品质。正是这种宝贵的精神品质，为沂蒙精神的孕育提供了最为原始的素材。但是，一种优秀的地域性群体意识如果没有先进文化的引导和改造，很难形成超越地域和群体的先进文化，更难升华为革命的精神。作为文化创造主体之一的中国共产党从进驻沂蒙山区开始，教育、引导、团结、依靠和武装群众就成为党的优良传统和一贯作风。党恪守“群众利益高于一切”的宗旨，不断践行党的群众路线，才与人民群众一道缔造了唇齿相依的党群关系和鱼水情深的军民关系，才共同熔铸了惊天泣地的沂蒙精神。沂蒙精神之“大义”，是更崇高、更无私的义理、义行，是甘于为国家、民族、社会、公众奉献的高尚精神和正义之举，是有助于兴国安邦，推动社会进步的道德要求。人类孕育了文化，而文化又重塑着人类。人生活在什么样的文化氛围中，就会被塑造成什么样的社会人。正是沂蒙文化对大义的崇尚与追求，其鲜明的历史性、地域性、先进性特质，成就了大义临沂的无上荣光和骄傲。

二、弘扬和践行沂蒙精神　做合格大学生

繁华已逝，铅华洗尽，淡定从容，回归本真。在物欲横流、文化多元和精神浮躁的今天，至上而不失淳朴、令人景仰而不失亲和的沂蒙精神具有穿越时空的独特魅力。当代大学生能面对诱惑坚守底线，身处困境矢志不渝，就需要用沂蒙精神铺陈的基本底色和红色基因廓清思想、砥砺品质、凝聚力量、铸就正气，就必须传承沂蒙人民特有的价值理念、学习精神与创业精神，自觉做具有沂蒙精神特质的大学生，演绎属于自己的出彩青春华章。

1. 弘扬和践行沂蒙精神，要树立坚定的政治信仰

信仰是人的精神活动的核心，是人类得以生存的精神支柱。解读沂蒙人民的精神密码，探寻沂蒙精神的内在基因，最根本的就是要解读好那镌刻在旗帜上更熔铸在灵魂中的信仰的力量。一个失去信仰的民族，必定难以拥有创造未来辉煌的动力；一个失去信仰的政党，不会持久地赢得执政根基的民心；一个失去信仰的人生，往往会迷失自己的坐标和生活方向。习近平总书记强调："一个国家，一个民族，要同心同德迈向前进，必须有共同的理想信念作支撑。我们要在全党全社会持续深入开展建设中国特色社会主义宣传教育，高扬主旋律，唱响正气歌，不断增强道路自信、理论自信、制度自信，让理想信念的明灯永远在全国各族人民心中闪亮。"

《辞海》认为，信仰是"对某种宗教，或对某种主义极度信服和尊重，并以为之行动的准则"。从价值观角度来看，信仰是一种终极的价值追求，是人们对一定的世界观、人生观、价值观等观念的信奉和遵行。从当前看来，从物质上一穷二白的窘境到一夜暴富的狂欢，从精神上盲目崇拜的痴迷到信仰无处安放的尴尬，相当一部分人陷入了前所未有的信仰危机。不仅利益至上的生存哲学动摇着部分人信仰的根基，而且个人主义的思想也侵蚀着主流价值的健康机体。随着国外各种思潮的不断冲击，新时期各种新观念的不断涌现，加上思

想解放和自身思维局限性的影响，当代大学生的思想观念变化和更新的速度甚至快于社会，而这一变化的突出表现就有信仰的不确定性和崇物的多元化。在大学校园里，各种理论都可能占有一席之地，崇尚金钱主义和享乐主义的世俗化倾向也绝非个案。当代大学生大部分是独生子女，具有自我意识强，对事物的批评倾向明显，行动上主观随意性大，不愿受到外来因素的束缚等弱点，这些特点必然加剧信仰的危机和缺失。因此，必须高度重视大学生的理想信念问题。一方面要求青年学生要坚守精神追求，坚定对马克思主义的信仰和对社会主义、共产主义的信念，另一方要立足实际，从沂蒙精神的丰富内涵中汲取信仰的力量，从而坚定自己的政治信仰。

沂蒙精神从根本上反映了对马克思主义和中国特色社会主义的信仰追求，是社会主义核心价值体系的重要体现。沂蒙精神的“内核”所展示的就是对党和党的伟大事业无比坚定的信念。新时期弘扬沂蒙精神，要求全党、全国各族人民必须进一步凝聚起社会主义信念的伟大力量，用中国特色社会主义共同理想凝聚力量，着力克服“精神懈怠”的危险，牢固确立和不断强化共产主义理想信念，坚定党和人民事业必胜的信念，无论遇到什么样的艰难困苦，都要满怀豪情地始终朝着既定的目标奋进，积极推动党的伟大事业向前发展，创造出党和人民伟大事业的一个又一个新的奇迹。

习近平总书记曾寄语青年大学生：“‘得其大者可以兼其小。’只有把人生理想融入国家和民族的事业中，才能最终成就一番事业。希望你们珍惜韶华、奋发有为，勇做走在时代前面的奋进者、开拓者、奉献者，努力使自己成为祖国建设的有用之才、栋梁之材，为实现中国梦奉献智慧和力量。”他在给北京大学学生回信中也勉励当代青年：“现在，青春是用来奋斗的；将来，青春是用来回忆的。”信仰是支撑人生的目标，是引领事业的导航，是激励奋斗的源泉。信仰是世界上最坚强、执著、恒定的一种力量。民族因信仰而有力量，人生因信仰而变得精彩。一个人只要心中有信仰，他的生命强度就将是坚不可摧的；一个民族只要心中有信仰，她的前途将不可限量。

2. 弘扬和践行沂蒙精神，要贯彻好党的群众路线

沂蒙精神是党的群众路线的回射，正是有了党的群众路线，才有了沂蒙人

民的真情回报。中国共产党自始至终的奋斗目标就是为了最广大人民谋利益、谋幸福，正是有了中国共产党践行群众路线的实践和一心为民的追求，才有了沂蒙人民的倾其所有爱党爱军、无私奉献；正是有了沂蒙人民爱党爱军、无私奉献，才夯实了中国共产党始终立于不败之地的群众基础。历史的车轮一路碾来，沂蒙人民之所以跟定共产党，除了沂蒙人民高度的政治觉悟外，更重要的就是因为党和军队浴血为民的铮铮铁骨；沂蒙人民之所以义无反顾，除了沂蒙精神的传承延续，更重要的是党对人民的没齿难忘。中国共产党坚信“只有我们把群众放在心上，群众才会把我们放在心上”。“党离不开群众，群众也离不开党”，党群相连，鱼水相依，群众是党执政的基础。毛泽东同志曾经说过：“我们应当相信群众，我们应当相信党，这是两条根本的原理，如果怀疑这两条原理，那就什么事情也做不成了”。沂蒙精神的核心内涵就是建立在共同的信仰和良好的党群干部关系相互信任的基础之上的，是我们党的性质宗旨和优良传统作风的集中反映。弘扬沂蒙精神，就要进一步贯彻党的群众工作路线，始终坚持“人民是真正的英雄”，“把人民放在心中最高位置”，牢记“密切联系群众是我们党的最大政治优势，脱离群众是我们党执政后的最大危险”，始终坚持以人为本，把人民利益放在第一位，把实现好、维护好、发展好最广大人民根本利益作为工作的出发点和落脚点，做到情为民所系、利为民所谋，使工作获得最广泛最可靠最牢固的群众基础和力量源泉，赢得人民群众的信任，赢得民心。

3. 弘扬和践行沂蒙精神，要传承沂蒙人民可贵的学习精神

沂蒙人民从艰苦卓绝的革命战争年代传承下来的“识字班”精神，为当代大学生树立正确的学习观提供了精神动力与榜样示范。“识字班”是革命战争年代青年妇女的学习组织，就是在小学中午放学的空当，青年妇女去学习文化的午校。识字班不仅是一种学习形式，而且成为一种组织形式，她团结和争取了广大青年妇女，成为妇救会、党组织的得力助手，在拥军优属、扩军、支前、生产、备战各方面发挥了巨大作用。从抗战历史上看，没有任何一个学习形式或组织形式能够像沂蒙识字班这样坚持年月之长、发挥作用之大、产生影响之深，这是沂蒙识字班的骄傲和自豪，也是沂蒙人民的骄傲和自豪。沂蒙根

据地能够涌现出“红嫂”这一英雄模范群体，识字班在其中起到了至关重要的作用。沂蒙识字班是“沂蒙红嫂”产生的催化剂，是沂蒙精神不可分割的重要组成部分。“识字班”精神在革命战争年代孕育了“红嫂”这一英雄模范群体，在和平年代对当代大学生也具有重要的意义。今天，我们要在“识字班”精神的引领下，面向世界、面向未来、面向现代化，实现学习观的转变。首先，要树立面向现代化的博才学习观，形成体现新时代特征的创新学习观念。其次，要改变在学校才是学习的片面认识，树立起“活到老，学到老”终身学习观念。第三，要树立全面发展的学习观，使自己的德与智、知识与能力、素质与职能、生理与心理得到全面协调的发展。第四，要树立自主学习的学习观，在受教育的过程中发挥自己的主动性、积极性和创造性。第五，要树立勇于创新的学习观，独立思考，大胆探索，积极提出自己的新思想、新观点、新思路、新设计、新意图、新途径、新方法。

4. 弘扬和践行沂蒙精神，要发扬艰苦奋斗的创业精神

沂蒙精神是沂蒙人民崇高事业观的集中反映。这种事业观与沂蒙精神高度统一，集中表现为“开拓奋进、艰苦创业”的事业追求。作为沂蒙精神培育主体的当代大学生，应该自觉地向沂蒙人民学习，树立充满激情、开拓奋进、艰苦创业的崇高事业观。新中国成立初期，毛泽东同志强调：“我们要保持过去革命战争时期那么一股劲，那么一种革命热情，那么一种拼命精神，把革命工作做到底”。在改革开放之初，邓小平同志就把“艰苦奋斗的创业精神”作为实现四个现代化的四项政治保证之一提了出来。江泽民同志概括和倡导了64字的新时期创业精神，激励全党同志保持共产党人的蓬勃朝气、昂扬锐气和浩然正气。党的十六大刚刚结束，胡锦涛同志就与中央书记处同志赴西柏坡学习考察，号召全党联系新的实际，做到“两个务必”，特别强调各级领导干部要“在实践中不断加强自身修养，牢固树立艰苦奋斗的思想，磨炼艰苦奋斗的意志”。习近平总书记强调：“牢固树立艰苦创业、勤俭办事的奋斗观，保持和发扬革命先辈那么一股革命热情、那么一种拼搏精神，以优良作风带领广大党员和干部群众迎难而上、锐意进取。”从事中国特色社会主义伟大事业需要激情。激情来自对伟大事业的崇高感、对人民群众的亲近感、对本职工作

的责任感。今天，我们正在为前无古人的伟大事业奋斗着、拼搏着，必然会迸发出对事业对工作的激情，需要激发出更加昂扬向上的斗志，这就是当代中国共产党人充满激情的事业观的实践表现。传承沂蒙人民所特有的事业心，要求当代大学生始终保持创业者、奋斗者奋发有为、蓬勃向上的精神状态，正确对待苦与乐。毛泽东在新中国成立前夕提出的“两个务必”不仅是对执政党作风建设的要求，也是对创业者的要求。当代大学生真正实践“两个务必”，才能保持艰苦创业、奋发有为的精神状态，才能完成艰苦的工作任务，才能成就伟大的事业。

5. 弘扬和践行沂蒙精神，要传承沂蒙人民特有的价值理念

沂蒙精神最至真至纯的就是她蕴含的特有的价值理念，这也是当代大学生最需要汲取并内化为行动自觉的价值支撑和精神动力。沂蒙精神的精神支撑价值和精神动力价值，除了立场坚定、方向明确、追求执着的政治信念，沂蒙精神中最本质、最具特色、当代大学生最应当传承的价值理念可以概括为三点：一是顾全大局、公而忘私、勇于奉献的价值取向。在沂蒙人民看来，追求有价值的人生，就必须做到促进社会发展，奉献劳动果实，全心全意为人民服务。反映在沂蒙人民身上，集中体现在他们以国家、集体和人民的利益为重，处处从大局出发，先国家，再集体，后个人，先公后私，以至公而忘私，勇于自我牺牲、无私奉献的崇高精神境界上。沂蒙人民以自觉奉献为荣，以长期奉献为贵，为当代大学生实现人生价值做出了示范。二是自力更生、坚韧不拔、艰苦奋斗的精神风貌。沂蒙人民长期生活在“四塞之崮，舟车不通，土货不出，外货不入”的恶劣自然环境之中，又深受封建主义、帝国主义、官僚资本主义的残酷压迫，生活在水深火热之中，在长期与大自然和各种敌人的顽强斗争中，形成了独特的精神风貌。他们勤劳勇敢、不畏艰难、战天斗地、整山治水，使贫瘠的沂蒙旧貌换新颜；他们克勤克俭、埋头苦干，勤俭办一切事业。他们所具有的自力更生、坚韧不拔、艰苦奋斗的宝贵精神，正是当代大学生成长成才所最需要的品质。三是改革创新、奋发进取、敢为人先的思想意识。沂蒙精神是一种永远不安于现状的革命精神。面对改革开放和市场经济的新形势，沂蒙人处处敢为人先、心存长远、永不满足、敢闯敢冒。沂蒙人民把继承

优良传统与发扬时代精神统一起来，把革命进取精神转化为新思想、新观念，走出了一条改革创新的成功之路，为当代大学生树立了榜样。

当前，我国发展仍处于可以大有作为的战略机遇期，但同时也面临着诸多矛盾叠加、风险隐患增多的严峻挑战。一方面，全面建成小康社会的决胜时期与国民经济和社会发展的“十三五”时期重合，以“大众创业万众创新”释放“第一动力”和打造“经济新引擎”的发展战略，为青年大学生创新创业提供了良好机遇和发展空间。另一方面，经济新常态下经济下行压力依旧、经济转型困难和发展驱动力不足等导致就业形势依然不容乐观，青年大学生在创业就业和发展过程中也面临着严峻挑战和重大考验。机会总是垂青有准备的人，成功必经磨砺苦，彩虹总在风雨后。正如习近平总书记所期望的，青年大学生要坚持“梦想从学习开始，事业靠本领成就。让勤奋学习成为青春远航的动力，让增长本领成为青春搏击的能量”。青年要在实现中国梦的生动实践中放飞青春梦想，在为人民利益的不懈奋斗中书写人生华章。

参考文献

1.《毛泽东选集》,人民出版社 1991 年版。

2.《建国以来毛泽东文稿》,中央文献出版社 1996 年版。

3.《邓小平文选》,人民出版社 1993—1994 年版。

4.《江泽民文选》,人民出版社 2006 年版。

5.《胡锦涛文选》,人民出版社 2016 年版。

6.《毛泽东邓小平江泽民论思想政治工作》,学习出版社 2000 年版。

7.《毛泽东邓小平江泽民论世界观人生观价值观》,人民出版社 1997 年版。

8.《十一届三中全会以来党和国家重要文献选编》,中央党校出版社 1997 年版。

9. 中共中央宣传部:《习近平总书记系列重要讲话读本》,学习出版社、人民出版社 2014 年版。

10. 习近平:《习近平谈治国理政》,外文出版社 2014 年版。

11. 中国思想政治工作研究会等编著:《伟大的民族精神——中华民族的精神脊梁》,党建读物出版社 2006 年版。

12. 张爱芹、王以第:《红色文化与道德建设研究》,中国海洋大学出版社 2008 年版。

13. 王仲明:《精神价值——弘扬抗震救灾精神　推进社会主义核心价值体系建设》,西南交通大学出版社 2009 年版。

14. 傅治平:《精神的升华——中国共产党的精气神》,人民出版社 2007 年版。

15. 杨少华:《引领时代前行的永恒动力——中国共产党革命精神研究》,人民出版社 2014 年版。

16. 雷莹:《不朽的丰碑:中国共产党革命精神历史嬗变研究》,光明日报出版社 2009 年版。

17. 孔庆榕:《中华民族精神与当代中华民族凝聚力研究》,中国社会科学出版社 2005 年版。

18. 王爱华、王刚、刘丽、罗中昌:《多维视野下的红色文化》,西南交通大学出版社 2011 年版。

19. 张荣臣、谢英芬:《坚守共产党人的精神家园》,四川人民出版社 2013 年版。

20. 韩延明:《红色文化与社会主义核心价值体系建设研究》,人民出版社 2013 年版。

21. 李小三:《中国共产党人精神研究》,中央文献出版社 2008 年版。

22. 刘金田:《中国精神》,湖南教育出版社 2011 年版。

23. 渠长根:《红色文化概论》,红旗出版社 2017 年版。

24. 孙秀民:《中国革命精神及其当代价值研究》,北京师范大学出版集团 2013 年版。

25. 高等学校中国共产党革命精神与文化资源研究中心:《中国共产党革命精神史读本(新民主主义篇)》,人民出版社 2015 年版。

26. 高等学校中国共产党革命精神与文化资源研究中心:《中国共产党革命精神史读本(社会主义革命与建设篇)》,人民出版社 2014 年版。

27. 叶建华:《大爱中国——抗震救灾彰显中华民族文化与精神》,经济管理出版社 2009 年版。

28. 李新仓、李建森、鞠凤琴:《雷锋精神与社会主义核心价值体系建设》,中国财政经济出版社 2013 年版。

29. 黄蓉生、潘洵:《红岩精神的时代价值——红岩精神与社会主义核心价值观研究荟萃》,西南师范大学出版社 2016 年版。

30. 张泰城:《红色资源与高校人才培养——以井冈山为例》,中国书籍出版社 2015 年 3 月。

31. 罗学渭:《井冈山精神与当代大学生》,武汉大学出版社2005年版。
32. 张志松、黄化:《红船精神史学探源及其教育实践研究》,浙江大学出版社2014年版。
33. 赵国壮:《红岩精神与中共中央南方局研究文集》,西南师范大学出版社2016年版。
34. 杜俊华:《红岩精神与其他中国革命精神比较研究》,中国社会科学出版社2013年版。
35. 丁凤鸣:《遵义会议精神与中国梦的实现研究》,社会科学文献出版社,2016年版。
36. 徐静:《遵义会议精神研究》,社会科学文献出版社2016年版。
37. 张希贤:《延安文化探考——中国先进文化的第一乐章》,新疆人民出版社2003年版,2005重印。
38. 李世明:《延安精神与成功之路》,国家行政学院出版社2015年版。
39. 谭虎娃:《延安精神新论》,人民出版社2015年版。
40. 中共延安市委宣传部:《延安精神概览》,当代中国出版社2005年版。
41. 郭必选:《延安精神论纲》,中共党史出版社、红旗出版社2004年版。
42. 雷俊:《延安精神与大学生教育》,华中科技大学出版社2005年版。
43. 中共河北省委宣传部:《西柏坡精神学习读本》,社会科学文献出版社,2005年版。
44. 王玉平:《来自西柏坡的报告》,北京大学出版社2015年版。
45. 叶桉、李芸、杨海贵、刘琳:《八一精神研究》,江西人民出版社2017年版。
46. 叶桉:《八一精神论丛》,江西人民出版社2017年版。
47. 刘晓华、陈立勇、张文彬:《大庆精神及其当代价值》,人民出版社2017年版。
48. 山东美术出版社编:《壮丽的山河》,山东美术出版社1984年版。
49. 孙玮、王瑞功、姚昌起等:《沂蒙简史》,齐鲁书社1988年版。
50. 梁自洁等:《沂蒙精神研究》,山东人民出版社1994年版。

51. 李佩芝、王冠卿:《沂蒙革命斗争史略》,广西人民出版社 1992 年版。
52. 临沂地区地方史志办公室编:《临沂百年大事记》,山东人民出版社 1989 年版。
53. 王恩民:《沂蒙脚步声》,黄河出版社 2004 年版。
54. 临沂大学马克思主义学院:《高校思想政治理论课教学案例集——沂蒙精神代代传》,高等教育出版社 2015 年版。
55. 延安大学泽东干部学院:《高校思想政治理论课教学案例集——延安精神:实现中国梦的强大精神动力》,高等教育出版社 2015 年版。
56. 河北师范大学思想政治理论课教学部:《高校思想政治理论课教学案例集——西柏坡:新中国从这里走来》,高等教育出版社 2015 年版。
57. 中共临沂市委党史研究室、沂蒙革命纪念馆:《中共沂蒙根据地党史大事记》,济南出版社 2016 年 6 月版。
58. 中共临沂市委党史研究室:《中共沂蒙党史人物》(上卷),中共党史出版社 2016 年 6 月版。
59. 中共临沂市委党史研究室:《中共沂蒙党史人物》(下卷),中共党史出版社 2016 年 6 月版。
60. 任刚:《沂蒙精神 "水乳交融生死与共"铸就伟大力量》,中共中央党校出版社 2018 年版。
61. 山东沂蒙党的群众路线教育基地教材编审委员会:《根脉——沂蒙根据地十五讲》,中共党史出版社 2016 年版。
62. 本书编写组:《沂蒙精神学习读本》,中共中央党校出版社 2014 年版。
63. 张红云:《沂蒙山区民众组织与革命动员问题研究》,山东人民出版社 2014 年版。
64. 王厚香、汲广运:《沂蒙文化若干专题研究》,山东人民出版社 2016 年版。
65. 杨少华:《引领时代前行永恒动力——中国共产党革命精神研究》。人民出版社 2014 年版。
66. 徐东升、李晋杰、孙迎东等:《弘扬和培育民族精神》,中国矿业大学出版社2004年版。
67. 徐东升、刘文凯、张立富等:《中华民族精神简明读本》,中央文献出版社2011年版。
68. 徐东升:《沂蒙精神与社会主义核心价值体系研究》,中央文献出版社2012年版。
69. 徐东升、费聿辉:《沂蒙精神研究》,中央文献出版社2013年版。
70. 徐东升:《中华民族精神研究》,山东人民出版社2014年版。
71. 临沂市关心下一代工作委员会:《沂蒙精神代代传——党史国史青少年教育简明读本》。教育科学出版社2015年版。
72. 魏本权、汲广运:《沂蒙红色文化资源研究》,山东人民出版社2014年版。
73. 王厚香:《沂蒙精神故事读本》,江西人民出版社2016年版。
74. 李纪岩、王凯旋:《培育与践行社会主义核心价值观个案研究——基于沂蒙精神育人的大学生社会主义核心价值观教育理论与实践》,光明日报出版社2016年版。
75. 徐东升、孙海英、叶桉:《中国共产党革命精神研究》,山东人民出版社2017年版。
76. 徐东升、汲广运:《沂蒙精神研究》,山东人民出版社2017年版。
77. 孙海英、陈永莲:《沂蒙精神与临沂革命老区跨越式发展研究》,山东人民出版社2017年版。
78. 苑朋欣:《沂蒙精神溯源研究》,山东人民出版社2017年版。
79. 汲广运、王厚香:《沂蒙精神的地域文化渊源研究》,山东人民出版社2017年版。
80. 李高东:《沂蒙精神与全面从严治党研究》,山东人民出版社2019年版。
81. 徐东升、孙海英、英伟、陈永莲、张光远:《沂蒙精神故事选》,山东城市出版传媒集团·济南出版社2018年版。
82. 王春梅、方艳:《沂蒙红嫂故事选》,山东城市出版传媒集团·济南出版社2019年版。

83. 杜艳华、刘学礼:《先驱精神》,中共党史出版社 2017 年版。
84. 吕延勤、赵金飞:《红船精神》,中共党史出版社 2017 年版。
85. 张泰城:《井冈山精神》,中共党史出版社 2017 年版。
86. 邱小云:《苏区精神》,中共党史出版社 2017 年版。
87. 张泰城:《井冈山精神》,中共党史出版社 2017 年版。
88. 王刚、李懋君:《长征精神》,中共党史出版社 2017 年版。
89. 李佑新:《抗战精神》,中共党史出版社 2017 年版。
90. 张金锁:《延安精神》,中共党史出版社 2017 年版。
91. 李建强:《西柏坡精神》,中共党史出版社 2017 年。
92. 费聿辉、徐东升:《沂蒙精神》,中共党史出版社 2018 年。
93. 吴宏亮:《焦裕禄精神》,中共党史出版社 2018 年。
94. 李国俊、宋玉玲:《大庆精神》,中共党史出版社 2018 年
95. 潘洵、刘志平:《红岩精神》,中共党史出版社 2018 年。
96. 徐东升、赵长芬:《"三山一坡"革命精神研究》,山东城市出版传媒集团·济南出版社 2019 年版。
97. 徐东升、汲广运:《马克思主义群众观视域下的沂蒙精神研究》,人民出版社 2019 年版。
98. 李旭荟:《当前开展革命精神教育的几点思考》,《上饶师专学报(社会科学版)》1990 年第 1 期。
99. 冯建军:《弘扬沂蒙精神必须发挥共产党员的先锋模范作用》,《论沂蒙精神》(《山东社会科学》1991 年增刊)。
100. 栾晓平:《对沂蒙精神的道德思考》,《理论学刊》1992 年第 1 期。
101. 余品华、尹世洪:《井冈山精神:中国革命精神之源及其时代价值》,《江西社会科学》1996 年第 12 期。
102. 辛文:《构筑社会主义现代化的不朽精神支柱——读〈沂蒙精神研究〉》,《山东社会科学》1995 年第 6 期。
103. 彭磊:《论沂蒙精神的现实价值》,《论沂蒙精神》(《山东社会科学》1991 年增刊)。

104. 董凤基:《弘扬沂蒙精神》,《发展论坛》1997 年第 9 期。
105. 雷立明:《弘扬中国共产党人的革命精神》,《湖北社会科学》2001 年第 8 期。
106. 曾定石:《学习沂蒙精神　打好我省扶贫攻坚战》,《人民之声》1997 年 5 月。
107. 梁光辉、朱丽娟:《开拓创新——沂蒙精神发展的动力》,《山东行政学院山东省经济管理干部学院学报》2002 年 1 月。
108. 高梅:《秦汉时期沂蒙人民反抗斗争评述》,《临沂师范学院学报》2002 年 4 月。
109. 杨玉金:《论沂蒙精神的时代意义》,《东岳论丛》1997 年 6 月。
110. 周向军:《论新时期的沂蒙精神》,《发展论坛》1998 年第 2 期。
111. 许如贞:《沂蒙文化简论》,《临沂师范学院学报》2002 年 8 月。
112. 许如贞:《沂蒙文化的阶段划分与不同阶段的文化特征》,《临沂师范学院学报》2003 年 8 月。
113. 刘长飞、李洪彦:《沂蒙精神与全面建设小康生活理论研讨会综述》,《临沂师范学院学报》2004 年 10 月。
114. 卢军、刘贵和、刘建华、陈允传、吴四清:《大爱沂蒙——山东临沂人民弘扬沂蒙精神关心支持国防和军队建设纪实》,《中国民兵》2005 年 9 月。
115. 王家晋:《弘扬沂蒙精神的伟大实践——沂蒙老区农村脱贫发展纪实》,《理论学习》2005 年 11 月。
116. 殷学继:《沂蒙妇女的品格特征》,《岱宗学刊》2005 年 12 月。
117. 王友:《与时俱进:沂蒙精神的理论品格》,《理论学习》2006 年第 2 期。
118. 史永进:《沂蒙精神是实践“三个代表”的具体体现》,《临沂师范学院学报》2006 年 4 月。
119. 乔丽萍:《论沂蒙文化的精髓——沂蒙精神》,《临沂师范学院学报》2007 年 8 月。
120. 张建军:《沂蒙精神历久弥新》,《理论学习》2006 年第 7 期。

121. 张文华、孙百亮:《论弘扬沂蒙精神的时代意义》,《党史文苑(学术版)》2007 年 6 月。
122. 张英琦:《从井冈山精神到西柏坡精神:试论中国共产党战争年代的革命精神》,《西安石油学院学报(社会科学版)》2003 年第 3 期。
123. 孙翠萍:《西柏坡精神与井冈山精神、长征精神、延安精神的内在联系》,《河北日报》2003 年 6 月 9 日。
124. 刘延年、丁德科:《延安精神为代表的中国革命精神在构建和谐社会中的现代价值》,《理论导刊》2006 年第 1 期。
125. 马社香、王卓超:《"井冈山的革命精神不要丢了":王卓超回忆 1965 年在重上井冈山期间的一次谈话》,《党的文献》2006 年第 3 期。
126. 唐莲英:《弘扬井冈山精神　树立社会主义荣辱观》,《中国井冈山干部学院学报》2006 年 9 月。
127. 刘孚威:《井冈山精神与社会主义核心价值体系建设》,《中国井冈山干部学院学报》2008 年 1 月。
128. 郝琦:《毛泽东思想与延安精神:兼论中国共产党的革命理论与革命精神的关系》,《探索与争鸣》2006 年第 5 期。
129. 王一平、段克和:《弘扬井冈山精神,建设社会主义核心价值体系》,《光明日报》2007 年 10 月 23 日。
130. 李江源:《论中国共产党人的革命精神》,《理论导报》2006 年第 1 期。
131. 中国社会科学院哲学所赴赣州国情考察组:《赣南红色文化在社会主义核心价值体系中的地位和作用》,中国社会科学院院报 2008 年 8 月 28 日。
132. 李忠、涂微微:《井冈山精神与社会主义核心价值体系建设》,《科学社会主义》2008 年第 6 期。
133. 卢丽刚、时玉柱:《红色旅游与社会主义核心价值体系的建设》,《江西农业大学学报(社会科学版)》,2008 年 9 月。
134. 郭必选:《中国革命精神的生长史和形态学:井冈山精神与延安精神比较研究》,《井冈山大学学报》2009 年第 1 期。

135. 卢丽刚、时玉柱:《弘扬红色文化与建设社会主义核心价值体系》,《西安邮电学院学报》2009年3月。

136. 郭亚丁:《论中国共产党的革命精神:从"红船精神"到"西柏坡精神"的历史思考》,《中国延安干部学院学报》2011年第4期。

137. 刘明钢:《方志敏:研究中国革命精神的第一人》,《党史博采(纪实)》2011年第2期。

138. 李卫红:《学习研究宣传好党的历史和革命精神》,《中国高校社会科学》2013年第6期。

139. 邱小云:《论中共民主革命时期的革命精神史》,《江西社会科学》2013年第3期。

140. 姚恒:《创新思想教育弘扬革命精神》,《中国井冈山干部学院学报》2012年第1期。

141. 刘延宏、刘云华:《试论沂蒙精神对临沂区域经济发展的影响》,《临沂师范学院学报》2009年2月。

142. 郑舒东:《浅论沂蒙精神与临沂经济的可持续发展》,《时代文学》2008年2月。

143. 孙士玲;《弘扬沂蒙精神与建设社会主义核心价值体系》,《临沂大学学报》2010年第2期。

144. 苑朋欣、谭苏丽:《沂蒙精神的科学内涵和时代价值》,《临沂师范学院学报》2009年2月。

145. 苑朋欣;《沂蒙精神与社会主义核心价值体系建设》,《井冈山大学学报》2010年第3期。

146. 苑朋欣:《沂蒙精神与社会主义荣辱观》,《临沂大学学报》2012年第1期。

147. 汲广运:《沂蒙精神的人民性及其在马克思主义群众路线教育中的作用》,《临沂大学学报》2013年第4期。

148. 李纪岩;《马克思主义群众观视域中的沂蒙精神研究论纲》,《临沂大学学报》2013年第4期。

149. 赵长芬:《政党与社会关系视域下沂蒙精神的时代价值》,《临沂大学学报》2014 年第 2 期。

150. 白海若、徐东升:《弘扬沂蒙精神 推进社会主义核心价值体系建设》,《临沂大学学报》2012 年第 2 期。

151. 徐东升、费聿辉:《沂蒙精神与中华民族精神》,《临沂大学学报》2012 年第 5 期。

152. 徐东升:《社会主义核心价值观视域下的沂蒙精神》,《临沂大学学报》2013 年第 5 期。

153. 周忠高:《沂蒙精神与新时期党建工作》,《临沂大学学报》2015 年第 1 期。

154. 陈永莲、孙海英:《沂蒙精神进课堂对大学生理想信念教育的影响——〈红色文化与沂蒙精神〉课程研究》,《临沂大学学报》2015 年第 4 期。

155. 费聿辉、徐东升:《关于沂蒙精神的哲学思考》,《临沂大学学报》2015 年第 1 期。

156. 徐东升、刘涛:《沂蒙精神与中国精神的内在逻辑》,《江西科技师范大学学报》2015 年第 2 期。

157. 王春梅:《构建沂蒙精神融入社会主义核心价值观教育长效机制》,《临沂大学学报》2015 年第 2 期。

158. 李纪岩:《在高校各类课堂教学中协同推进大学生价值观教育》,《临沂大学学报》2015 年第 3 期。

159. 孙海英:《论沂蒙精神的价值取向与当代大学生的价值选择》,《临沂大学学报》2016 年第 1 期。

160. 孙海英:《创新创业视域下沂蒙红色文化资源的开发》,《红色文化资源研究》2016 年第 2 期。

161. 苑朋欣:《沂蒙精神在大学生思想政治教育中的作用》,《红色文化资源研究》2016 年第 1 期。

162. 孙海英:《论红色文化的育人功能与机制构建》,《江西科技师范大学学报》2016 年第 2 期。

163. 赵长芬:《弘扬沂蒙精神建构凝聚群众长效机制》,《临沂大学学报》2016 年第 1 期。
164. 汲广运:《论沂蒙精神与党建的互动及启示》,《临沂大学学报》2015 年第 6 期。
165. 李纪岩:《沂蒙精神的生成基础、内涵体系与弘扬路径》,《临沂大学学报》2015 年第 6 期。
166. 林存华、徐东升:《论地方高校与沂蒙红色资源的有机契合》,《江西科技师范大学学报》2016 年第 2 期。
167. 岳峰:《论沂蒙精神融入大学生思想政治教育的途径》,《临沂大学学报》2016 年第 3 期。
168. 刘涛:《沂蒙精神融入大学生创新创业教育论析》,《临沂大学学报》2016 年第 2 期。
169. 陈永莲、孙海英:《沂蒙精神与井冈山精神、延安精神、西柏坡精神之比较》,《临沂大学学报》2016 年第 2 期。
170. 张爱辉:《简论沂蒙红色文化资源在社会主义核心价值观大众化中的应用》,《临沂大学学报》2016 年第 4 期。
171. 秦正为:《沂蒙精神与社会主义核心价值体系》,《临沂大学学报》2015 年第 1 期。
172. 王玉平:《“赶考”的历史与现实反思》,《临沂大学学报》2016 年第 3 期。
173. 周艳红:《红色文化自觉:培育大学生民族精神的有效途径》,《临沂大学学报》2016 年第 4 期。
174. 刘涛:《弘扬沂蒙精神　凝聚筑梦力量》,《大众日报》,2016 年 12 月 23 日。
175. 赵长芬:《弘扬沂蒙精神　进一步凝聚党心人心》,《大众日报》,2016 年 12 月 23 日。
176. 徐东升:《临沂大学:依托沂蒙红色文化和沂蒙精神　提高高校思政课吸引力说服力感染力》,《大众日报》,2017 年 7 月 28 日。

177. 徐东升:《沂蒙精神:涵养中国精神的重要话语资源》,《大众日报》,2017 年 11 月 19 日。
178. 刘涛:《沂蒙精神:中国共产党人精神家园的山东丰碑》,《大众日报》,2017 年 11 月 19 日。
179. 孙海英:《初心与使命:新时代沂蒙精神的传承与弘扬》,《大众日报》,2017 年 11 月 19 日。
180. 赵长芬:《弘扬沂蒙精神　加强都能政治文化建设》,《大众日报》,2017 年 11 月 19 日。
181. 徐东升:《沂蒙精神闪耀时代光芒》,《人民日报》,2017 年 12 月 14 日。
182. 徐东升:《新时代沂蒙精神的话语价值》,《大众日报》,2018 年 11 月 15 日。
183. 孙海英:《从四个角度解读"水乳交融、生死与共"的沂蒙精神》,《大众日报》,2018 年 11 月 15 日。
184. 刘涛:《沂蒙精神:新时代革命者的精神坐标》,《大众日报》,2018 年 11 月 15 日。
185. 赵长芬:《弘扬沂蒙精神　进一步激活共产党人的红色基因》,《大众日报》,2018 年 11 月 15 日。
186. 刘慧:《沂蒙精神的双重逻辑及其时代价值》,《大众日报》,2018 年 11 月 15 日。
187. 孙海英:《沂蒙精神与中国共产党的初心和使命》,《大众日报》,2019 年 11 月 24 日。
188. 赵长芬:《从沂蒙精神中汲取为人民服务的强大力量》,《大众日报》,2019 年 11 月 24 日。
189. 陈三营:《沂蒙精神融入新时代思想政治教育工作的三维进路》,《大众日报》,2019 年 11 月 25 日。
190. 刘慧:《激活红色　突出特色　讲出成色——沂蒙精神在思政课中的精神密码》,《大众日报》,2019 年 11 月 25 日。
191. 刘涛:《新时代弘扬沂蒙精神的文旅之路》,《大众日报》,2019 年 11 月

25 日。

192. 蔡玉卿、徐东升:《沂蒙精神的文化自信:内涵、逻辑及规范》,《临沂大学学报》2016 年第 6 期。

193. 周华、李笑萌:《用“三山一坡”精神培养优秀接班人》,《光明日报》,2015 年 12 月 6 日。

194. 文峰:《“沂蒙精神”育出学子“临大特质”》,《中国教育报》,2016 年 12 月 2 日。

195. 周华、彭景辉、王焕全:《临沂大学:把沂蒙精神融入育人体系》,《光明日报》,2016 年 12 月 14 日。

196. 李高东:《井冈山精神与全面从严治党》,《理论建设》2017 年第 2 期。

后 记

沂蒙精神是沂蒙党政军民在长期的革命与建设实践过程中共同铸就的水乳交融、生死与共的崇高精神，是中华民族精神的重要组成部分，是我们党和国家的宝贵精神财富。2013年11月25日，习近平总书记在临沂考察时指出："沂蒙精神与延安精神、井冈山精神、西柏坡精神一样，是党和国家的宝贵精神财富，要不断结合新的时代条件发扬光大"，"山东是革命老区，有着光荣传统，军民水乳交融、生死与共铸就的沂蒙精神，对我们今天抓党的建设具有十分重要的启示作用"。

宣传和弘扬沂蒙精神是对当代大学生进行社会主义核心价值观教育的有效形式之一。大学生是祖国的希望和未来，大学生的健康成长需要坚持不懈地进行革命传统教育、民族精神教育和社会主义核心价值观教育。大力宣传和弘扬沂蒙精神，讲述沂蒙故事，用沂蒙精神的具体事例教育和塑造当代大学生，这是确保党的光荣传统代代相传、确保中华民族长盛不衰、确保社会主义事业长远发展、确保实现中华民族伟大复兴中国梦的百年大计。

《沂蒙精神大学生读本》由临沂大学马克思主义学院组织编写。该书由徐东升、孙海英任主编，由王春梅、陈三营任副主编，由徐东升、孙海英、白海若、王春梅、方艳、陈永莲、张光远、苑朋欣、刘涛、陈三营共同撰稿。最后，由徐东升、孙海英统稿定稿。

在此书撰写过程中，作者吸收了有关著作和各方面的研究成果，并得到了山东人民出版社的大力支持，在此一并表示衷心的感谢。

由于水平和条件限制，不妥之处在所难免，欢迎有关专家和广大读者批评指正。

作　者

2020 年 5 月 8 日